高等学校教材

大学生体育与健康指导

孙 莉 郝润平 编著

西北工业大学出版社

西安

【内容简介】 本书共八章,内容包括大学生的体质与健康概述、健康促进理论的概念及作用、影响大学生体质健康的因素分析、大学生的生活方式与体质健康、促进大学生体质健康的运动处方研究、对促进大学生体质健康保障的探索、不同大学生群体的健身方法分析、促进大学生体质健康的锻炼方法和实践等。

本书可作为高等学校体育教育相关课程教材,也可供体育运动及健康管理领域的专业人员参考、阅读。

图书在版编目(CIP)数据

大学生体育与健康指导/孙莉,郗润平编著. —西安:西北工业大学出版社,2024.1
ISBN 978-7-5612-9182-5

Ⅰ.①大… Ⅱ.①孙… ②郗… Ⅲ.①大学生-体育教育 ②大学生-健康教育 Ⅳ.①G807.4 ②G647.9

中国国家版本馆 CIP 数据核字(2024)第 041473 号

DAXUESHENG TIYU YU JIANKANG ZHIDAO
大 学 生 体 育 与 健 康 指 导
孙莉 郗润平 编著

责任编辑:隋秀娟 马 丹	策划编辑:杨 军
责任校对:万灵芝	装帧设计:董晓伟

出版发行:西北工业大学出版社
通信地址:西安市友谊西路 127 号　　　　邮编:710072
电　　话:(029)88491757,88493844
网　　址:www.nwpup.com
印 刷 者:陕西向阳印务有限公司
开　　本:710 mm×1 000 mm　　1/16
印　　张:12.5
字　　数:245 千字
版　　次:2024 年 1 月第 1 版　　2024 年 1 月第 1 次印刷
书　　号:ISBN 978-7-5612-9182-5
定　　价:49.00 元

如有印装问题请与出版社联系调换

前　言

　　随着社会的发展和人们生活水平的提高,以及教育事业和经济的快速发展,社会对人才综合素质的要求越来越高,现代大学生面临着巨大的学习压力和就业压力。不少研究显示,大学生体质呈下降趋势,近视等现代文明病有所增加。人们越来越清楚地认识到健康的重要性。然而,快速发展的社会对人才基本素质的高要求与大学生体质所呈现的状态形成了矛盾,这使得大学生体质健康问题广受关注。大学生是社会的一个特殊群体,体育锻炼在促进他们全面发展方面有着不可或缺的作用。保持健康的体魄是当前大学生追求的重要生活目标之一。大学生通过体育锻炼实施科学健身,不仅对于增强体质有重大而深远的意义,而且也是培养健康生活方式的重要途径。

　　习近平总书记强调,青年兴则国家兴,青年强则国家强。青年兴、青年强是多方面的,既包括思想品德、学习成绩、创新能力、动手能力,也包括身体健康、体魄强壮。本书旨在进一步完善"健康知识＋基本运动技能＋专项运动技能"的学校体育教学模式,构建体育和健康教育新模式,促使学生提高体育意识、丰富健身知识、促进健身技能、增强体质健康、形成锻炼习惯。本书通过对新时代体育与健康知识体系进行系统的梳理与构建,配合专项运动技能课程教学,谋求体育课程的社会适应、心理健康、身体健康、运动技能、运动参与五维目标的全面实现,从而更好地帮助大学生在体育锻炼中"享受乐趣、增强体质、健全人格、锻炼意识",培养大学生的爱国主义精神和集体主义精神,以及奋发向上、顽强拼搏的意志品质,发挥以体育智、以体育心的独特功能,全面促进学校体育完成立德树人的根本任务,提升大学生的综合素质,加快推进我国教育现代化,并将我国建设成为教育强国和体育强国。

　　生命在于运动,健身贵在科学。高校体育课是大学生健康促进的重要途径,建议学校加强监督和实施,确保高校体育课成为大学生健康促进的有效途径,助推课外体育活动的开展与指导,营造良好的健康校园氛围,充分发挥体育教师在体育课中的指导作用,把健康促进贯穿于整个体育课教学和课外体育活动,使大学生养成终身锻炼的习惯,享受体育文化,夯实基本运动技能基础,促进体质健康,全面开启科学健身之路,使体质健康达到最佳水平。

  本书由西北工业大学孙莉、郗润平、程刚、宋健、熊亚红、屠威以及西安石油大学陈常远撰写完成。具体分工如下:孙莉负责撰写第一、三、六章,郗润平负责撰写第二章,程刚、宋健负责撰写第四章,熊亚红、屠威负责撰写第五章,陈常远负责撰写第七、八章。

  在撰写本书的过程中,参考了相关文献,在此谨向其作者表示感谢。

  由于笔者水平有限,书中不足之处在所难免,恳请广大读者批评指正。

编著者

2023 年 10 月

目　录

第一章　大学生的体质与健康概述 …………………………………… 1
　　第一节　体质与健康的概念 ………………………………………… 1
　　第二节　体质与健康的关系辨析 …………………………………… 4
　　第三节　国内外关于体质健康的比较分析 ………………………… 7
第二章　健康促进理论的概念及作用 ………………………………… 15
　　第一节　健康促进理论的概念与策略活动领域 …………………… 15
　　第二节　健康促进理论在健康促进研究和实践中的作用 ………… 17
　　第三节　如何在健康促进研究和实践中选择运用恰当的理论和技巧 … 18
第三章　影响大学生体质健康的因素分析 …………………………… 23
　　第一节　当前大学生的体质健康状况调查分析 …………………… 23
　　第二节　大学生体质健康的影响因素分析 ………………………… 26
　　第三节　压力对大学生体质健康的影响及应对方式 ……………… 28
第四章　大学生的生活方式与体质健康 ……………………………… 32
　　第一节　生活方式与体质健康 ……………………………………… 32
　　第二节　饮食营养与大学生体质健康 ……………………………… 35
　　第三节　体育健康生活方式与大学生体质健康 …………………… 52
　　第四节　大学生的人际交往与心理健康 …………………………… 57
第五章　促进大学生体质健康的运动处方研究 ……………………… 66
　　第一节　运动处方概述 ……………………………………………… 66
　　第二节　运动处方的制定原则与步骤 ……………………………… 78
　　第三节　运动处方的实施与监控 …………………………………… 84
　　第四节　增强大学生体质健康的运动处方研究 …………………… 90
第六章　对促进大学生体质健康保障的探索 ………………………… 98
　　第一节　体育锻炼的疲劳与恢复措施 ……………………………… 98

第二节　体育锻炼的营养补充……………………………………………… 105

　　第三节　运动损伤及处理方法……………………………………………… 111

第七章　不同大学生群体的健身方法分析……………………………………… 123

　　第一节　肥胖群体的科学健身方法………………………………………… 123

　　第二节　强身健体群体的科学健身方法…………………………………… 125

　　第三节　患病群体的科学健身方法………………………………………… 127

　　第四节　体态矫正群体的科学健身方法…………………………………… 135

第八章　促进大学生体质健康的锻炼方法和实践……………………………… 144

　　第一节　健步走……………………………………………………………… 144

　　第二节　健身跑……………………………………………………………… 147

　　第三节　休闲球类运动……………………………………………………… 152

　　第四节　健美操……………………………………………………………… 165

　　第五节　瑜伽………………………………………………………………… 172

　　第六节　太极拳……………………………………………………………… 179

　　第七节　游泳………………………………………………………………… 184

参考文献…………………………………………………………………………… 192

第一章 大学生的体质与健康概述

在日常生活中,人们通常采用"体质"和"健康"两个词来形容一个人是否健康,而且只有体质和健康同时满足相关要求,才能对人体是否健康做出判断。随着社会的进步、科学技术的发展、人民生活水平的提高,大学生的体质与健康得到了一定改善。尽管如此,体质与健康作为我们追求的目标和学校体育改革的新方向、新思路,仍然非常值得我们关注。

第一节 体质与健康的概念

一、体质的概念

早在两千多年前,《黄帝内经》就提到了人类的体质问题,并且对体质形成的机理及其与疾病诊疗的关系做了一定的论述,书中详细论述了体质的概念,阐述了体质与自然、先天因素及后天因素的相互关系。可以说,《黄帝内经》奠定了我国体质研究的基础。后世的《金匮要略》《温病条辨》等医学著作也都有关于体质的内容,但由于论述零散且缺乏整理,因此一直未能形成系统的学说。

在西方古代文献中,也能寻觅到关于体质的内容。《希波克拉底文集》提出了"体液学说",认为人体由血液、黏液、黄胆和黑胆四种体液组成,并描述了人体的体质类型及其与疾病的关系。由此可见,对于体质的研究在很早以前就已经开始了,但其主要还是以医学理论为依据。时至今日,随着科技的进步,一些学科的不断完善及交叉学科的相互渗透,东西方对于体质相关内容的研究也越来越深入、越来越体系化。

国内从三大主要领域对体质进行了比较系统的研究。其一,体质人类学领域。该领域对体质并没有给出明确定义,从其所涉及的研究内容来看,体质人类学中的体质概念,包括形态结构特征、机能、代谢特征、心理行为特征等方面的内容。其二,以王琦教授为代表的中医学领域。该领域认为体质是个体在生命过程中,在先天遗传和后天获得的基础上表现出的形态结构、生理机能和心理状态等方面的综合的、相对稳定的特质。其三,国内体育界。该领域以往对体质的定义没有形成统一的说法,直到1982年,体育科学学会体质与遗传分会在泰山会议上给出了比较统一的定义,这也是迄今为止比较权威的定义,即体质是构成人体各要素能力的一种综合体现,是人体的质量,是在遗传性和获得性基础上表现出来的人体形态结构、生理功能和心理因素的综合的、相对稳定的特征。

尽管各个领域都从自己的角度对体质进行了界定,但不难看出它们也存在共同之处,即体质所涉及的范畴应包括形态结构、生理机能和心理因素。关于体质包含形态结构、生理机能,几乎没有异议,但对于是否应包含心理因素(即身心是否合一),学者们却持不同的看法。郝树源认为体质不应该包含心理因素,"体质好则心理发育水平就较高,体质差则心理发育水平就较低。照此说来,心理不健全的人、精神病人都应该是体质孱弱的,而精神正常的人都应该体质健壮,因此体质概念包含心理因素无论如何也讲不通。"[①]我们不能抽离出单一因素去评价体质的优劣。形态结构、生理机能、身体素质、运动能力、心理发育以及对外界环境的适应能力是构成体质的六个重要因素。它们共同起作用,不是孤立存在的,而是相互促进、相互影响的,心理方面不好的人形态结构和生理机能不一定不好,"体质"是综合因素的结果。因此,要评价一个人的体质水平,应根据以上几个方面全面、综合地进行评价。

日本是世界上进行体质研究较好的国家之一。日本没有"体质"一词,他们称"体质"为"体力"。日本学者福田先生对体力的解释是:包含精神能力在内的人类所固有的生命力。日本的《学校体育用语辞典》对"体力"的定义是,人的正常心理承受能力、对疾病的防御能力和能保证积极工作的身体行动能力。日本体育学会测定评价专科分会对"体力"所下的定义是,"体力"就是人们为了(有充裕能力)应付日常生活和偶然事件所必需经常保持的工作能力和抵抗力。

分析日本学者对体质的研究可以概括出两点:一是体质包括身(身体要素)、心(精神要素)两个方面;二是将体质界定为一种"能力"。

美国的体质测试叫作Fitness Test,随后体质的定义就逐步演变为:能安全地从事体力活动并能预防因运动不足而引起的疾病。到了20世纪70年代,美国人认为Fitness包括运动素质和健康素质。美国不同时期对"体质"的定义也是不同的,主要分为三个阶段。第一阶段是"二战"期间,为了战争需要,把"体质"定义为人体抵抗疾病的能力以及身体运动的能力。第二阶段是战后经济的快速发展阶段,随着对体质研究的深入,不同学者给出了不同的看法,体质的概念变得更广,它包括了身体的体质、社会的体质、道德的体质以及精神的体质。

[①]孙丽娜.大学生体育与健康研究[M].北京:煤炭工业出版社,2018:1.

第三阶段是对体育和医药科学的研究,总的体质包括身体的、心理的以及社会的体质,而身体的体质是更有意义的,它是其他体质的基础。

由此可以看出,不同国家之间由于地域、文化、经济的差异,对体质的认识与界定也存在一定的差异,但随着时代的发展,各国对体质的认识将更深刻、研究更深入、内容更完善。

二、健康的概念

健康是人类永恒的话题,是人类所追求的目标和共同的愿望。人类对健康的概念在不同时期有着不同的解释。远古时期,生产力极其低下,人们对自然界的认知还处于感性阶段,不能正确解释疾病的实质,只能用"上天和神灵的力量或惩罚"来认识疾病。随着生产力的迅速提高,医药学及相关学科的不断发展,人们开始认识到健康是可以把握且不依赖于天命的,并逐渐形成了健康就是能正常工作或没有疾病的机械唯物论的健康观。进入20世纪以后,健康的内涵不断发展,由过去单一的生理健康(一维)发展到生理、心理健康(二维),进而发展到生理、心理、社会良好适应状态(三维)。1948年,世界卫生组织(World Health Organization,WHO)提出了著名的健康三维概念,即"健康不仅是没有疾病或不虚弱,它还涉及身体的、心理的和社会的完美状态"。1989年,世界卫生组织进一步定义了四维健康新概念,即"一个人在身体健康、心理健康、社会适应健康和道德健康四个方面皆健全"。2017年,世界卫生组织对健康的因素进行了总结:健康=60%生活方式+15%遗传因素+10%社会因素+8%医疗因素+7%气候因素。生活方式对人体健康的影响力占了60%,可见好的生活方式可以让我们越来越健康。世界卫生组织专业人士制定了全球公认的最健康的作息时间表,见图1-1。

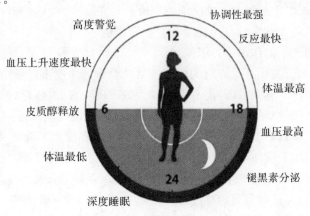

图1-1 健康的作息时间表

按照医学标准,身体健康是指没有疾病和衰弱的状态,表现出来的是体能良好、身体机能正常、精力充沛等。在这里,我们要探讨的是身体体质与身体健康(没有疾病且不是衰弱状态)的关系,至于身体体质与心理健康、社会适应等方面的关系,还有待于进一步研究。

第二节 体质与健康的关系辨析

体质与健康都涉及人体的形态结构、生理机能、运动能力、心理发育以及对外界环境(包括人际关系)的适应能力等,它们之间既有所不同,又有所联系。体质是生命活动的最基本要素,也是健康的物质基础。从研究角度看,体质侧重于体格、体型、身体素质、运动能力等。而健康则侧重于研究人体的心、肝、脾、肾、血管组织结构以及生理功能的疾病和异常。体质是人体的质量,健康则是体质状况的反映和表现,因此在评价体质与健康状况时,有些指标很难归纳为纯属检测体质的指标,同时有些指标也很难归纳为纯属健康检查的指标。从体质与健康的概念出发,两者之间既有区别又有密切的联系。

一、大学生体质与心理健康的关系辨析

随着社会的高速发展,大学生的心理问题日益凸显。大学生心理健康已成为高校教育关注的焦点。在全面推进素质教育、促进学生身心健康发展的同时,了解和掌握大学生体质与心理健康的对应关系及不同体质大学生的心理特征,能为今后在体质健康教育过程中整合心理健康教育提供理论依据,同时对于引导大学生积极参加体育锻炼、改善体质、促进身心健康的和谐发展具有一定的指导意义。

1. 体育锻炼对大学生心理健康的影响的研究

体育锻炼对大学生的心理健康有着积极作用。不同领域的学者从不同角度对体育对心理产生的作用进行了阐述。

(1)社会学认为体育对心理的作用。从社会学的角度来看,体育对心理的作用主要表现在以下五个方面:①有助于智力的发展。首先,体育锻炼可以促进大脑的开发和利用,增强神经系统的功能。其次,体育锻炼能减缓应激反应,提高脑力劳动的工作效率。最后,体育锻炼可以在一定程度上消除脑力劳动引起的疲劳。②对于调节情绪有积极作用。情绪状态是衡量体育锻炼对心理健康的影响的重要指标。③有助于坚强意志品质的形成。意志品质既是在克服困难过程中表现出来的,又是在克服困难过程中培养出来的。而体育锻炼的特点在于需要不断克服客观困难和主观困难。④有助于改善人际关系。在体育锻炼中,无

论是个人项目还是集体项目,都会自觉或不自觉地与同伴、教练、老师、对手等进行交流,只有这样才能完成体育活动。同时,在锻炼过程中会体现出公平竞争、团结协作、友好交往等良好的交往原则。⑤可使人确立良好的自我概念。自我概念是个体主观上对自己身体、思想、情感等的整体评价,它是由许多的自我认识组成的。

(2) 心理学认为体育对心理的作用。从心理学的角度来看,关于体育锻炼对心理状态改善的可能机制有以下三种学说:①认知行为假说。人们完成一项他们认为较为困难的任务时,其自定标准水平就会提高,就会有自我成就感、自定效能提高感,这种成就感会打破人们与抑郁、焦虑以及其他消极心境状态的关联。②社会交互作用假说。体育锻炼可以扩大人与人之间的交往范围,进而加强社交。③分散注意假说。运动后可产生注意分散,其结果是降低心理紧张状态。长期的体育锻炼在减少消极情绪、令人心情愉快等方面比放松练习或其他练习更有效。

(3) 生理学认为体育对心理的作用。从生理学的角度来看,目前关于体育锻炼对心理状态改善的可能机制有以下三种学说:①心血管功能学说。体育锻炼能够促进心血管系统功能的发展,增强血管的收缩性和渗透性。健康的血液循环可使体温恒定,有助于保持神经纤维的正常传导性,从而有利于心理健康。另外,体育锻炼引起的体温升高可使人产生短期安静的效果。该学说基于脑干温度的变化可使肌梭活动和大脑皮层电活动减少,从而达到放松状态。②单胺假说。有研究显示,神经递质在神经之间以及神经与肌肉之间起传递信号的作用。脑部的神经递质(如去甲肾上腺素与5-羟色胺的水平)与压抑和精神分裂有关,脑中单胺的改变在运动导致的情绪变化中起媒介作用。研究表明,抑郁的人经常出现胺分泌量减少的情况,如去甲肾上腺素、血清基、多巴胺等减少,而进行体育锻炼的人则会出现去甲肾上腺素增多的现象。从理论出发进行分析,体育锻炼刺激神经递质的分泌,抑制抑郁、焦虑等心理情绪的产生,进而对心理健康起到促进作用。③内啡肽释放假说。各种内啡肽产生于脑、脑垂体和其他组织,内啡肽能减轻痛感和产生快感,而运动能够促进人体内啡肽的释放,从而减轻痛感和改变精神状态。

2. 大学生体育锻炼及体质与心理健康相关性的研究

Diehl Nancy 等人在 1998 年对 160 名女大学生进行了身体质量指数(Body Mass Index, BMI)、社会体型焦虑、厌食症状、暴食症状、抑郁自评、自尊、身体练习等方面的问卷调查,结果显示,社会体型焦虑与饮食紊乱有显著关系。Brunet Jennifer 等人的研究结果表明,自尊显著影响社会体型焦虑,同时也显著影响体质,通过提高自尊和有目标地对社会体型焦虑进行干预,可以帮助人们增强身体活动的动机和促进人们进行体育行为。Haase Anne 认为,运动员的体型认知与运动员社会体型焦虑密切相关,女运动员对于体型的认知直接影响体型焦虑和饮食。Markland David 等人认为,男女体育锻炼的动机不同主要是由男女对体型认知的不同造成的。

总之,无论是国内还是国外,对于体育锻炼能对心理产生健康促进作用都有一致的认识,体育锻炼可对社会、心理和生理等方面产生作用。然而,对于大学生的体质与心理健康的关系研究,目前仅局限在体质与心理的相关性方面,目前未见针对不同的体质状况所表现的心理特征以及不同的心理特征所具有的体质特征的研究。进行体质与心理之间的定量研究能够为今后高校在体质健康教育过程中整合心理健康教育提供理论依据,同时对引导大学生积极参加体育锻炼、改善身心健康程度、促进身心健康的和谐发展也具有一定的指导意义。

二、大学生体质与健康的关系辨析

1. 体质与健康的区别

体质是衡量一个人运动技能状况的重要标志之一,主要通过力量的大小、速度的快慢、耐力时间的长短、灵敏性的敏感程度、柔韧性的差异等表现出来,具有一定的客观性。而身体健康是全身组织的机能都保持一种正常水平和状态,表现为身体没有疾病和不虚弱,同时还需要人们进行一定的主观判断,判断这种正常水平与状态是否是主观意识和客观实际的统一。

从两者的区别来看,健康比体质高一个层次,身体健康受体质的影响。但笔者并不赞同健康包含体质的说法,因为体质是个中性词,具有好坏之分,而健康则不同,是个褒义词。我们在说一个人身体健康时,就已经说明了这个人的身体没有疾病,处于一种正常的状态;但我们在说一个人"体质"时,却说明不了什么。

最后,对体质的评定主要是通过对各项指标的测试来实现的,如通过握力计测力量的大小、通过时间的长短测速度的快慢等。也就是说,体质只要我们通过定量分析就可以判断出来。而确定一个人的身体是否健康、身体是否处于无疾病和衰弱的状态,单单靠相应指标的测量(血压、脉搏等)是不够的,还要医生对其进行各方面检查和判断,再进行定性分析才可以得出结论。

2. 体质与健康的联系

体质与健康具有密切的关系。首先,体质是达到健康的一个基本条件和基础。体质好坏是影响健康的一个重要方面,学校的体育锻炼主要是通过对学生进行身体的练习来达到健康的目的,而身体的练习必须以一定的体质为基础。其次,增强体质是提高运动技术水平的重要方面,无论是增强体质还是提高运动技术水平,都是促进身体健康的有利条件。再次,健康是体质的归宿和最终目标。

一个人正是以一定的体质为基础,通过身体的活动和练习,以及增强人体运动技能水平,最终达到身体无疾病和健康的状态,表现出良好的体能、充沛的精力等。

第三节 国内外关于体质健康的比较分析

体质健康管理是国内外大学体育工作普遍关注的重点,体质健康测试与评价是体质与健康管理的重要组成部分。近20年来,国内大学生体质健康工作有了较大发展,大学生的健康观念和体育锻炼意识得到了加强。然而,大学生的体质健康状况却不容乐观,特别是耐力素质、力量素质和速度素质呈下降趋势。因此,加强对大学生体质健康的管理显得尤为重要。

一、国外大学生体质健康管理

(一)美国学生体质健康管理

1. 美国学校健康管理的发展

健康管理作为一个行业及学科,最早出现于20世纪50年代的美国。美国当时正面临着无法遏制的医疗费用增长和健康对后工业化时代生产力压力的双重挑战。美国政府认为,健康管理是关系国家经济、政治与社会稳定的大事,因此,制订健康管理计划具有必要性和可行性。健康管理在美国发展异常迅速。有关研究显示,如果在健康管理方面投入1美元的费用,则可减少3~6美元的医疗费用,而且这种回报是持续的。

美国政府对学生的健康也十分关注,其学校的健康管理模式经历了体育卫生模式、健康教育模式、健康促进模式三个阶段。在20世纪50年代,美国使用"克罗斯-韦伯(Krass-Weber)测试标准"对全美青少年儿童进行了体质状况测试,测试结果引起了美国政府对学校体育的深刻反思。经过相当长时间的探索和研究,1980年,美国健康与社会福利部推出了"增进健康,预防疾病"的十年规划。1987年,美国参议院、众议院通过了一项决议,决议鼓励各州为所有一至十二年级的青少年儿童提供高质量的体育课程。1988年,美国又推行了"最佳健康计划",激励学生从事体育活动并呼吁家长对此关心。1990年,美国再次提出一项新的十年规划,即"2000年健康人"的全民健身计划,列出了298个优先发展领域,其中涉及学校体育的就有192项之多。其中包括:使6岁以上的学生每天参加不少于30 min有规律的轻度到中等强度的体育活动的人数比例至少增加到30%;6~17岁的儿童和青少年参加以增强身体发育和心血管适应性为目标的高强度体育活动,每周3次、每次至少20 min的人数比例至少增加到75%;6岁以上不从事娱乐性体育活动的人数下降到15%以下;6岁以上参加有规律的旨在提高肌肉力量、耐力和柔韧性的体育活动的人数比例至少增加到40%；12岁以上超体重的青少年在配以合理膳食的前提下，积极参加有规律体育活动的人数比例至少增加到50%。在身体素质的划分方面，由单纯的身体素质测试变为身体健康的测试。运动素质只是相对于运动员而言的，而健康素质则是每个人都需要的。美国健康测试标准的最大特点是以增进健康为主，其所选择的测试项目也是围绕着如何促进青少年的健康而安排的。美国学者把人的体质划分为两个方面，即健康基本要素和运动神经表现要素。体质中健康基本要素包括身体组织构成、心肺系统耐力、柔韧性、最大力量和肌肉耐力五个方面，这五个方面决定了一个人的健康状况，在这五个方面都高水平的人能够有效抵御疾病的侵害。

进入90年代，美国学校体育教育的一个趋势是，体育教育与健康教育紧密结合，许多大学的体育部门与学校医疗卫生部门联合开设了"健康课程"。该课程是一种将身体活动、运动技能及健康理论全面结合的教学形式。理论课涉及从体脂分析到运动营养、从性卫生教育到心理压力的控制、从控制体重到力量练习等，目的是使学生通过学习掌握多方面的有关健康、健身的知识与方法，从而使自己更加健康。

2. 美国大学生体质健康管理现状

美国体质健康评价已经进行了半个多世纪，对体质指标的运用、影响因素及局限性都有较为深入的研究。美国定期对青少年进行体质健康测试始于20世纪50年代。由于美国青少年的体质测试结果与欧洲一些国家存在一定差距，因此，美国政府要求学校定期对学生进行体质测验。1966年，Johnson总统建立了"总统体质健康计划"(Presidential Physical Fitness Program)，并于1986年发展为"总统挑战计划"(President's Challenge)，其内容包括健康体适能(Health-Related Fitness)、体能(Physical Fitness)和身体活动(Physical Activity)，该计划第一次把身体活动量纳入到了体质测验的范围之内。

1982年，美国库珀研究院(Cooper Institute)开发了体质测试项目，目的是帮助体育教师评价学生的体质健康状况，测试内容包括心肺耐力、身体组成、肌肉力量、耐力、柔韧性等。目前，美国所有教材中体质测试的内容都紧紧围绕健康的基本要素进行。

在美国，有规律地进行体质测试的目的是提高青少年的体质。然而，许多年后，美国学者研究发现：学生健康与否与花费在身体活动的时间长短没有关系；当根据学生的体质表现评价教师课堂教学成功与否时，体育课就变成了体质训练课，并且在体质测试中作弊可能会变成一个普遍的现象。因此，不建议公开及相互比较学生的体质测试分数，避免伤害学生的自尊与自信，也不鼓励学生必须达到体质评价的优异区,而是让学生个人决定自己的表现水平,教师指导学生参照体质指标选择参加什么活动,从而达到锻炼的目的。

也有一些研究者认为,学生的体质测验结果不能作为体育课分数或评价教师教学有效性及学校体育工作质量的标准。教师仅负责完成体质与健康测试,对测试结果不负责任。因此,体质健康测试应保持长期化,不应阶段性完成。鉴于多种因素影响体质健康评价的有效性,美国在20世纪90年代基本不在体育课上评价学生的体质,体质测试仅作为学生的自评指标。

(二)日本学生体质健康管理

1. 日本学校健康管理的发展

亚洲健康管理的发展总体滞后于美国及欧洲,但在众多亚洲国家中,日本是较为重视健康管理的国家,且其管理成效显著。在日本,行政机关和民间健康管理组织一起对全体国民进行健康管理。日本健康管理服务的基本内容和方法包括健康调查、健康体检、体检后评估和帮助、健康增进活动及健康教育。健康管理在日本成功的主要原因是日本有健全的法律、配套的健康管理制度和健康管理网络。

第二次世界大战后,日本人认识到身体教育主要是促进身体发育的系统教育,而健康教育是关于身体保养的系统教育,二者在以身体为对象上是相同的,而且都是为了保持健康。因此,二者应该同时作为体育课的内容。基于这种认识,日本战后第一部《学习指导纲要》明确指出,要重视健康教育,并将其作为体育课的内容。由此可见,健康教育与身体教育的结合在日本作为战后新体育的一个原则而被强调,以后的《学习指导纲要》也非常重视健康教育。20世纪40年代开始,日本就把健康体育作为体育课必要的组成部分,从小学到大学都坚持体育与健康教育相结合。日本保健教育的基本方针是让学生理解有关健康和安全的基本知识,培养学生自主的、健康的生活能力和态度,使其能适应自己的成长发育阶段。20世纪70年代以来,日本人的生活环境和生活方式发生了巨大的变化,物质生活达到了世界先进水平。但是,生活的快节奏使他们失去了往日的从容,与此同时,家庭教育的功能弱化、社会结构以企业为中心、社区的教育功能日趋下降、学历至上引发了过度的考试竞争,现行的教育制度已不适应社会的发展变化,教育改革势在必行。日本从1990年开始实行新的《学习指导纲要》,提高了选修内容的比例。

2. 日本大学生体质健康管理现状

在体质健康研究领域,日本建立了比较完善的学校保健卫生制度,积累了丰富的儿童、青少年生长发育的研究资料。相对于我国的体质健康测试,日本称之为"体力测试"。在日本,"体力"是指人们为了正常生活、工作和应付意外而经常保持的较强的行动能力和抵抗能力。体力测试是指对身体运动能力进行测试。

第二次世界大战以后,日本政府设置了增强国民体力委员会,各种以增强国民体力为宗旨的民间团体也应运而生。1963年,日本制定了《运动能力测量标准》;1964年,日本制定了《体育运动振兴法》,其宗旨是增进国民身心健康、丰富国民生活。日本政府的体育发展战略,由过去重视竞技体育转变为重视国民体力健康的保健体育,鼓励国民增强体力、参加体力测量活动。为了推动增强体力活动的开展和把握国民的体力现状,从1967年开始,日本文部省组织进行全国性的体力测量活动,随后经过若干次调整补充,最后形成了从小学生到成年人、包括体力和运动能力的体力测量体系,在全国范围内每年进行1次抽样调查。1996年,日本文部省开展了调查研究;1998年,日本对青少年体力测试的内容进行了改革,取消了运动能力测试和体力诊断测试的划分,并将两者合并,精简测量项目,推行统一的新体力测试标准。按照日本对体力测试年龄段的划分,日本大学生跨越了两个年龄段(12～19岁,20～64岁)。

根据历年体力测量的资料,对体力测量各项目的可靠性、有效性及实用性进行研究是日本体力测量改革的主要任务。在新体力测量中,降低了对测量条件和器材的要求,强调简便易行,这对测量的质量有一定影响。此外,新体力测量没有体现出现代科学技术飞速发展的成果,缺乏新的测量手段和方法。

二、中国学生体质健康管理

1. 中国学校健康管理的发展

在中国,健康管理作为一门学科和一个行业是近20年才开始的。2001年,国内第一家健康管理公司注册成功;2005年,健康管理师国家职业顺利设立;2006年,以健康管理为主题的各类会议、论坛、培训逐步增多,有些业内人士称之为"健康管理年"。但是,要建立具有中国特色的健康管理运营模式和服务体系,仍然任重道远。困难是多方面的,具体如下:健康管理的理念较为先进,但健康管理的学术理论与科研技术却相对滞后;健康管理的模式与方法单一;至今尚无学校培养专业的健康管理人才,从事健康管理的人员匮乏;具有中国特色的高校健康管理体系及相关模式尚未建立。

新中国成立后,党和国家非常重视青少年的健康问题,并在历次重要会议中强调了健康在增强人民体质、保障社会主义事业建设中的重要作用。由此可见,在学校中推行健康管理、提升学生健康水平是符合我国国情和社会发展需要的。1979年以来,我国先后进行过五次大规模的全国学生体质健康状况调研。有关部门从鼓励学生积极参加体育锻炼、增强学生体质的目的出发,在不同时期先后制定了《劳动卫国体育制度条例》《国家体育锻炼标准》《大学生体育合格标准》等一系列制度。这些制度的制定和实施对于增强学生体质、促进我国学校体育工作顺利开展具有积极的作用。

目前,我国学校的健康模式正处于健康教育模式的转型期,面临着健康教育模式认识缺乏、卫生人力及物资资源不足、相应的规章制度不健全等多种困难,因此,我们要充分发挥健康教育与健康促进的优势,探索并建立具有中国特色的教育健康管理模式。

2. 中国大学生体质健康管理现状

2002年,教育部、国家体育总局联合下发《国家学生体质健康标准(试行方案)》《〈国家学生体质健康标准〉(试行方案)实施办法》;2007年,教育部、国家体育总局在总结试行工作的基础上,根据新的形势对《国家学生体质健康标准(试行方案)》进行了修改和完善,正式实行《国家学生体质健康标准》和《〈国家学生体质健康标准〉实施办法》,这是目前我国大学生体质健康管理的法规性文件。《国家学生体质健康标准》从身体形态、身体机能、身体素质和运动能力等方面综合评定学生的体质健康水平,是促进学生体质健康发展、激励学生积极进行身体锻炼的重要手段,是学生体质健康的个体评价标准。

目前,我国大学生体质健康管理工作中存在的主要问题是:重体质健康数据采集,轻后续管理与服务;缺乏对体质健康患病群体进行必要的干预措施;体质测试工作者难以严格执行《〈国家学生体质健康标准〉实施办法》;测试的组织工作和管理工作有待于进一步加强。

体质健康管理是国内外大学体育工作普遍关注的重点,体质健康测试与评价是体质健康管理的重要组成部分。体质健康测试与评价可以有效地反映大学生的体质健康水平,并且能督促学生养成体育锻炼的习惯。

三、国内外大学生体质健康存在的主要差异

1. 体育教育目标的差异

我国高校的体育课大多属于选修课。大学生们大多对于体育课并不热衷。日本推行的是"快乐体育",日本学校的体育课程注重提高学生运动的兴趣、掌握学习运动的方法以及提高运动和活动的能力,对运动技术的要求很少,因此日本大学体育教学的主要目的是向快乐体育方向发展。美国许多高校都有体育传统,这为大学体育运动打下了良好基础。许多高校会向天赋好的运动员发放奖学金,大学生运动员是美国竞技体育的主要力量。我国高校可以结合高校自身特点适当借鉴其他国家的课程设置。

2. 体育教育理念的差异

我国高校的体育教育注重"安全至上",体育活动基本是以传统的篮球、排

球、乒乓球、武术等为主，缺乏创新。美国、日本、英国、德国、澳大利亚等国家的体育教育追求"强健第一"，善于开展挑战自我的娱乐体育运动，如山地滑翔、水上冲浪、险滩漂流、高空弹跳、滑板等。

3. 体育师资方面的差异

我国高校体育课程理论与实践的研究起步较晚，直到20世纪80年代才有了明显发展。具体来说，我国体育与健康教育相关教师的培养主要由体育保健康复专业和体育卫生教育专业来承担，这两个专业在全国高校中开设得很少，远远不能满足体育与健康教育的需要，因此，健康教育师资严重不足。其他国家体育与健康教育相关教师的培养主要来自体育科学、健康、体育教师、体育娱乐、社会体育、生产体育、运动医师等专业，其体育教师师资力量相对较强。

4. 体育教育课程的差异

我国高校从教育理念到教育目标对体育课的重视程度均不够高。目前，只有少数高校对强制体育运动予以规定。例如：北京大学目前有45门体育选修课，要求入学新生学会游泳、太极拳、健美操等。这种规定有助于改善大学生的身体健康状况。在德国，体育被看作是研究"人"的学科，体育学与教育学、社会学并列设在"社会科学及社会学"大类中，体育学科整体地位较高，这使得德国的运动训练、体育教育、体育管理、体育市场等学科均居于世界先进水平。

5. 饮食观念的差异

除体育锻炼外，保证人体基本需要的营养是大学生体质健康的重要保障。目前，我国大学的餐厅大多实行商业化运作，提供大米、肉类、蔬菜、鸡蛋、馒头等食品，大学生们可以有多样化的饮食选择，但他们在口味与营养上注重选择"口味"而非"营养"，而且多数大学生以吃饱为标准，不会在改善饮食营养方面进行较多考虑。而不少发达国家讲究"营养第一"，从幼儿时期就开始注重形成其饮食习惯。

6. 体育科技应用方面的差异

在资金投入、师资力量、科研投入等方面，我国高水平运动员都能获得国家的大力支持，而非体育专业的高校大学生是享受不到同等待遇的。在部分发达国家，领先的科技、医学以及教育实践会在体育行业得到应用，由教练、管理人员、科学家、医生、体育心理学家、理疗学家和营养学家等组成的庞大后勤网络，为运动精英和职业运动员提供大量周到的服务。

四、促进我国大学生体质健康的对策思路

大学生的体质健康是一个国家国力、国民精神面貌的客观反映，与未来国家强大、民族兴旺紧密相关。为了缩小中外大学生体质健康的差距、提高我国大学生体质健康水平,我们必须更新教育观念,积极推进符合时代需求的高校体育教育改革,改变体育教育的从属地位,从根本上改变被动教育、被动参与、强迫运动的局面,使学生树立终身体育的意识、养成终身体育的习惯、掌握科学健身的方法,从而从根本上改善大学生体质健康水平。

1. 改变体育教育从属地位,变被动锻炼为主动参与

体育锻炼可以全面提升大学生所需具备的基本素质,在高校的学科价值体系中占据重要地位。但是,体育目前在我国教育体系中仍处于从属地位,这与我国高校决策管理层对体育教育的认识偏差密切相关,即决策管理层没有意识到体育对培养学生的全面发展以及在形成一所大学文化底蕴等方面所起的重要作用。因此,我们要改变体育教育的从属地位,使大学生从被动锻炼转变为主动参与。在这方面,国外的经验值得借鉴。国外高校体育承载着重要的教育价值,都把体育作为培养学生自信心和凝聚力的手段。美国的很多大学把体育作为其大学文化内涵的核心元素之一。丹佛大学的学生艾文恩在世界大学生冬季运动会上说:"我们一定不辱使命,身为丹佛大学冰球队的一员,是我此生的骄傲。"显然,这种大学体育教育对一个人的人生将产生深远的影响,不仅增进了大学生的体质健康,更重要的是激发了大学生的拼搏精神。我国各高校决策层应充分认识到体质健康对大学生学习、生活及未来发展的重要作用,积极落实体育政策相关法规,重视和支持体育活动的开展,为学生参与体育锻炼创造必要的条件,营造良好的氛围,激发学生对体育锻炼的兴趣。

2. 改革教育教学体制,创新体育教育理念

教育教学体制直接影响着大学生体育教学的效果。教育部规定,大学一、二年级体育课是必修课,而大学三、四年级体育课如何设置,教育部并没有具体要求,因此,一些高校在大学三、四年级并不开设体育课,这在一定程度上导致了体育教育管理滞后的问题。鉴于此,根据大一新生体质普遍较差、大二好转、大三和大四又较差的特点,高校有必要增加大学一至四年级的体育课内容。

我们要创新体育健康理念,利用高校的优势,努力传播体育文化,从而形成良好的体育文化氛围,吸引学生积极参加体育锻炼。学生体育锻炼的开展状况和发展水平应当是高校教育质量的重要参考标准之一。让学生体育锻炼的开展与一所大学的文化底蕴有机结合起来是我国高校所面临的一个重要问题。近年来,一些高校对体育真正价值的认识还存在一定的偏差,从早些年扎堆的高校对抗赛到现在一些高校功利性地建设高水平运动队,这些做法都忽视了竞技体育广泛普及的问题。因此,高校应把体育摆在一个重要的位置,摒弃功利心,以"百年树人"的精神去构建自身软实力,让大学体育的价值真正发挥出来。

3. 加大体育投资,完善管理机制

我国高校体育应从硬件设施、师资力量等方面着手加大体育投资力度,重视体育器材、运动场地甚至学生食堂等基础设施的资金投入。同时,在管理机制上,高校应努力为大学生营造良好的体育运动环境和氛围。一个好的体育运动环境能促使一大批学生投入到体育锻炼中去。目前,我国高校体育场馆大多实行有偿服务、独立核算、自负盈亏的企业化经营管理模式,大学生们的健身空间被商业性经营挤占。对此,高校应明确体育场馆是公共资源,充分考虑大学生的经济实际情况,对大学生收费应做到适度。只有加大高校体育教育投资,加强管理,从运作机制上调动大学生的体育锻炼热情,才能为大学生提升体质健康水平创造有利条件。

第二章 健康促进理论的概念及作用

第一节 健康促进理论的概念与策略活动领域

运用健康促进方法来控制慢性非传染性疾病是疾病预防工作发展的必然，这已被相关的成功经验所证实。目前，在我国慢性病控制领域中所开展的两大试点项目就是典型例子，即世界银行贷款疾病控制健康促进项目和社区慢性非传染性疾病综合防治项目。

一、健康促进的概念

"健康促进"一词早在20世纪20年代就已出现在了公共卫生文献中，随着疾病谱的变化，不良的生活方式和环境的变化已成为许多疾病产生的因素，健康促进越来越受到人们的重视，关于健康促进的种种概念也被提出。例如，温斯勒在1920年认为：健康促进就是组织社区努力开展个人卫生教育，完善社会机构，以保证有利于维持并增进健康的生活水准。美国健康促进杂志于1986年指出：健康促进是一门帮助人们改变生活方式以达到理想健康状况的科学和艺术。世界卫生组织于1986年指出：健康促进是促进人们维护和改善自身健康的全过程，是协调人类和环境的战略，它规定个人和社会对健康各自所负的责任。格林于1991年提出：健康促进是促使行为和生活条件向有益于健康改变的教育和环境支持的综合体。

尽管"健康促进"的概念至今仍在被不断探讨和完善，但世界卫生组织提出的概念目前已被广泛运用。综观以上健康促进相关概念的内涵，可以发现，健康促进基本上包含了以下主要内容：①健康促进涉及整个人群的健康和人们生活的各个方面，不仅仅是针对某些疾病或者某些疾病的危险因素。②健康促进主要是直接作用于影响健康的病因或危险因素的活动或行动。③健康促进不仅作用于卫生领域，还作用于社会各个领域，健康促进指导下的疾病控制已非单纯的医疗卫生服务，而应进行多部门、多学科、多专业的广泛合作。④健康促进特别强调个体与组织的有效参与和积极参与。

总之,健康促进是指健康教育以及能促使行为与环境改变的政策、法规、组织的结合体,是影响、教育人们健康的一切活动的全部过程。健康教育是健康促进的组成要素之一。政策、法规、组织以及其他环境的支持都是健康促进的组成部分,但它需要与健康教育相结合。如果没有健康教育,健康促进将成为徒有虚名的概念。如果健康教育得不到良好的环境(包括政治、社会、经济、自然等环境)的支持,那么健康教育尽管能帮助个体为改变某些行为做出努力,但其作用仍然是软弱无力的。

二、健康促进的策略活动领域

1986年,世界卫生组织在加拿大渥太华召开了第一届健康促进大会,发表了著名的《渥太华宪章》,明确指出了健康促进所涉及的五个主要的策略活动领域。

1. 制定促进健康的公共卫生政策

健康促进的概念已经超出了卫生保健的范畴,它把健康问题作为各级政府、各级组织以及各个部门应该共同关心的系统工程,并明确要求非卫生部门实行健康促进政策,其目的就是促使人们做出更健康的抉择。

2. 营造支持性的环境

健康促进促使人们必须创建安全的、令人满意的且令人愉快的生活环境和工作环境,同时系统地评估快速变化的环境对健康的影响,以保证社会环境和自然环境的健康发展。

3. 加强社区的行动

健康促进的重点是社区,人们应该充分发动社区的力量,开发社区的资源,积极有效地参与卫生保健计划的制订和执行,帮助社区人群认识自己的健康问题,并进一步帮助社区人群提出解决问题的办法。

4. 发展个人技能

提供健康信息、健康教育,帮助社区人群提高做出健康选择的能力,以支持个人和社会的发展。这样一来,人们就能够更好地控制自己的健康和环境,从而使人们不断地从生活中学习健康知识,并有准备地应对人生中各个阶段可能出现的各种健康问题。

5. 调整卫生服务方向

健康促进规定卫生服务的责任应由个人、社会团体、卫生专业人员、医疗保健部门、工商机构和政府共同承担。他们必须共同努力建立一个健康的卫生保健系统,而医疗部门必须超越仅能提供治疗服务的职责。

第二节　健康促进理论在健康促进研究和实践中的作用

健康促进理论是在健康教育理论的基础上发展起来的，因此，有关健康教育的一些理论和模式（如行为改变理论和传播理论）应是健康促进理论和模式的组成部分。但为了成功地开展健康促进，健康促进相关人员尚须学习有关健康促进的另一些理论和模式。健康促进能力主要表现在掌握和应用这些理论和模式的程度上。此外，掌握和应用社区和组织行为改变的理论和模式，可以更好地提高工作质量。本部分内容主要介绍健康促进的基本构架和工作过程模式。

一、健康促进的基本构架

健康促进的组织和工作可以概括成五个组成部分，即政策及结构改革、人力资源开发、监测、干预、评价。这五个组成部分各有独自的工作范畴，又相互联系。

健康促进项目的开展以以上所述的五部分为基础，通过结构改革建立一个职责分明、协调有序的组织管理系统，这是实施健康促进项目的组织保证。政策改革可为不同部门和组织提供协调行动的指导原则，促使形成实施项目的良好政治环境。人力资源开发是对社区和组织、专业人员和基层卫生工作人员进行健康促进能力的建设过程，是社区动员的重要组成部分。对死亡、行为危险因素、环境等进行监测的目的是为确定问题、制定目标和策略、评价干预的作用和效果提供科学的数据和资料。干预是创建支持健康促进的物质环境和社会环境，促使人们改变行为是建立健康的生活方式的主要手段。评价是科学地说明项目策略和活动的实际执行情况以及它们的价值，以便从中总结经验教训，不断改进项目的计划和策略的重要途径。干预是五个组成部分的核心，其他四个部分则为干预保驾护航。

二、健康促进的工作过程模式

健康促进的工作过程可分为六个阶段：①需求评估；②项目计划；③动员资源；④实施项目和过程评价；⑤效果评价；⑥报告结果。这六个阶段是相互衔接又彼此交叉的，整个工作过程不断循环。各阶段主要工作内容如下。

1. 需求评估

需求评估的目的是通过社区诊断确定相关内容。

(1)确定社区重要的健康问题及选择优先健康问题。

(2)确定优先健康问题的重点人群及其危险因素。

(3)确定危险因素在人群中的分布情况。
(4)取得社区对项目的承诺。

2. 项目计划

在需求评估的基础上,确定如下内容。
(1)目标人群及他们对优先健康问题的了解和看法。
(2)向目标人群传播基本信息和重要可变的行为。
(3)总目标和具体目标。
(4)策略和活动。
(5)制订监测和效果评价计划。

3. 动员资源

(1)确定实施项目所需的社区资源。
(2)发现和动员社区内外可利用的资源。

4. 实施项目和过程评价

(1)此阶段为期21个月,在研究社区本项目第二个阶段建立的社区心理健康服务组织框架与干预技术的基础上,在项目地区的研究社区实施本项目建立的社区心理健康服务模式。
(2)对照社区采用已有的常规服务模式,并对社区中存在早期心理疾病的人(200例)进行队列研究,对照研究评估其干预效果。
(3)模式实施一年后,分别进行项目过程评估及效果评估。

5. 效果评价

(1)与干预前及对照社区比较,评估社区健康服务模式的效果,包括过程评估与效果评估两方面,可应用第二阶段建立的评估和监测指标进行评估。
(2)确定相关内容比例。

6. 报告结果

(1)广泛、深入地开展卫生健康教育。
(2)利用一切可以利用的手段,教育和引导人民群众养成良好的卫生习惯,提倡文明、健康、科学的生活方式,培养健康的身体素质和心理素质,进而提高全民的健康水平。

第三节 如何在健康促进研究和实践中选择运用恰当的理论技巧

健康促进是十分复杂的过程,在传播的每个环节中,都有许多因素能直接或间接地影响传播效果。在这个过程中,运用恰当的理论技巧在很大程度上能提高传播效果。

一、交谈的技巧

健康传播者(尤其是大学体育工作者)的责任不只是把健康信息表达清楚,还要考虑怎样才能使学生理解并产生兴趣,同时根据对方的各种反馈信息来调整自己的讲话内容和方式。

1. 说话技巧

掌握说话技巧就是使用对方能理解的语言和能接受的方式,提供适合对方需要的信息。"一对一交谈"是健康传播过程中最常用的一种口头传播方式。

(1)尊重对方。传播者要做到:尊重学生的权利和人格,平等地对待他们;礼貌待人,正确地称呼学生;尊重学生的隐私及其拒绝回答问题的权利,避免使用批评、威胁或阻碍沟通的语言;要热情、亲切、诚恳、努力做到"声情并茂"。

(2)语言通俗易懂。传播者使用简单句和通用词语,避免使用学生不易理解的专业术语和俚语。如果对一个不懂英语的人讲英语、对一个不懂方言俚语的人讲方言俚语、对一个不懂药学的人讲药学术语,信息自然无法传递,交流活动也就无法进行。因此,传播者在说话的过程中应根据谈话对象的特征选择适当的语言,必要时使用当地语言或群众习惯用语,讲话时发音清晰、语速适中。另外,生动的语言和表情、抑扬顿挫的语调和节奏更能使对方产生兴趣。

(3)适当重复重要的和不易被理解的概念。在交谈过程中,传播者对于比较重要的或对方比较陌生且难以理解的概念应重复2~3遍,以加强理解和记忆。

(4)谈话内容明确、重点突出。一次谈话围绕一个中心问题,涉及的内容不宜过多、过广。

(5)注意观察听者,及时取得反馈。传播的本质是互相呼应。在交谈过程中,对方不自觉的表情、动作等都表达了他们的感受,传播者要注意观察其感情变化。传播者也可适当停顿,给对方提问和思考的机会,随时停下来询问对方是否听懂了、是否有问题、是否有需要重复的地方。

(6)使用辅助材料。必要时可运用图画、模型等辅助谈话,以达到更好的沟通效果。

2. 倾听技巧

倾听是人们通过有意识地听而理解信息的过程。有效的倾听是人际交往的基本技能之一。接受者听对方的词句,注意其说话的音调、流畅程度、选择用词等,借以洞察说话人的意思和感情,这是对接收到的信息所做的积极能动的心理反应。有效的倾听应注意以下一些问题。

(1)主动参与,给予积极响应。采取稳重的姿势,与说话者保持同一高度,双目注视对方。在听的过程中,用各种对方能理解的动作与表情(如微笑、皱眉、迷惑不解、点头、说"哦""嗯"或重复对方所说的关键词等)表达自己的意思,给讲话人提供准确的反馈信息,以利于其及时调整。

(2)集中精力,排除各种干扰。与人交谈时要排除有碍于倾听的干扰因素,客观干扰包括噪声、有人来访等,主观干扰包括分心、急于表态等心理因素。对外界的客观干扰要听而不闻,即使偶尔被打断,也应尽快将注意力集中回来;对自身的主观干扰要有意识地克服和排除。

(3)注意观察,体察言外之意。充分听取对方的词句,捕捉每一个有关的信息,不轻易打断对方的话、不轻易作出判断、不轻易表达自己的观点。

3. 提问技巧

提问的目的在于开启话题、获取信息,以便于进一步沟通。提问的方式有时比提问的内容还要重要。例如:用平和的语气,不把提问变质问;问话有间隔,给对方一定的思考时间,避免频繁提问让对方产生紧张和心理压力;等等。

4. 反馈技巧

反馈是指接受者接受信息后所产生的反应,通过某种传播形式又返回到传播者的现象和过程。恰当的反馈可以使谈话更加深入。在健康传播过程中,传播者及时获得反馈,能够及时了解接受者的知识、态度及行为状况,同时,传播者适当地给予反馈则能使接受者获得必要的激励和指导。常见的反馈方法如下。

(1)积极性反馈,又称肯定性反馈。接受者用语言、动作、表情等对对方的言行做出恰当的反应,表示理解、赞同或支持,这对于建立良好的人际关系非常重要。在交谈的过程中,适时地插入一些话(如"是的""我也这样认为")或以微笑、点头、伸出大拇指等形式肯定对方,会使对方感到高兴,从而易于接受观点。在用药咨询、技能训练、行为干预时,运用积极性反馈尤为重要。

(2)消极性反馈,又称否定性反馈。接受者用语言、动作、表情等对对方的不正确言行或存在的问题表示不赞同或反对。为了取得预期效果,消极性反馈应注意两个原则:①肯定对方值得肯定的一面,力求心理上的接近。②用建议的方式指出问题,态度和缓且口气婉转,如"要是我处于你的位置,我也会这样的,但……",或摇头、摆手表示反对等。消极性反馈的意义在于使对方保持心理上的平衡,易于接受意见和建议,并敢于正视自己存在的问题。

(3)模糊性反馈。对对方的言行没有表示出明确的态度和立场,如"是吗""真的吗""哦",适用于难以回答的问题或暂时回避对方某些敏感问题。

(4)鞭策性反馈(四步谈话法)。有些时候需要用鞭策性反馈来激励健康传播接受者树立更高层次的目标,以促进其知、信、行达到更完善、更健康的状态。运用这种反馈,首先要对接受者的言行做出客观的评述,然后说明这种言行给自己的印象,再向接受者提出要求,最后请接受者做出答复,故称"四步谈话法"。

这种反馈既指出了问题的所在、提出了改变的方向,又以征求意见的方式要求接受者自己做出抉择,很有激励性,如"你不愿意谈论××问题,这让我觉得你不敢正视它。希望我们能一起分析一下,你看怎么样"。

5. 非语言传播技巧

非语言传播指以动作、体态等非语言形式传递信息的过程,它融合在说话、倾听、提问、反馈中。人的表情、眼神等蕴含着丰富而真实的信息,人际交流中的大部分信息是通过非语言形式传播的。

(1)动态体语的运用。通过无声的动作来传情达意,如目光、面部表情、手势、触摸等。人的喜怒哀乐都可以通过眼神表达出来。控制目光和眼神能表现一定的内容,在不同的环境中还可以采用环顾、虚视等形式。人们的感情经常会在不经意间通过面部表情显示出来。例如:面含微笑点头,表示赞许;皱眉表示不愉快或迷惑;瞪眼、嘴唇紧绷表示冲突、敌意;等等。以微笑待人,是人际交往中避免生疏和缓解紧张气氛的重要方法。人们也常常用手势辅助表达,例如,否定或制止时用手左右摇摆,兴奋时鼓掌,愤怒时握拳,不知所措时抓耳挠腮,认真倾听时用手托腮,等等。恰当运用手势能增强信息的清晰性和表达思想感情时的感染力。

(2)静态体语的运用。姿势、体态、仪表服饰等属于静态体语,它能传递出丰富的信息,反映人的气质、文化修养及心理状态等。着装整洁,举止稳重,能使人易于信任,这是对健康传播者最基本的要求。

(3)类语言的运用。类语言是指说话时声音的音量、速度、语调、节奏以及鼻音、喉音等。在交谈中适时、适度地改变声调、音量和节奏,可以有效引起对方的注意和调节气氛;同时,适当地运用鼻音等则可以表达对对方的理解和关注。因此,学会控制和利用类语言,也会产生语义的效果,从而使传播更有感染力。

(4)时空语的创设。利用由时间、环境、设施和交往等气氛所产生的语义来传递信息。遵守约定的时间是有礼貌、有诚意的表现。不同的空间距离、不同的空间方位不仅标志着人们不同的感情关系,而且影响着人们的情感表达。一般而言,谈话双方保持的距离反映了两者的关系或希望建立的关系,谈话双方处于同一高度时,较易建立融洽的交流关系。封闭式的安静环境、较小的空间适宜做较长时间的深层次交谈,如药物咨询室;而开放的场所则比较适合进行较大规模的宣传活动。

二、理论灌输的技巧

选择正确的方式将理论灌输给接受者是健康促进教育的主要途径,理论对健康促进教育十分重要。学生健康知识的获得要依赖于健康教育传播者的健康教育服务，因此，健康传播者掌握知识灌输技巧对满足学生对健康知识的需求是必不可少的。

1. 讲授

讲授是指健康传播者通过循序渐进的叙述、描绘、解释等向接受者传递信息、知识，并阐明概念，以帮助接受者理解和认识健康问题，树立健康的态度和信念。讲授的主要技巧是讲述、讲解和讲演。讲述是指传播者用口述的方式将教学内容传达给接受者。讲述的基本要求是重点突出，注意启发和鼓励接受者参与教学，提出问题并引导接受者分析和思考问题，激发其学习兴趣。讲解是对要领、原理、现象等进行解释，传播者在讲解时应尽量使用通俗易懂的语言。讲述与讲解各有侧重，在实践中常结合使用。讲述是从广度上说明问题，讲解是深度讲述理解问题的意义。讲演是一个人在公共场合向多人就某问题发表意见或阐明事理的传播活动，是以讲为主、以演为辅、讲演结合的信息传播形式。讲演效果主要取决于讲演者的口才、个人魅力以及讲演内容的吸引力。讲演者在讲演过程中应当恰当举例以及有效地应用非语言技巧。

2. 阅读指导

接受者要获得知识，只有传播者的讲授是远远不够的。接受者要领会、消化、巩固知识和扩大知识面，还必须靠自己去阅读。这就要求健康教育的传播者要掌握阅读指导能力，提高接受者的自学能力。第一，针对接受者当前的健康问题指导其有针对性地阅读相关材料；第二，根据接受者的学习能力、身心状态进行评估，制订相应的阅读计划；第三，帮助接受者制定经济、实用的购书方案，学会选择具有权威性、科学性、可读性的书籍。

3. 演示

演示即通过实物、直观教具使接受者获得知识或巩固知识。演示的特点在于加强教学的直观性，它不仅是帮助接受者感知和理解书本知识的手段，而且是接受者获得知识、信息的重要来源。

（1）演示者要先解释操作的全过程，并示范一遍，然后再重新慢慢地示范，并解释步骤、原理、方法及如何与其他步骤相联系等内容。

（2）演示者要有耐心，尽量用简单易学的步骤教学。

（3）演示者在演示时要注意安排好场所，尽量让所有接受者都能看到示范的进行，人数较多时可以分组进行演示。

第三章　影响大学生体质健康的因素分析

大学生的体质健康状况向来是人们关注的焦点之一,但从近几年有关大学生体质健康的调查研究中发现,我国在校大学生的体质健康水平日趋下降是不争的事实,特别是身体形态、耐力、肺活量等方面的下滑趋势明显。大学生是国家未来的栋梁,也是社会发展的后备力量,他们体质健康水平的下降应引起全社会的高度重视。

第一节　当前大学生的体质健康状况调查分析

目前,我国大学生的体质健康状况不容乐观,相关统计资料表明,大学生的体质健康水平呈下滑趋势。面对这个事实,高校教育要树立"健康第一"的指导思想,切实加强体育工作。"健康第一""终身体育"必须成为学校体育工作的出发点和落脚点。

一、当前大学生的体质健康状况调查

(一)研究的对象、内容与方法

近两年,相关组织根据《国家学生体质健康标准》对河北省的河北师范大学、河北科技学院等12所普通高校的18 610名全日制大学生进行了体质健康测试。测试项目分别是身高、体重、肺活量、台阶试验、50米跑或立定跳远(选测一项)、握力或仰卧起坐(女生)或坐位体前屈(选测一项)。

在进行评价时,对五项指标进行重点评价:身高标准体重、肺活量体重指数、台阶指数、50米跑或立定跳远(选评一项)、握力体重指数或仰卧起坐(女生)或坐位体前屈(选评一项)。在评价后,以100分进行记分,各项评价分数的权重系数是:身高标准体重15分,台阶指数20分,肺活量体重指数15分,50米跑或立定跳远30分,握力体重指数或仰卧起坐(女生)或坐位体前屈20分。

(二)测试的结果与比较

1. 总体评定

河北省 12 所普通高校 2021—2022 年度 21 级、22 级学生总数为 18 610 人。21 级及格率为 98.97%,良好率为 71.19%,优秀率为 19.32%;22 级及格率为 98.63%,良好率为 62.53%,优秀率为 12.09%。河北省高校学生体质健康测试平均成绩为:21 级男生 79.32,21 级女生为 77.56;22 级为男生 75.58,22 级女生为 77.80。以上数据表明河北省高校学生体质状况整体良好。学生身体形态评价比例表中,肥胖和超重的学生比例分别为 8.35% 和 5.49%,营养不良和体重较轻的学生比例分别为 3.02% 和 38.24%,而正常体重的学生比例仅为 44.90%。

2. 身体形态

统计显示:21 级、22 级男生的身高平均值分别为 171.46 cm、170.74 cm,略高于全国同龄组平均水平;21 级、22 级女生的身高平均值分别为 159.89 cm、159.01 cm,21 级女生身高略高于全国同龄组平均水平,22 级女生身高略低于全国城市女子同龄组女生身高平均值,高于全国乡村女子身高平均值。21 级男生体重平均值为 62.37 kg,女生体重平均值为 52.99 kg;22 级男生体重平均值为 61.76 kg,女生体重平均值为 53.04 kg。21 级、22 级学生的体重平均值都高于全国平均值。

3. 身体机能

肺活量是反映呼吸机能的指标。21 级男生的肺活量平均值为 4 041.8 mL,高于全国平均水平;22 级男生的肺活量为 3 928.1 mL,低于全国城市同龄组平均值,高于全国乡村同龄组平均值;21 级、22 级女生肺活量平均值分别为 2 682.1 mL、2 584.4 mL,均低于全国肺活量平均水平。21 级与 22 级比较,21 级学生的肺活量水平高于 22 级学生。台阶实验主要通过观察定量负荷持续运动一定的时间、在运动中心血管的反应以及负荷后心率恢复速度来评定心血管系统的机能。21 级、22 级男生台阶实验平均值分别为 53.68、54.52,21 级、22 级女生台阶实验平均值分别为 53.30、53.32,均低于全国 18~25 岁同年龄组平均水平。

4. 身体素质

身体素质各项指标主要反映人体的运动能力。各学校测试的项目不同,身体素质评定主要采用立定跳远、握力、坐位体前屈、仰卧起坐等几项指标。立定跳远主要反映下肢的爆发力;握力反映上肢肌肉力量;坐位体前屈主要测量在静止状态下的躯干、腰、髋等关节可能达到的活动幅度,主要反映这些部位的关节、韧带和肌肉的伸展性和弹性;仰卧起坐主要反映腹部的肌肉力量,以 1 分钟完成的次数来计算。仰卧起坐指标测试情况:河北省普通高校 21 级女生 1 分钟仰卧起坐平均值为33.01个,低于全国城市女子同龄组的平均水平,与全国乡村女子同龄组成绩基本相同;22级女生的平均成绩为31.02个,低于全国同龄组平均水平。21级与22级相比,21级成绩优于22级。

二、当前大学生的体质健康状况分析

以上分析结果显示,21级、22级学生体质健康测试的及格率都达到了98%以上,说明河北省普通高校学生整体的体质健康状况良好。但学生身体形态呈两极分化趋势,肥胖和体重较轻的比例偏高,正常体重的比例相对较低,这可能与营养过剩、营养不均衡以及运动不足有直接关系。

身体形态的身高和体重指标中,除22级女生身高略低于全国城市同龄组均水平以外,其余指标均高于全国平均水平。身体机能指标显示:21级男生的肺活量高于全国平均水平;22级男生的肺活量低于全国城市同龄组平均值,高于全国乡村同龄组平均值;21级、22级女生肺活量均低于全国平均水平。台阶实验指标显示:21级、22级的男生、女生的平均值均低于全国18~25岁年龄组平均水平。身体素质指标显示:21级、22级的男生、女生的立定跳远平均值低于全国平均水平。坐位体前屈指标显示:21级、22级男生高于全国平均水平,21级女生高于全国平均水平,22级女生略低于全国平均水平。仰卧起坐指标显示:21级女生成绩低于全国城市女子同龄组平均水平,与全国乡村女子同龄组成绩基本相同;22级女生成绩低于全国同龄组平均水平。与全国平均水平相比,河北省普通高校学生体质健康水平存在的问题主要体现在身体机能和身体素质两方面,低于全国同龄组平均水平。而21级与22级相比,身体机能水平、身体素质等各项指标的成绩均优于22级学生。

河北省普通高校学生的身体机能、身体素质等部分指标低于全国同龄组平均水平,但整体良好。大学生身体机能水平、身体素质的各项指标,21级学生优于22级学生。这表明:河北省普通高校体育教学各环节对学生体质健康状况的改善有一定的促进作用;河北省高校体质健康测试工作落实情况良好,但同时也存在诸多问题亟待解决。学生体质健康测试工作于2003年在全国范围内开始实施,而河北省各高校普遍实施较晚,且在工作的开展过程中出现了诸多问题,主要表现在测试仪器、测试人员培训、数据处理、网络管理等方面,其中最突出的问题就是体质健康测试数据的处理和网络管理问题。由于各高校中此项工作基本上都是由体育教师兼职分管,相关负责人计算机及网络管理知识匮乏,因此这项工作的开展处于一种初级状态,即只是完成教育部的数据上报任务。

体质健康测试工作与体育教学脱节,没有起到应有的指导作用。在现行的体育教学过程中,并没有将学生体质健康测试工作与体育教学有机地结合起来,测试数据所反馈的信息没有起到指导体育教学工作的作用。教师无法根据本班学生的体质健康情况有针对性地安排课程的内容,实施个性化教学也无法结合学生实际情况指导学生学会自我锻炼。

学生体质健康的概念与意识淡薄,与之相关的知识相对匮乏。长期以来,由于人们自觉或不自觉地把注意力与精力放在如何对抗疾病方面,而对预防疾病和增进健康注意较少,对正常的机能状态和适宜的健身方法认识也较少。通过调查发现,80%左右的学生对正常健康状态下身体各种生理指标的正常值都不了解,更别说通过对锻炼方法和手段的选择达到预防疾病和增进健康的目的。因此,加强理论教学,尤其是普及营养、保健、医务监督、测量等方面的知识,让学生能全面了解自己,形成预防、维护、检查、增进健康的知识体系显得尤为重要。

第二节 大学生体质健康的影响因素分析

大学生是祖国的未来,是我国社会主义现代化建设的中坚力量。面对当前大学生体质健康水平不佳的问题,我们需要在大学生群体中加大健康教育,使他们意识到参加体育锻炼的重要性,深刻了解体育锻炼的价值所在。通过健康教育,使大学生多途径地了解体育锻炼的知识,从而培养他们对体育锻炼的兴趣,掌握更加科学的体育锻炼方法,从而有效改善他们的体质。

一、当前大学生体质健康状况的影响因素

1. 网络因素

当今社会正处于互联网时代,大学生群体处在科技和文化的前沿,频繁使用电脑、手机等电子产品成为大学生生活和学习中不可或缺的一部分。由于缺乏良好的饮食习惯和作息规律,他们的体质健康状况受到了影响。

2. 个人因素

目前,大学生体质健康反映出的突出问题是他们缺乏对自身体质健康状况的关注、缺乏相关科学体育锻炼知识和健康知识、自我调节能力差,因此主观上对体育运动兴趣不高,自然就不愿意参加体育锻炼。

3. 体育基础薄弱

大部分大学生没有自己的特长项目,也不愿意参与到体育锻炼中来,导致大学生体质健康状况逐年下降。究其原因,在中小学阶段,体育课经常被挤占,有时即使上课也是自由活动,学生没有养成体育锻炼的习惯。进入大学以后,学生的学习任务不是很重,但已经过了培养体育锻炼习惯的最佳年龄。

第三章 影响大学生体质健康的因素分析

4. 家庭教育因素

家长为了让自己的孩子考入名校,任意占用孩子的锻炼时间,哪怕是双休日也给孩子排满了各种家教课和兴趣班,导致孩子根本就没有体育锻炼时间。另外,家长在孩子面前也没起到很好的示范作用,没能形成家庭体育锻炼的氛围,孩子从小就没养成良好的体育锻炼习惯,因此他们进入大学之后也没有自觉参加体育锻炼的习惯,从而导致大学生的体质状况不断下降。

5. 学校教育因素

由于学校领导和教师对学生体质健康不重视,导致学校对学生体育课的检测不够完善。体育课的学分较少,学生对体育课程的目的不明确,导致教师随意给学生成绩,保证每人都达标,上报成绩不符合真实现状。

"冰冻三尺,非一日之寒",大学生的体质健康问题不是短期形成的,而是长期形成的。基本上所有的高校都发现了学生的体质健康问题,但为什么仍然没有一个有效的解决方法呢?因为高校更关心的是学生的就业问题和其他问题。在某些高校,体育设施不足,学生上课人数太多,从而导致学生想锻炼但没有体育设施和条件,最终结果就是学生的体质健康状况越来越差。

二、改善大学生体质健康状况的措施

1. 提高高校体育教育教学水平

为了使大学生的体育锻炼更加普及化、大众化,真正热爱体育锻炼,高等教育工作者要注重改革体育教学模式,依据大学生体质健康锻炼中存在的问题,及时地、有针对性地调整授课内容,使大学生的体质健康评价机制趋于完善。同时,高校体育教育工作者要不断地调整课外体育活动形式,使大学生的课外体育活动内容得以不断丰富和发展。作为高校体育教师,树立"以人为本"的教育教学思想非常关键。教师们应该在保证体育课堂上运动负荷适度的同时,加强培养大学生的终身锻炼意识和持久锻炼的体育理念。

2. 开设体育俱乐部,使大学生的课外活动朝着积极的方向发展

随着高校体育教育改革的不断深入,很多高校已经有了自己的体育俱乐部。作为一种体育文化,体育俱乐部是学校体育教学的拓展,是体育发展的重要过程。对于俱乐部,各大高校应根据自身特点开设合适的试点,让有相同体育爱好的学生能够自主开展更多的体育活动,增强其锻炼身体的热情。

3. 合理分配和使用体育场地与器材

一所大学的学生人数一般都在2万~4万之间,是一个庞大的群体,但是体育场却只有两三个,器材较少,远远满足不了大学生们的需求,为了改善体育场地和器材缺少的状况,我们可以尝试以下几种做法。

(1)提高体育场地和器材的使用率。

对这些硬件设施进行合理的安排和使用。针对这点,学校应该将具体的使用时间划分开,依据实际情况将使用时间具体分配给各个院系,院系再具体分配给各个年级和班级。同时,各高校可以根据自身特点,合理设立体育俱乐部,并根据体育俱乐部中的使用时间模式分配硬件设施。

(2)延长体育场地和设施的使用时间。

针对这点,各个高校可以依据自身情况,在体育场地及周边安装节能灯等照明设施,使学生们获得更长的体育锻炼时间。

(3)增加体育设施的建设力度。

适当扩大体育场地,利用校园现有的条件,尽量多地安装临时羽毛球网、网球网、乒乓球台、休闲健身器材等体育锻炼设施,从而使更多的大学生能够进行体育锻炼。

总之,当代大学生的体质状况不容乐观,需要我们高度重视,积极寻求更多的宣传教育措施,拓宽大学生参加体育锻炼的途径,增强大学生主动参加体育锻炼的积极性,使其形成体育锻炼的良好习惯,帮助大学生逐渐树立起终身体育锻炼的意识。

第三节 压力对大学生体质健康的影响及应对方式

大学生要面对来自各方的压力,如考试压力、学习压力、就业压力、人际压力等。大学生承受的压力越来越重,已经导致部分大学生出现了一系列心理健康问题。大学生只有学会管理和释放自己的心理压力,才能拥有快乐和健康的生活。因此,我们建议大学生从以下几个方面着手进行压力管理。

一、构建自己的社会支持系统

当一个人独自面对压力时,其应激反应的消极作用远远大于社会支持的效果。因此,要想不在压力面前孤立无助,大学生最好构建自己的社会支持系统,这其中包括自己的亲人、朋友、同学、老师等。社会支持系统可以在大学生需要时给予情感安慰、行动建议,从而帮助大学生渡过难关。强大的社会支持可以让大学生不再感到孤立无援,可以迅速恢复信心和勇气,从而面对挑战、解决问题。构建社会支持系统,大学生需要做到以下几点。

1. 扩大社会交往面,结识更多的朋友

首先,让同学成为最亲密的朋友;其次,大学生需要一位人生导师,以便在遇到困难时,导师能够客观地分析问题和提供有用的解决方法,这样的导师一般是大学生的老师或者其他长者。

2. 学会尊重他人

这里的"他人"自然包括同学和老师,因为只有尊重他人的人,才能获得他人的尊重,也才可能获得帮助和友谊。

3. 向亲人、朋友和老师敞开心扉

大学生可能基于自尊或面子而拒绝他人的帮助,但是在遇到确实无法解决的问题时,大学生将所面临的压力说给亲人、朋友或老师听,让亲人、朋友或老师帮助分析并提供建议。这样做不会遭到嘲笑,只会让亲人、朋友或老师感到这是对他们的信任。

二、觉知和调整自己的生理状态

生理状态是压力最直接的指标。要想有效管理压力,首先要有压力意识,要能觉察压力的信号。人在应激状态下,本能会驱动机体的防御机制,这是人体自发发生的。现在,大学生要进入自觉反应状态。有效的压力管理,需要大学生建立一个对付压力(尤其是慢性压力)的预警机制。为此,大学生需要做到如下几点:其一,有意识地觉知自身的紧张、焦虑等情绪状态。当你处于应激状态时,自己的生理和情绪上会有什么样的不适反应?记录自己的这些压力反应,然后锁定这些反应指标,以后每当你产生这些不适反应时,便对自己发出警告。其二,学会控制自己的不良生理指标。当自己的压力知觉性提高时,自己也需要提高生理指标控制力,比如心跳、呼吸、血压等。这实际上就是生物反馈过程,当然,提供反馈的是自己的觉知能力。

三、减轻和消除自己的心理负担

应激,即本能反应,足以使我们身心疲惫。现在,大学生必须卸掉身上由压力带来的紧张和焦虑。否则,持续性的压力累积迟早会让大学生身心垮掉。消除心理负担的方法如下。

1. 理性辨析和积极归因

大学生应找来纸笔,将自己所面临的核心问题写下来,接下来需要围绕着这个问题逐步回答:这个问题是如何产生的?这个问题真的与我有关吗?这个问题真的是一种威胁吗?这个问题真的不能解决吗?通过如此反复逐层深入的自我辨析,理清问题症结所在,从而减轻对压力认识模糊或者夸大威胁而产生的焦虑。

2. 学会经常进行放松训练

放松训练是通过一定的练习程序,学习有意识地控制和调节自己的身心活动,以达到降低机体唤醒水平,调整因紧张而紊乱的身心功能,从而使机体内环境保持平衡与稳定的过程。

四、积极的减压方式

积极的、富有建设性的减压方式是相对具有破坏性的减压方式而言的,它们具体有如下几种。

1. 直面问题,解决问题

直接面对问题,而不是逃避、压抑、转嫁或迁怒于无关的人或事;理性地评价、选择解决问题的方案;解决问题的策略要与现实相符,其出发点是对问题的真实估计,而不是自我欺骗或自暴自弃。

2. 管理自己的情绪和行为

学会认识和抑制毁灭性的或潜在危害性的各种负面情绪,即学会情绪管理;学会控制自己具有危害性的习惯性行为;努力保证自己的身体不遭受酒精、药物的伤害,加强锻炼,保证睡眠。

3. 坚持适当和必要的体育锻炼

当大学生感到有压力时,需要做的不是坐在一个地方发愁或者抱怨,而是应该走出去活动活动。体育锻炼是非常有效的减压方式,它基本不产生额外花费,却可以迅速改善人体的某些生理系统及其功能,让人充满生命活力,找回控制感,从而有效减轻自己的心理负担。

4. 置身于文艺世界

大学生可以看电影、听音乐、欣赏书画作品,任何能够让自己真正感受到美的东西都可以尝试。在欣赏和感受美的过程中,大学生可以感受到世界的美好和生活的希望。

5. 郊游或者远足

大学生可以根据自己的时间安排和经济条件,把自己交给大自然。当面对大自然时,大学生可以完全抛开自己在社会中因为防御需要而带上的层层面具,重新思考过去没有考虑到的东西,真实地面对自己。

6. 户外体验或者拓展训练

大学生可以个人报名或者组织同学、朋友进行户外体验或者拓展训练,这同样可以减压。

7. 阅读书籍,汲取榜样力量

当大学生面对压力感到不知所措时,可以从榜样身上汲取力量。杰出人物毫无疑问几乎都经历了无数的挫折与压力,大学生可以通过阅读他们相关的书籍,从中汲取面对压力的力量。

8. 寻求专业人士的帮助

如果上述方式都无济于事,那么大学生可以考虑寻求专业人士(如心理咨询师)的帮助。

五、进行有效的时间管理

我们日常学习、生活和工作中的许多压力,都来源于事情和任务本身。因此,对压力源进行管理也是压力管理的重要策略。压力源管理常常与时间管理相关联。所谓时间管理,简单说就是为了提高时间的利用率、有效性而对时间进行合理的计划和控制,从而有效安排和管理日常事务。大学生的时间管理是大学生对大学生活时间(包括学习时间和闲暇时间)采用科学的手段,围绕学习、生活事务及其进程,进行有计划、有系统的控制、调节,最终达到有效利用时间来实现自我发展的目的的管理活动。建议大学生学会运用以下时间管理方式。

1. 四象限时间管理法

按照重要性和紧迫性把事情分成两个维度,其一是按重要性排序,其二是按紧迫程度排序。然后把所有事情纳入四个象限:既紧急又重要的,重要但不紧急的,紧急但不重要的,既不紧急也不重要的。按照四个象限的顺序灵活而有序地安排工作。

2. ABC 时间管理法

ABC 时间管理法最初由美国管理学家莱金提出,他建议为了提高时间的利用率,每个人确定今后 5 年、今后半年及现阶段要达到的目标。人们应该将其各阶段目标分为 A、B、C 三个等级,A 级为最重要且必须完成的目标,B 级为较重要、很想完成的目标,C 级为不太重要可以暂时搁置的目标。我们可以按照如下步骤具体实施:列出"日学习清单",对学习目标进行分类;然后按照重要性和紧急程度确定 ABC 顺序;确定工作日程及时间分配;实施计划;记录花费的时间;总结经验。

3. 记录统计法

通过记录和总结每日的时间消耗情况,判断时间耗费的整体情况,分析时间浪费的原因,采取适当的措施节约时间。

第四章　大学生的生活方式与体质健康

　　大学生生活方式就是大学生在校期间在素养、学习、消费、休闲、恋爱等方面的生活状态和形式。国外流行病学、社会学和临床社会调查表明，制约人类健康的主要因素包括：生活方式和生活条件（50％～55％）、环境状况（20％～25％）、遗传因素（15％～20％）、医疗保健结构工作（10％～15％）。遗传（基因）和环境（自然、社会）是健康的决定因素，遗传决定了个体健康和对疾病的易感性，环境决定了易感个体疾病的发生，而生活方式和生活条件则极大地影响着个体健康状况。

第一节　生活方式与体质健康

一、生活方式的概念

　　生活方式是指人们长期受一定社会文化、经济、风俗、家庭影响而形成的一系列的生活习惯、生活制度和生活意识，可以理解为不同人群在其生活圈、文化圈内所表现出的行为方式。生活方式是一个内容相当广泛的概念，它包括人们的衣、食、住、行、劳动工作、休息娱乐、社会交往、待人接物等物质生活和精神生活的价值观、道德观、审美观等，也可以将其理解为在一定的历史时期与社会条件下，各个民族、阶级和社会群体的生活模式。不良的生活方式则是在一定的历史时期与社会条件下，生活方式违背了常理、伦理、价值观、道德观、审美观，甚至与相关法律法规相抵触。

二、不良的生活方式及其对体质健康的危害

　　2020年，有研究曾对广东6所高校的2 500名大学生进行过问卷调查，其中仅有245名（占11.2％）大学生认为自己没有不良的卫生习惯和生活方式，其他近90％的大学生承认自己的生活方式存在问题，生活状态处于不健康或亚健康

状态。排在前四位的不良生活方式分别为：缺乏体育锻炼、突击式学习、睡眠不足 7 小时、不吃早饭。访谈得到的信息显示：大学生认为自己体质好，所以锻炼与否无所谓，平时不愿意下功夫学习，考试时又不愿意考分太低。这些就是缺乏锻炼、采用突击式方法学习的根本原因。表 4-1 为该研究中不同年级的男、女大学生不良生活方式的比例分布。

表 4-1　不同年级的男、女大学生不良生活方式的比例分布(%)

不良生活方式	大一		大二		大三		大四		合计	
	女	男	女	男	女	男	女	男	女	男
缺乏体育锻炼	62.8	36.9	57.7	41.3	63	38.1	64.4	35.3	61.4	38.3
睡眠不足	31.7	35.7	37.6	32.9	32.9	33.9	40.2	25.1	35.3	32.9
吸烟	0	2	1.7	12.7	0.7	9.1	0	6.6	0.8	8.4
酗酒	1.1	1.2	2	608	0.3	4.2	0	1.8	1	4
赌博	1.1	2.5	2	3.1	0	2.2	3	1.2	1.3	2.3
不按时吃早饭	26.7	26.2	25.5	30.1	25.3	29.9	29.5	36.5	26.3	30.1
体重过胖过瘦	27.2	27	26.2	29.5	22.1	24.1	20.5	18	24.2	25.2
突击式学习	32.2	29.5	37.9	41.3	38.8	29.4	49.2	49.1	38.7	39.3
随地吐痰	1.1	3.3	0.3	4.7	0.3	4.2	2.3	7.8	0.8	4.6
乱扔垃圾	0.6	3.3	3	5.6	1.4	3.5	1.5	5.4	1.8	4.2
没有发生	9.4	14.8	10.4	8.7	9.3	14.1	8.3	10.8	9.6	12.4

从以上数据可以看出，女生有不良生活习惯的比例显著低于男生，但是男、女大学生在突击式学习、睡眠不足 7 小时、赌博、不按时吃早饭等其他不良生活习惯的分布上没有显著性差异。其原因如下。

1. 作息时间不规律

现实生活中，很多大学生作息不规律。长期如此，引起恶性循环，学业和健康均得不到保障。而睡懒觉使大脑皮层抑制时间过长，天长日久，可引起一定程度人为的大脑功能障碍，导致理解力和记忆力减退，还会使免疫功能下降，扰乱身体的生物规律。

2. 日常饮食不科学

有相当一部分大学生由于睡得晚，早晨起得迟，来不及吃早饭便去上课，课间饿的时候随便用零食充饥，有的大学生索性不吃早饭，养成了常年不吃早饭的不良习惯。不吃早饭的人在学习中因血糖过低,容易感到疲倦、头晕无力,时间久了易造成营养不良、贫血、抵抗力降低等后果,同时会产生胰、胆结石。另外一种常见的现象是大学生的暴饮暴食。饱食容易导致记忆力下降、思维迟钝、注意力不集中、应激能力减弱。经常饱食,尤其是过饱的晚餐,因热量摄入太多,会使体内脂肪过剩,血脂增高,还会引发一种叫"纤维芽细胞生长因子"的物质在大脑中数以万倍地增长,这是一种促使动脉硬化的蛋白质。脑动脉硬化会导致大脑缺氧和缺乏营养,从而影响脑细胞的新陈代谢。经常饱食还会诱发胆结石、胆囊炎、糖尿病等疾病,使人未老先衰,寿命缩短。与此相反的另一种不良行为在女大学生中更为常见。某些女大学生为了追求外表美,过度节食,更有甚者节约伙食费去购置漂亮衣服,这些都违背了正常的饮食规律。

由上述可知,大学生饮食不科学会导致很多疾病,从而影响正常的学习和生活。

3. 体育锻炼意识差

体育锻炼能增强体质,陶冶情操,增添活力。但是随着近年来各方面压力的增大,大多大学生借助网络游戏、电子竞技等释放、缓解压力,参与体育锻炼的大学生总数明显下降。例如,有些高校为了增强大学生的体质,对在校大学生有每学期体育锻炼的强度、打卡次数的要求,而一些大学生为了应付学校的要求,不仅锻炼"偷工减料",更有甚者会找人替代。这都是体育锻炼意识差的表现。

4. 吸烟、酗酒

不少大学生喜欢吸烟,而长期吸烟会对健康造成不利影响,导致注意力下降,智力水平降低,学习效率也会因此呈下降趋势。另外,有些大学生养成了酗酒的不良嗜好,酒浓度越高,受影响的脑细胞也就越多,会造成心率加快、皮肤升温、神志不清、控制力减弱、动作不协调、思维紊乱、说话词不达意、疲劳、恶心、头痛、呕吐、代谢障碍等后果。

三、不良生活习惯案例及健康提醒

(一)具体案例

案例一: 2012年12月27日凌晨,广州工业大学大三男生小陈在大学城校区宿舍意外离世。事发前,小陈的身体状况并未出现异常,法医鉴定其为猝死。据悉,21岁的小陈是广州工业大学电信专业学生。与多数大学生一样,小陈爱玩网络游戏,有时也会为复习功课熬夜,但不是很爱运动,他通常会在凌晨一两点钟睡觉。

案例二: 2013年12月30日13时54分,华南师范大学男生小罗在宿舍玩网络游戏时突然晕倒并抽搐,嘴唇发黑,抢救无效后死亡。法医鉴定该学生是猝死。同宿舍的同学表示,该生近期经常晚睡,在28日、29日玩网络游戏到凌晨3时才睡,30日凌晨1时该生上了床,但到凌晨3时左右仍在用手机看小说。

  以上案例中,两起大学生猝死的原因都是熬夜。从健康的角度讲,熬夜的害处很多:不规律的睡眠及压力过大会导致代谢不完全,造成皮肤水分流失,容易导致皱纹出现、皮肤暗淡、黑眼圈加重等后果;经常熬夜最容易疲劳、精神不振,免疫力也会跟着下降,患感冒、胃肠感染、过敏等的概率也会提高;长期熬夜会使人慢慢出现失眠、健忘、易怒、焦虑不安等神经、精神症状;过度熬夜会使神经系统功能紊乱,引起体内主要器官和系统的失衡,如心律不齐、内分泌失调等,严重的会导致全身的应激状态失常,感染疾病的概率也会相应提高。英国和意大利身体健康研究院在接受媒体采访时曾表示,晚上睡眠时间少于6小时的人,早死的概率比平常人多12%。长期睡眠缺乏者早死概率高,熬夜是导致猝死的最重要原因之一。

(二)健康提醒

  (1)不熬夜。熬夜是猝死的元凶,冬天寒冷,更不能熬夜。长期熬夜,就算身体好、无疾病的大学生仍可能猝死。在熬夜时,如果感到胸闷、头痛,就应该立即停止熬夜。

  (2)保证休息时间。不管学习、工作任务有多紧迫,都要保证充足的休息时间。如果感觉疲劳,同时还伴有头痛、胸闷等症状,就要及时休息。

  (3)坚持运动。生命在于运动,坚持运动不仅能够强健身体,提高免疫力,还能够改善睡眠质量,减轻精神压力及缓和烦躁的情绪,促进大学生身心健康的全面发展。

  (4)及时体检。在生活中,当身体出现各种异常征兆时,千万不可麻痹大意,所有微小的病变都有可能是大病的前兆,一定要及时就医检查。有条件的要坚持每年体检,及时发现身体疾病情况,及时予以治疗。

第二节 饮食营养与大学生体质健康

  饮食营养是体质健康的基础。大学生具有健康的饮食行为与良好的营养状况,是提高体质健康水平、适应未来社会竞争的必要前提和基础。

一、饮食营养与健康的关系

  人的生命质量、心理状况与饮食营养有极大的关系,人的智力、体力、学习能力、运动能力、防病能力、康复能力、生殖能力、寿命、身高、体重等都与饮食营养有不可分割的联系。营养素摄入不平衡将直接威胁人们的体质健康,所以,合理营养和平衡膳食对体质健康非常重要。

(一)营养的含义

"营养"比较确切而完整的定义是:机体通过摄取食物,经过体内消化、吸收和代谢,利用食物中对身体有益的物质作为构建机体组织器官、满足生理功能和身体活动需要的生物学过程。

(二)营养膳食的合理性

生命的存在、机体的生长发育、各种生命活动及体育活动的进行,都依赖于人体内的物质代谢过程,大学生的学习、生活、锻炼更离不开营养,科学合理的营养是增强机体质量、完善生理机能、提高体质健康水平的主要物质基础,也是提高学习效率的先决条件之一。

营养膳食合理性原则就是要求膳食中必须含有机体所需的一切营养素,而且含量适当、种类互补,全面满足身体的一般需求和特殊需求,此外,营养膳食的合理性还要求食物易消化吸收,不含对机体有害的成分。

大学生在强调营养膳食的合理性时,应注意以下三个方面。其一,要做到食物营养成分的互补。充分发挥食物营养成分的互补作用应遵循三个原则:①食物的生物学种属越远越好,如动物性和植物性食物之间的混合比单纯植物性食物之间的混合要好。②搭配的种类越多越好。③食用的时间越近越好,同时食用最好。我们日常生活中的任何一种食物所含的营养成分都不可能十分全面。某种食物在富含一种或数种营养成分的同时,可能缺少另外一种或几种成分。例如,粮食谷物主要提供糖类,肉类等主要提供蛋白质与脂肪,而蔬菜与水果主要提供维生素、无机盐。只有各种食物合理搭配,才能实现营养成分的互补,满足机体的需要。其二,要进行营养成分的选择。对各种营养成分的摄取,在种类数量上要做到高蛋白、低热量、高维生素、适量脂肪,全面而均衡,避免过多油炸食物、含糖食物和酒精类饮料。其三,要做好特殊体能消耗的补充。日常膳食可满足一般体能消耗,但在体能消耗较多时应区别对待。如大量排汗而造成蛋白质大量消耗和矿物质、维生素、水的大量丢失,这就要在膳食中给予适度强化,补充活动、锻炼过程的特殊消耗,为体育锻炼的效果提供必要的物质基础。

要想实现营养膳食的合理性,必须做到营养成分全面均衡,营养搭配因人而异,如此才能从营养学角度提高体质健康水平。

(三)营养素与体质健康的关系

营养素是指食物中所含的营养成分。营养素是机体为了维持生存、生长发育、身体活动和健康,以食物的形式摄入的必需物质,人体所需的营养素有碳水化合物、蛋白质、脂类、维生素、矿物质、水和膳食纤维七大类。碳水化合物、蛋白质和脂类因为需要量多,在膳食中所占比重大,称为"宏量营养素";矿物质和维生素因为需要量相对较少,在膳食中所占比重较小,称为"微量营养素"。营养素与体质健康有着密切的关系。目前已知的人体所需的 40 余种营养素,我们可将其细分为以下几种。

1. 碳水化合物

碳水化合物是人体的主要能量来源。碳水化合物经消化产生的葡萄糖等被吸收后,一部分以糖原的形式储存在肝脏和肌肉中。肌糖原是骨骼肌随时可动用的贮备能源,用来满足骨骼肌的需要。肝糖原也是一种储备能源,但储存量不大,主要用于维持血糖水平的相对稳定。脑组织消耗的能量较多,通常情况下,脑组织消耗的能量均来自碳水化合物的有氧氧化,因此脑组织对缺氧非常敏感。由于脑组织细胞储存的糖原极少,因此脑功能对血糖水平有很大的依赖性,血糖水平过低会引起人体抽搐甚至昏迷。

(1)碳水化合物分类:根据分子聚合度可分为糖、寡糖和多糖三类,见表 4-2。

表 4-2 碳水化合物分类

分类(糖分子)	亚组	组成
糖(1~2)	单糖	葡萄糖、半乳糖、果糖等
	双糖	蔗糖、乳糖、麦芽糖、海藻糖等
	糖醇	山梨醇、甘露醇、木糖醇等
寡糖(3~9)	异麦芽低聚寡糖	麦芽糊精
	其他寡糖	棉子糖、水苏糖、低聚果糖等
多糖(≥10)	淀粉	直链淀粉、支链淀粉、变性淀粉、抗性淀粉
	非淀粉多糖	纤维素、半纤维素、果胶、亲水胶质物

(2)血糖生成指数(Glycemic Index,GI)简称血糖指数,指分别摄入某种食物与等量葡萄糖 2 小时后血浆葡萄糖曲线下面积比。

$$GI = \frac{某食物在食后 2 小时血糖曲线下面积}{相当含量葡萄糖在摄入后 2 小时血糖曲线下面积} \times 100$$

GI 是用来衡量某种食物或某种膳食组成对血糖浓度影响的一个指标。GI 高的食物或膳食,表示进入胃肠后消化快,吸收完全,葡萄糖迅速进入血液,血糖浓度波动大;反之,则表示在胃肠内停留时间长,释放缓慢,葡萄糖进入血液后峰值低,下降速度慢,血糖浓度波动小。

(3)碳水化合物参考摄入量与食物来源:人体对碳水化合物的需要量常以占总供能量的百分比来表示。中国营养学会根据目前我国居民膳食碳水化合物的实际摄入量和国际粮农组织(Food and Agriculture Organization,FAO)及世界卫生组织(World Health Organization,WHO)的建议,建议中国居民膳食碳水化合物的参考摄入量为总能量摄入量的50%~65%(宏量营养素可接受范围)。对碳水化合物的来源也作出要求,即应包括复合碳水化合物淀粉、不消化的抗性淀粉、非淀粉多糖和低聚糖等碳水化合物;限制纯能量食物(如糖)的摄入量,以保障人体能量和营养素的需要及改善胃肠道环境。

膳食中淀粉的主要来源是粮谷类和薯类食物。粮谷类食物中碳水化合物的含量为60%~80%,薯类为15%~30%,豆类为40%~60%。单糖和双糖的来源主要是蔗糖、糖果、甜食、糕点、甜味水果、含糖饮料和蜂蜜等。

2. 脂类

在正常情况下,人体所消耗能量的40%~50%都来自体内的脂肪,其中包括从食物中摄取的碳水化合物所转化成的脂肪。在短期饥饿情况下,则主要由体内的脂肪供给能量。脂肪也是重要的能源物质,但它不能在人体缺氧的条件下供给能量。

(1)脂类的组成和分类

①脂肪,指中性脂肪,由一分子甘油和三分子脂肪酸组成,故称三酰甘油或甘油三酯,约占脂类的95%。脂肪大部分分布在皮下、大网膜、肠系膜以及肾周围等脂肪组织中,常以大块脂肪组织形式存在。

②脂肪酸,是构成甘油三酯的基本单位,常见的分类方式如下。

第一,按脂肪酸碳链长度可分为长链脂肪酸、中链脂肪酸和短链脂肪酸。

长链脂肪酸(Long-Chain Fatty Acid,LCFA)含14~24个碳原子。

中链脂肪酸(Medium-Chain Fatty Acid,MCFA)含8~12个碳原子。

短链脂肪酸(Short-Chain Fatty Acid,SCFA)含2~6个碳原子。

第二,按脂肪酸饱和程度可分为饱和脂肪酸、单不饱和脂肪酸和多不饱和脂肪酸。

饱和脂肪酸(Saturated Fatty Acid,SFA),其碳链中不含双键。

单不饱和脂肪酸(Monounsaturated Fatty Acid,MUFA),其碳链中只含1个不饱和双键。

多不饱和脂肪酸(Polyunsaturated Fatty Acid,PUFA),其碳链中含两个或多个双键。

第三,按不饱和脂肪酸第一个双键的位置分类,可分为 $\omega-3$、$\omega-6$、$\omega-9$(又称为 $\eta-3$、$\eta-6$、$\eta-9$)等系列脂肪酸。

不饱和脂肪酸的第一个不饱和双键所在碳原子的序号是 3,则为 ω-3(或 η-3)系脂肪酸,依次类推。

第四,按脂肪酸空间结构可分为顺式脂肪酸、反式脂肪酸。

顺式脂肪酸(Cis-Fatty Acid,CFA),其联结到双键两端碳原子上的两个氢原子在碳链的同侧。

反式脂肪酸(Trans-Fatty Acid,TFA),其联结到双键两端碳原子上的两个氢原子在碳链的不同侧。

天然食品中的油脂,其脂肪酸结构多为顺式脂肪酸。人造黄油是植物油经氢化处理后制成的,在此过程中,植物油的双键与氧结合变成饱和键,并使其形态由液态变为固态,同时其结构也由顺式变为反式。研究表明,反式脂肪酸可以使血清低密度脂蛋白胆固醇(LDL-C)升高,使高密度脂蛋白胆固醇(HDL-C)降低,因此会增加心血管疾病的患病概率。我国食品安全国家标准《预包装食品营养标签通则》(GB28050-2011)中明确规定:食品中若含有反式脂肪酸,必须在食品营养标签中明确标示。同时指出每天摄入反式脂肪酸不应超过 22 克,应少于每日总能量的 1%。过多摄入反式脂肪酸可使血液胆固醇增高,从而增加心血管疾病发生的风险。

③类脂,主要有磷脂、糖脂、类固醇等。

磷脂是含有磷酸根、脂肪酸、甘油和氮的化合物。体内除甘油三酯外,磷脂是最多的脂类,主要形式有甘油磷脂、卵磷脂、神经鞘磷脂等。甘油磷脂存在于各种组织和血浆中,并有小量储存于体脂库中,它是组成细胞膜的物质,且与机体的脂肪运输有关。卵磷脂又称力磷脂酰胆碱,存在于血浆中。神经鞘磷脂存在于神经鞘。

糖脂是含有碳水化合物、脂肪酸和氨基乙醇的化合物。糖脂包括脑苷酯类和神经苷脂,也是构成细胞膜所必需的物质。

类固醇是含有环戊烷多氢菲的化合物。类固醇中含有自由羟基的视为高分子醇,称为固醇。常见的固醇有动物组织中的胆固醇和植物组织中的谷固醇。

类脂在体内的含量较恒定,即使在肥胖患者体内,含量也不增多,在人体饥饿状态时也不减少,故有"固定脂"或"不动脂"之称。

(2)脂类的生理功能如下。

①供给能量:脂肪是人体能量的重要来源,每克脂肪在体内氧化可供给能量 37.67 kJ(9 kcal)。脂肪酸是细胞的重要能量来源。

②促进脂溶性维生素吸收:脂肪是脂溶性维生素的溶媒,可促进人体对脂溶性维生素的吸收。有些食物脂肪含有脂溶性维生素,如鱼肝油、奶油含有丰富的维生素 A 和维生素 D。

③维持体温、保护脏器:脂肪是热的不良导体,在皮下可阻止体热散失,有助于御寒。在器官周围的脂肪有缓冲机械冲击的作用,可固定和保护器官。

④增加饱腹感:脂肪在胃内停留时间较长,能使人不易感到饥饿。

⑤提高膳食感官性状:脂肪可使膳食增味添香。

⑥类脂的主要功能是构成身体组织和一些重要的生理活性物质。

(3)必需脂肪酸(Essential Fatty Acids,EFA)指机体不能合成、必须从食物中摄取的脂肪酸。人体的必需脂肪酸是亚油酸和 α-亚麻酸两种。亚油酸作为 $\eta-6$ 系列脂肪酸的前体,可在体内转变生成 γ-亚麻酸、花生四烯酸等 $\eta-6$ 系的长链多不饱和脂肪酸。α-亚麻酸则作为 $\eta-3$ 系脂肪酸的前体,在体内可转变生成二十碳五烯酸(Eicosapentaenoic Acid,EPA)、二十二碳六烯酸(docosahexaenoic acid,DHA)等 $\eta-3$ 系的脂肪酸。

必需脂肪酸在体内有多种生理功能,主要如下。

①构成线粒体和细胞膜的重要组成成分:人体缺乏必需脂肪酸时,细胞对水的通透性增加,毛细血管的脆性和通透性增高,皮肤会出现水代谢紊乱情况,同时出现湿疹样病变。

②合成前列腺素的前体:前列腺素可抑制甘油三酯水解、促进局部血管扩张、影响神经刺激的传导等,也会作用于肾脏,影响水的排泄。

③参与胆固醇代谢:胆固醇需要和亚油酸形成胆固醇亚油酸酯后,才能在体内转运,进行正常代谢。如果缺乏必需脂肪酸,胆固醇则会与一些饱和脂肪酸结合,如此一来,由于不能进行正常转运代谢,因此在动脉沉积,形成动脉粥样硬化。

④参与精子的形成:膳食中长期缺乏必需脂肪酸,可能导致男性出现不孕症。

⑤维护视力:α-亚麻酸的衍生物 DHA 是维持视网膜光感受器功能所必需的脂肪酸。α-亚麻酸缺乏时,可引起人体光感受器细胞受损,视力减退。长期缺乏 α-亚麻酸,对人体调节注意力和认知过程也有不良影响。

但是,过多摄入必需脂肪酸,也可使体内氧化物、过氧化物增加,同样会对机体产生不利影响。

(4)膳食脂肪参考摄入量及脂类食物来源:脂肪的需要量易受饮食习惯、季节和气候的影响,变动范围较大。脂肪在体内供给的能量也可由碳水化合物来供给。

中国营养学会参考各国不同人群脂肪推荐摄入量,结合我国膳食结构的特点,提出成人脂肪可接受范围(Acceptable Macronutrient Distribution Ranges,AMRD),见表 4-3。

表4-3 中国成人膳食脂肪可接受范围

(脂肪能量占总能量的百分比/%)

年龄(岁)	脂肪	SFA	MUFA	PUFA	n-6∶n-3
成人	20～30	<10	10	10	4∶1～6∶1

注:SFA为饱和脂肪酸,MUFA为单不饱和脂肪酸,PUFA为多不饱和脂肪酸。

3. 蛋白质

人体在一般情况下主要利用碳水化合物和脂肪氧化供能。但在某些特殊情况下,人体所需能源物质供能不足,如长期不能进食或能量消耗过多时,体内的糖原和贮存脂肪大量消耗之后,将依靠蛋白质分解产生氨基酸来获得能量,以维持必要的生理功能。

(1)蛋白质的组成:蛋白质是生命的物质基础,没有蛋白质就没有生命。经元素分析可知,蛋白质组成为碳(50%～55%)、氢(6.7%～7.3%)、氧(19%～24%)、氮(13%～19%)及硫(0%～4%),有些蛋白质还含有磷、铁、碘、锰、硒及锌等元素。蛋白质是人体内氮的唯一来源,碳水化合物和脂肪均不能代替。

(2)蛋白质的分类:蛋白质的化学结构非常复杂,常按营养价值分为以下几种。

①完全蛋白。完全蛋白所含必需氨基酸种类齐全、数量充足、比例适当,不但能维持成人的健康,而且能促进儿童生长发育。例如,乳类中的酪蛋白、乳白蛋白,蛋类中的卵白蛋白、卵磷蛋白,肉类中的白蛋白、肌蛋白,大豆中的豆蛋白,等等。

②半完全蛋白。半完全蛋白所含必需氨基酸种类齐全,但有的数量不足,比例不适当,可以维持生命,但不能促进生长发育,如小麦中的麦胶蛋白等。

③不完全蛋白。不完全蛋白所含必需氨基酸种类不全,既不能维持生命,也不能促进生长发育,如玉米中的玉米胶蛋白、动物结缔组织和肉皮中的胶质蛋白、豌豆中的豆球蛋白等。

(3)氮折算成蛋白质的折算系数:大多数蛋白质的含氮量相当接近,平均约为16%。因此在任何生物样品中,每克氮相当于6.25 g蛋白质(即100÷16),其折算系数为6.25。只要测定食物样品中的含氮量,就可以算出其中蛋白质的大致含量,计算公式如下:

样品中蛋白质的百分含量(%)=每克样品中含氮量(g)×6.25×100%

(4)氨基酸。氨基酸是组成蛋白质的基本单位,是分子中具有氨基和羧基的一类化合物,具有共同的基本结构。

①氨基酸的分类和命名:组成蛋白质的氨基酸有20多种,但绝大多数蛋白

质只由 20 种氨基酸组成。氨基酸在营养学上分必需氨基酸、非必需氨基酸和条件必需氨基酸。必需氨基酸是指不能在体内合成或合成速度不够快，必须由食物供给的氨基酸；非必需氨基酸并非体内不需要，只是可在体内合成，食物中缺少了也无妨。半胱氨酸和酪氨酸在体内可分别由蛋氨酸和苯丙氨酸转变而成，称为条件必需氨基酸或半必需氨基酸。在计算食物必需氨基酸组成时，常将蛋氨酸和半胱氨酸、苯丙氨酸和酪氨酸合并计算。

已知的人体必需氨基酸有 9 种，具体见表 4-4。

表 4-4 人体的必需氨基酸

必需氨基酸	非必需氨基酸	条件必需氨基酸
异亮氨酸 Isoleucine（Lle）	天冬氨酸 Aspartic Acid（Asp）	半胱氨酸 Cysteine（Cys）
亮氨酸 Leucine（Leu）	天冬酰胺 Asparagine（Asn）	酪氨酸 Tyrosine（Tyr）
赖氨酸 Lysine（Lys）	谷氨酸 Glutamic Acid（Glu）	
蛋氨酸 Methionine（Met）	谷氨酰胺 Glutamine（Glu）	
苯丙氨酸 Phenylalanine（Phe）	甘氨酸 Glycine（Gly）	
苏氨酸 Threonine（Thr）	脯氨酸 Proline（Pro）	
色氨酸 Tryptophan（Trp）	丝氨酸 Serine（Ser）	
缬氨酸 Valine（Val）	精氨酸 Arginine（Arg）	
组氨酸 Histidine（His）	胱氨酸 Cystine（Cys—Cys）	
	丙氨酸 Alanine（Ala）	

②限制氨基酸：食物蛋白质的必需氨基酸组成与参考蛋白质相比较，缺乏较多的氨基酸称限制氨基酸，缺乏最多的一种称第一限制氨基酸。由于该种氨基酸缺乏或不足，因此限制或影响了其他氨基酸的利用，从而降低了食物蛋白质的

营养价值。食物蛋白质氨基酸组成与人体必需氨基酸需要量模式接近的食物，在体内的利用率就高，反之则低。例如，动物蛋白质中的蛋、奶、肉、鱼等以及大豆蛋白质的氨基酸组成与人体必需氨基酸需要量模式较接近，所含的必需氨基酸在体内的利用率较高，故称为优质蛋白质。鸡蛋蛋白质的氨基酸组成与人体蛋白质氨基酸模式最为接近，在比较食物蛋白质营养价值时常作为参考蛋白质。植物蛋白质中，赖氨酸、蛋氨酸、苏氨酸和色氨酸含量相对较低，所以营养价值也相对较低。

（5）蛋白质的消化、吸收和代谢。蛋白质未经消化不易吸收。一般食物蛋白质水解成氨基酸和小肽后方能被吸收。由于唾液中不含水解蛋白质的酶，因此食物蛋白质的消化从胃开始，但主要还是在小肠。胃内消化蛋白质的酶是胃蛋白酶，胃蛋白酶最适宜作用的 pH 为 1.5～2.5。胃蛋白酶对母乳中的酪蛋白有凝乳作用，这对婴儿较为重要，因为乳液凝成乳块后在胃中停留时间会延长，有利于充分消化。

氮平衡是指氮的摄入量和排出量的关系。氮平衡常用于蛋白质代谢、机体蛋白质营养状况评价和蛋白质需要量研究。氮的摄入量和排出量的关系可用下式表示：

$$B = I - (U + F + S)$$

式中：B 为氮平衡；I 为摄入氮；（U+F+S）为排出氮（U：尿氮；F：粪氮；S：皮肤氮）。

当摄入氮和排出氮相等时为零氮平衡，健康成年人应维持零氮平衡并富余 5％。如果摄入氮多于排出氮则为正平衡。儿童处于生长发育期、妇女怀孕、疾病恢复时，以及运动、劳动等需要增加肌肉时均应保证适当的正氮平衡，以满足机体对蛋白质的需要。摄入氮少于排出氮则为负氮平衡。人在饥饿、疾病及老年时，一般处于负氮平衡，但应尽量避免此种情况。

（6）蛋白质的生理功能如下。

①构成身体组织。身体的生长发育就是蛋白质不断积累的过程，对生长发育期的儿童尤为重要。人体内各种组织细胞中的蛋白质始终在不断更新，只有摄入足够的蛋白质才能维持组织的更新，身体受伤后也需要蛋白质作为修复材料。

②调节生理功能。蛋白质在体内构成多种具有重要生理活性物质的成分，参与调节生理功能，保证人体生命活动能够有条不紊地进行。

③供给能量。蛋白质在体内被蛋白酶分解成氨基酸，然后被氧化分解，同时释放能量，是人体的能量来源之一。每克蛋白质在体内被氧化后可供给人体 16.7 kJ（4 kcal）能量。供给能量是蛋白质的主要功能，但蛋白质的这种功能可以由碳水化合物、脂肪代替。

(7)蛋白质的互补作用:两种或两种以上食物蛋白质混合食用,其中所含有的必需氨基酸能取长补短,相互补充,达到较好的比例,从而提高蛋白质利用率,这称为蛋白质的互补作用。例如:玉米、小米单独食用时,赖氨酸含量较低,蛋氨酸相对较高;而大豆中的蛋白质恰恰相反,主食和大豆混合食用时赖氨酸和蛋氨酸两者可相互补充;若在植物性食物的基础上再添加少量动物性食物,蛋白质的生物价还会提高。

为充分发挥食物蛋白质的互补作用,调配膳食应遵循以下三个原则。

第一,食物的生物学种属愈远愈好,如动物性和植物性食物之间的混合比单纯植物性食物之间的混合要好。

第二,搭配的种类愈多愈好。

第三,食用时间愈近愈好,同时食用最好。

(8)蛋白质推荐摄入量及食物来源:成人按每天 0.8～1.0 g 的标准摄入蛋白质即可维持身体的正常功能。若按提供的能量计算,蛋白质摄入量应占总能量摄入量的 10%～15%。《中国居民膳食营养素参考摄入量》(2013 版)指出:成年人蛋白质每日推荐摄入量(Recommended Nutrient Intake,RNI)为:男性 65 g/d,女性 55 g/d。

蛋白质的食物来源可分为植物性蛋白质和动物性蛋白质两大类。植物性蛋白质中,主食谷类含蛋白质 10% 左右,蛋白质含量虽不算高,但仍然是膳食蛋白质的主要来源。豆类含有丰富的蛋白质,特别是大豆含蛋白质高达 36%～40%,氨基酸组成也比较合理,在体内的利用率较高,是植物性蛋白质非常好的来源。

蛋类含蛋白质 11%～14%,是优质蛋白质的重要来源。奶类(牛奶)一般含蛋白质 3.0%～3.5%,是婴幼儿除母乳外蛋白质的最佳来源。

肉类包括禽、畜和鱼的肉。新鲜鸡肉含蛋白质 15%～22%,鸡肉蛋白质营养价值优于植物蛋白质,是人体蛋白质的重要来源。

为改善膳食蛋白质质量,大学生在膳食中应保证有一定数量的优质蛋白质。一般要求动物性蛋白质和大豆蛋白质应占膳食蛋白质总量的 30%～50%。

4. 维生素

维生素是维持身体健康所必需的一类有机化合物。这类物质在体内不是构成身体组织的原料,也不是能量的来源,而是一类调节物质,在物质代谢中起重要作用。这类物质由于人体内不能合成或合成量不足,因此虽然需要量很少,但必须经常由食物供给。

维生素的种类很多,化学结构差异极大,通常按溶解性质将其分为脂溶性和水溶性两大类。

（1）脂溶性维生素：主要有维生素 A（视黄醇）、维生素 D（钙化醇,抗佝偻病维生素）、维生素 E（生育酚,抗不育维生素）、维生素 K（凝血维生素）。

①维生素 A。主要功能是维持正常视力,保证眼睛以及维持上皮组织结构的健全与完整性。如果缺乏维生素 A,会引起视觉及暗适应能力下降,甚至导致夜盲症。维生素 A 最好的来源是各种动物的肝脏、鱼卵、乳品类、蛋黄以及胡萝卜和菠菜等黄绿色蔬菜。

②维生素 D。维生素 D 对机体的钙磷代谢和骨骼生长发育极为重要,能促进钙的吸收,促进骨骼钙化及牙齿的正常发育。缺乏维生素 D 时,钙的吸收会受到障碍,严重者甚至会骨盐溶解而致脱钙。维生素 D 的主要来源是鱼肝油、蛋黄、奶品。皮肤中的 7-脱氢胆固醇在阳光紫外线照射下会转化成维生素 D,一般不致缺乏。

③维生素 E。维生素 E 可增强机体对缺氧的耐受力,减少组织细胞的耗氧量,扩张血管,改善循环,提高心肌功能,增加肌肉力量与有氧耐力。维生素 E 与维生素 C 结合使用,能缓和及预防动脉硬化。维生素 E 主要来自动物性食品,小麦胚芽、玉米及绿叶蔬菜中含量也较丰富。

（2）水溶性维生素：主要有 B 族维生素和维生素 C。B 族中主要有维生素 B_1（硫胺素,抗脚气病维生素）、维生素 B_2（核黄素）、维生素 PP（尼克酸或烟酸,抗癞皮病维生素）、维生素 B_6（吡哆醇,抗皮炎维生素）、泛酸（遍多酸）、生物素、叶酸、维生素 B_{12}（钴胺素,抗恶性贫血维生素）,它们有各自的功用,总地来说是调节物质能量代谢,保证人体生理机能。

①维生素 B_1。维生素 B_1 的主要功能是在糖代谢过程中发挥主要作用,促进肝糖原、肌糖原生成,保护神经系统机能。充足的维生素 B_1 可有效地缓解机体疲劳。维生素 B_1 广泛存在于谷物杂粮中,另外,也可服用维生素 B_1 片剂。

②维生素 C。维生素 C 能加强体内氧化还原过程,提高 ATP 酶活性,使机体得到更多的能量来维持运动,提高耐力,减缓疲劳,促进体力恢复,并能促进伤口愈合,促进造血机能,参与解毒过程,增强机体抗病力。维生素 C 广泛存在于蔬菜和水果中。

5. 矿物质（无机盐）

人体内矿物质元素种类很多,总量约占体重的 5%,是构成机体组织成分、调节生理机能的重要物质。其中较多的有钙、镁、钾、钠、硫、磷等,铁、碘、氟、锌含量很少,称微量元素。人体在物质代谢过程中,每天都有一定量的矿物质从各种途径排出体外,因此必须从食物中得到补充。矿物质在食物中分布极广,正常膳食一般都能满足机体需要。其中最易缺乏的是钙和铁。钙在体内的主要作用为构成骨骼与牙齿、维持神经与肌肉的正常兴奋性、参与凝血过程等。成人每日需钙0.6 g,儿童、孕妇、老年人的需要量较高,大量出汗可使钙的排量增多,每日需钙量可达1.0~1.5 g。含钙较多的食物有虾皮、海带、豆制品、芝麻、山楂、绿叶蔬菜等。由于钙和磷在体内的关系非常密切,二者在血液中必须达到一定的浓度水平才能共同完成其生理机能。因此,在补充钙的同时,还要注意从富含蛋白质的食品中摄入磷。另外,铁的主要作用是构成血红蛋白。缺铁会影响血红蛋白生成而发生缺铁性贫血,降低血液载氧功能,使体育锻炼功能降低。成年男子每日需铁12 mg左右,青少年、妇女每日需铁15 mg左右,大量出汗可增加铁的丢失量,应给予额外补充。含铁量多的食物有动物肝脏、动物血液,其他如蛋黄、肉类、豆制品、红糖、沙棘果等,含铁量也比较丰富。

6.水

水是构成机体的主要成分,其主要作用是参与全身所有的物质代谢,完成机体的物质运输,调节体温,保证腺体正常分泌。

体内的水分必须保持恒定,体内不储存多余的水,也不能缺水。缺水若不及时补充,将影响正常生理机能。大量出汗后,在补充水分的同时,也要补充适量盐分,以补充电解质的丢失。

当我们吃的主食由粗变精之际,不少发达国家却开始回望过去。俄罗斯和东欧的人们开始热衷于黑面包;在德国,全麦面包销路大畅;在新西兰,"主食吃杂一些,配以豌豆、蚕豆等"已成为政府的号召;美国则把粗粮和蔬菜列为"食物指南金字塔"的基座,这与我国"粗茶淡饭保平安"的说法有异曲同工之妙。合理营养要求三大营养素供热占总热能的百分比为:蛋白质10%~15%、脂肪20%~30%、糖类(碳水化合物)60%~70%。我国传统的饮食习惯是比较合理的,具有很多优点:以谷类为主,蔬菜为辅,低糖,高纤维。但随着经济的发展和生活条件的改善,很多人开始倾向于食用更多的动物性食物。当前,心血管病、高血脂、糖尿病、肥胖的发生率高与这种膳食结构有很大的关系。

7.膳食纤维

膳食纤维(Dietary Fiber)可分为可溶性膳食纤维与非可溶性酵食纤维。

前者包括部分半纤维素、果胶和树胶等,后者包括纤维素、木质素等。膳食纤维有很强的吸水能力或与水结合的能力,可使肠道中粪便的体积增大,加快其转运速度,减少其中有害物质接触肠壁的时间。膳食纤维具有结合胆酸和胆固醇的作用。

(1)膳食纤维的功能。

①有利于食物的消化过程。增加食物在口腔咀嚼的时间,可促进肠道消化酶分泌,同时加速肠道内容物的排泄,有利于食物的消化吸收。

②降低血清胆固醇,预防冠心病。膳食纤维可结合胆酸,故有降血脂的作

用,可溶性纤维(如果胶、树胶、豆胶)的降脂作用较明显,不溶性膳食纤维无此种作用。

③预防胆结石形成:大部分胆结石是胆汁内胆固醇过度饱和所致,膳食纤维可降低胆汁和胆固醇的浓度,使胆固醇饱和度降低,从而减少胆结石的发生。

④促进结肠功能,预防结肠癌。膳食纤维能够防止能量过剩导致的超重与肥胖。

⑤维持血糖正常平衡,防治糖尿病。

(2)膳食纤维参考摄入量:我国成年人膳食纤维的适宜摄入量为 25 g/d。

过多摄入对机体无益,还会影响微量营养素的吸收利用,因为膳食纤维可与钙、铁、锌等结合,从而影响人体对这些元素的吸收和利用。

(3)膳食纤维的食物来源:主要来源是植物性食物,如谷粒(小麦、大米、燕麦、小黑麦、小米和高粱等)、豆类、蔬菜、水果和坚果等。整谷粒含有大量的膳食纤维,包括抗性淀粉和不可消化性低聚糖,同时还富含其他营养成分和一些植物化学物质(如多酚化合物、植物雌激素和植物甾醇等)。

麸皮和米糠中含有大量纤维素、半纤维素和木质素;柑桔、苹果、香蕉、柠檬等水果和白菜、甜菜、苜蓿、豌豆等蔬菜含有较多的果胶。除了天然食物所含自然状态的膳食纤维外,近年来还有多种从天然食物中提取的粉末状、单晶体等形式的膳食纤维产品可供食用。

(四)食品营养与体质健康的均衡

要达到食品营养与体质健康的均衡,就是要选择多样化的食物,使所含营养素齐全,比例适当,以满足人体需要,维护自身健康。坚持均衡营养的原则,做到科学配餐,根据食物的形状、结构、化学成分、营养价值、理化性质等进行合理选料、合理搭配。首先是配餐的质量,配餐的色、香、味、形;其次是配餐的营养素种类与数量,使每一份菜和每一餐菜的各个不同菜肴间的营养成分相互配合,满足人体需要,并达到合理营养的目的。科学配餐,要遵循以下三个原则。

1. 一日三餐的热能应当与工作强度相匹配

避免早餐过少、晚餐过多。热能分配以早餐占全日总热能的 25%～30%、午餐占 40%、晚餐占 30%～35% 较为适宜。现实生活中常常是"早餐马虎,中餐凑合,晚餐全家福",而科学的吃法应该是"早餐要吃好,午餐要吃饱,晚餐要吃少"。有许多大学生不按科学比例安排一日三餐,而是采用 2∶4∶4,甚至 1∶4∶5 的分配比例,造成晚餐吃得过饱、过多,这对健康有害无益。

2. 三餐的间隔要合适

三餐时间合适、比例适当,这一条比较好理解,就是早饭要认真吃,晚饭不要吃过量,每餐间隔 4～6 个小时,不要暴饮暴食,也不要饥一顿、饱一顿。三餐饮食的量要适当,同时还要讲究食品安全。

3. 注意膳食结构的平衡

膳食结构的平衡主要包括以下几个方面。

(1)粗粮、细粮要搭配。粗、细粮合理搭配、混合食用可提高食物的风味,有助于各种营养成分的互补,还能提高食品的营养价值和利用程度。

(2)副食品种类要多样,荤素搭配。肉类、鱼、奶、蛋等食品富含优质蛋白质,各种新鲜蔬菜和水果富含多种维生素和无机盐。两者搭配能烹制成品种繁多的菜肴,不仅富于营养,还能增强食欲,有利于人体消化吸收。

(3)主副食搭配。主食是指以含碳水化合物为主的粮食作物食品,可以提供主要的热能及蛋白质,副食可以补充优质蛋白质、无机盐和维生素等。

(4)干稀饮食搭配。主食应根据具体情况采用干稀搭配,这样既能增加饱腹感,又有助于消化吸收。

(5)要适应季节变化。夏季食物应清淡爽口,适当增加盐分和酸味食品,以提高食欲,补充因出汗而导致的盐分丢失。冬季饭菜可适当增加油脂含量,以增加热能。

二、大学生饮食营养与健康现状

有营养学家表示,进食的时候,人体内负责后勤的副交感神经兴奋,于是消化道和消化腺功能活跃起来,供血增加,消化液分泌增多。在这个时候做运动,大量血液就会供应骨骼肌,以至于消化系统供血不足,造成消化和吸收障碍。尤其在早上,体内能量水平很低,更应该有一个好的用餐环境和气氛,不能边走边吃,大学生应尽可能在食堂或者宿舍用早餐,切勿囫囵吞枣式进餐。长期草草食用早餐,不仅会导致胃不适,还会造成营养不良。营养学家还表示,人民群众的营养情况可以整体反映出这个国家的各项情况,是一个国家经济、物质等发展的体现。因此对人民群众实施营养监测非常重要,尤其是大学生这一群体,他们是国家未来发展的重要力量,应予以重视。

饮食无规律是影响大学生体质健康的主要因素之一。有关数据表明,近年来,饮食无规律成为形成大学生亚健康现状的主要因素之一。大学生对于合理膳食平衡营养的重要性明显认识不足,而无规律的饮食是造成消化系统疾病的主要原因之一。长期无规律的饮食,不仅会引起营养不良,影响睡眠质量,甚至会影响人体神经体液调节和内分泌调节,这会对大学生的体质健康产生很大的负面影响。

查阅部分近几年对大学生营养知识、态度及饮食行为等问卷调查的研究资料,可以发现,大部分大学生的营养知识缺乏,有一部分大学生存在不良的营养行为,如不吃早餐、常吃零食等。应付用餐者比比皆是,为了能多睡一会儿,许多大学生都有不吃早餐的习惯,认为中午和晚上多吃些就能把早餐的营养补回来。殊不知,长期如此,会导致身体营养流失,进而缺乏营养素,如此带来的危害是非常大的。

1. 对大脑的危害

虽说脑组织的重量只占人体重的2‰~3‰,但脑的血流量每分钟约为800 mL,耗氧量每分钟约为45 mL,耗糖量每小时约为5 g。营养不均衡会损伤大脑。

2. 对消化系统的危害

正常情况下,前一天晚上吃的食物经过6 h左右就从胃里排空进入肠道。第二天若不吃早餐,胃酸及胃内的各种消化酶就会去"消化"胃黏膜层。长此以往,细胞分泌黏液的正常功能就会遭到破坏,很容易造成胃溃疡及十二指肠溃疡等消化系统疾病。

3. 更靠近肥胖族

人体一旦意识到营养匮乏,首先消耗的是碳水化合物和蛋白质,最后消耗的才是脂肪,所以不吃早饭在一定程度上有助于脂肪的消耗。但是,不要以为不吃早餐就可以少吸收热量而因此减肥,根据营养学家们的证实,早餐是每个人一天中最不容易转变成脂肪的一餐。每天不吃早餐只会让午餐吃得更多。早餐、午餐和晚餐的比例最好是3∶2∶1,这样就能让人体在一天内所吃的精华在体力最旺盛的时间内消耗掉。饮食营养是大学生身体发育的先决条件,专家建议,大学生必须按时吃早餐,并且进食速度不能过快,尽量去食堂进餐,相对于学校周围的餐馆,食堂的就餐环境要好很多。

高校应努力创造适合大学生身心特点且良好的校园文化氛围,形成宽松有序的业余生活环境,提高大学生耐受挫折及适应生活的能力,利用体育科学知识及相关科学知识教育,教会大学生自我心理调节和心理放松的方法。利用多种形式开展健康与保健知识的宣传和教育,引导学生树立正确的价值观、人生观;培养良好的生活方式,杜绝不良嗜好,学会自我医务监督检查手段,建立良好的健康观念和健康行为习惯。高校应根据大学生的实际需求,以培养大学生的体育能力和健康意识为目标,开设一些有关体育文化、体育锻炼与健康的专题讲座,进行体育知识、饮食营养与体质健康教育的培训,扩招大学生开展健康体育的专业指导教师。

三、影响大学生体质健康的饮食误区

大学生来自五湖四海,饮食习惯各异,学校食堂除对民族习惯予以照顾外,基本上以当地习惯供应饮食。大学生文化水平较高,对营养、食疗、饮食卫生、饮食文化都有一定了解,但大学生对饮食尚有几个误区。

(一)放纵型饮食

有些学生家庭条件较好,在家时吃惯了精致食品,来校后无法接受食堂的饭菜,因此经常到校外饭馆大吃大喝。这些学生喜欢享受美食美酒,不计较花钱多少。然而,放纵型饮食会导致醉酒、腹泻、胀满、呕吐等病症,对大学生的体质健康极为不利。

(二)愚昧型饮食

有些学生自恃身强力壮,消化功能好,认为"不干不净,吃了没病"。饮食不讲搭配、不讲节制、不讲卫生。饥一顿、饱一顿,饮食全无规律。食堂、饭馆、路边餐桌、校外盒饭等想吃就吃,毫无顾忌。还有的学生在考试、考研、写论文等学习紧张的时期废寝忘食,睡眠不足,饮食无常,焦虑过度。中医说"饮食自备,肠胃乃伤",又说"思虑过度则伤脾""膏粱厚味,足生大疔"。此类型饮食者多不注意调养,以至出现胃肠受伤、肝脾不和等病症。

(三)恐惧型饮食

有些大学生怕"病从口入",对食物的选择极严,不吃剩饭剩菜、不吃着色食品、不吃防腐食品、不吃生冷食品、不吃荤类食品……了解了一些食品的制作过程之后,拒食多样食品。例如,报纸披露饭店"地沟油"事件之后,有的大学生不敢吃油条、不敢吃蛋糕、不敢吃小饭馆的饭菜。有的大学生怕水果中有激素而不吃,怕猪肉中有瘦肉精而不吃,怕大米是抛光米而不吃,怕白面有添加剂而不吃,怕豆制品为劣质品,怕这怕那,限制了自己的食品范围,导致必要的营养成分缺乏,达不到食养的目的而百病缠身。此类大学生虽较为少见,但决非没有。

(四)辟谷型饮食

部分大学生追求瘦而盲目减肥。除经常服用减肥药、减肥茶之外,不敢进食,唯恐长肉,于是选择辟谷型饮食,不食五谷(五谷杂粮),仅以水、果品、蔬菜充饥。部分肥胖大学生采用辟谷型饮食,从而导致头晕、乏力、困倦、虚脱等后果。也有一些大学生认为吃荤油易发胖,吃素油苗条。其实无论是荤油还是素油,人体吸收后每克均产生9 kcal左右的热量,没有多大差别。由于素油吸收率高,若消耗不了,多食反而容易使人发胖。有的大学生认为吃瘦肉可长肌肉,其实未必如此,因为人体肌肉要靠体育锻炼和摄取蛋白质维持,其缺一不可。

(五)区域型饮食

不同区域的学生有不同的饮食习惯,例如:山西人喜面食,食味多酸;湖广人喜食大米,食味多辣;冀鲁人喜食菽黍,食味多甘;蒙疆人喜炙肉脔,食味多厚;等等。不同的饮食习惯反映了不同的饮食文化,而且与当地的地理环境、民俗、自然气候有关。例如,湖、广、蜀地域气候潮湿闷热,当地居民多食辣椒,是借用辣椒之辛排除体内之湿热。大学生带着各自地区的饮食习惯进入学校,不能适应学校的普通饮食而坚持区域性饮食,不能因地制宜,也是饮食之误,这往往会给生活带来烦恼。

(六)洁癖型饮食

对食品的清洁要求过度,这多见于有洁癖的大学生。此类大学生不但饮食要求洁净,就连衣被用具也是如此。常戴手套、口罩,不断地洗手、漱口。晒洗衣物不许别人触动,动则必定重新洗晒。饮食上要求绝对的绿色食品、无公害食品,严格执行"无菌观念"。这种饮食习惯使别人难以与其共食,不适宜学校的团体生活,进而影响体质健康。

(七)西洋型饮食

有些学生饮食上学习西方,喜欢牛排、炸鸡、面包、牛奶、碳酸饮料、巧克力、蛋糕等。这样的饮食习惯不仅会造成热量摄入过多,容易导致肥胖,而且还会导致营养不均衡,进而影响体质健康。

(八)相悖型饮食

1. 主食与副食相悖

一般来说,我国的饮食习惯以主食为主、副食为辅,以米面谷物为主要食物,佐以肉类、蔬菜、茶、水果等。实践证明,这种饮食搭配是科学的,对身体是有益的。部分在校大学生的饮食习惯主副颠倒,把副食作为主食,每日三餐以糕点、面包、水果、肉、饮料为主,很少吃米饭与蔬菜。此为主食副食相悖的饮食习惯,很不利于体质健康。

2. 五味调配相悖

此种饮食习惯多见于本地学生。此类大学生家在本地,在校住宿,饮食应以学校食堂为主,但他们多以家庭饮食为主或择优饮食。这种习惯忽略了饮食的粗细搭配,往往会出现饮食偏嗜。经常吃过辣、过酸、过甜、过咸的所谓"可口儿"的食物,对身体有害。

3. 饮食时间相悖

大学生的正常早餐时间一般在 7:00~8:00,但他们往往在 9:00~10:00 才进食。除此之外,晚上吃夜宵也已成习惯,中午不吃饭,这种饮食时间的相悖也不利于体质健康。

4. 饮食不顺应四时气候

冬天严寒,饮食宜温。有些大学生冬季特喜冷饮、冰棍、冰激凌,从而导致腹痛等病症出现。夏日酷暑，饮食宜清凉。有些大学生则是麻辣烫、羊汤、火锅、涮羊肉照吃不误，最终导致牙痛、上火、烦躁、吐泻等病症出现。

(九)错误的饮食习性

1. 用热油锅炒菜

过热的油锅中，容易产生一种硬脂化合物，人若常吃过热油锅炒出来的菜，易患低酸性胃病和胃溃疡，如不及时治疗，还可能诱发胃癌。

2. 用生水冷却蛋

将煮熟的蛋浸在冷水中，蛋壳虽好剥，但病菌也会有机可乘。如果要让蛋壳好剥，只需在煮蛋时的水中加入少量食盐。

3. 多添作料调味

胡椒、桂皮、五香粉等天然调味品具有一定的诱发性和毒性，多食用会给人带来口干、咽喉痛、精神不振、失眠等副作用，还会诱发高血压、胃肠炎等病，甚至导致癌症出现。

4. 饭后马上吃水果

水果中含有大量的单糖类物质，若被饭菜混塞在胃中，就会因腐败而形成胀气，导致胃部不适。因此，吃水果宜在饭前1小时或饭后2小时。

合理营养是体质健康的基石，不合理的营养是疾病的温床。虽然有些疾病是由生活方式等多种因素所致，但膳食结构不合理、营养不均衡是其中特别重要的因素。我们一定要树立科学的营养健康理念，真正做到合理营养和平衡膳食，以此来维护自身的体质健康。

第三节　体育健康生活方式与大学生体质健康

根据社会医学与临床研究的相关理论可知，生活方式会对人的体质健康产生重要影响，体育生活方式是人们生活的重要组成部分，并且关系到个人的身体健康与心理健康。对于大学生而言，其体质健康与体育生活方式更是有着密切的联系。

一、大学生体育健康生活方式的认识与培养

大学生应该多关注现代体育生活方式、关注体质健康，但最新的数据显示，目前我国大学生并没有过多注意他们的体质健康状况，更别说采用长期合理的体育健康生活方式了。

(一)大学生对体育健康生活方式的认识

生活方式是指人们长期以来受文化、民族、经济、社会、风俗、家庭等影响而

形成的一系列生活习惯、生活制度和生活意识。体育生活方式是生活方式的重要组成部分。体育生活方式是指社会中的个人、群体或全体成员受一定体育价值观所驱使,为满足多层次需要而形成的稳定的体育活动形式和行为特征。而体育健康生活方式则是在体育锻炼的基础上,既把体育作为生活的基本手段,也把体育作为生活的基本内容。锻炼的个体在参与体育锻炼的过程中,价值观和世界观可能会随之发生变化,进而把对生活质量的追求和对身体健康的追求融为一体。体育健康生活方式是一种积极的、富有体育锻炼价值的良好取向,它不仅有利于培养当代大学生强健的体魄,更有利于大学生的身心健康,能够使他们乐观积极地对待生活。

(二)培养体育健康生活方式对大学生的重要性

1. 对健康的认识及生活现状

从社会现状来看,中国人在体育锻炼方面有三种现象:第一是两头大中间小,即老人和孩子活动多,中间年龄段活动少;第二是女性自觉锻炼的人明显少于男性;第三是文化程度越高的人自觉锻炼的人越少。

相关调查表明,人们的体质健康状况在逐年下降,患"文明病"的年龄段在不断提前。同时,大学生的身体状况和身体素质水平令人担忧。相关调查统计结果表明,大学生的运动能力在逐年下降,体质也不容乐观,营养不良和低体重的学生达32.6%,超重和肥胖学生达73%,近视率居高不下,有心理障碍的学生数量在不断增加。出现这些情况的原因是人们没有足够的体育意识和锻炼习惯,认识不到体育锻炼对人类生活有着极其重要且广泛的作用。

随着国家"全民健身计划"的出台和"健康第一"思想的提出,人们给予了体育及体育锻炼极大的关注,对体育的功能也开始逐步加以认识和利用。未来的社会是青年人的,"全民健身计划"的实施要以青年为重点,加强大学生的体育意识,让大学生充分认识体育的功能,将体育知识、信念、行为合为一体,让大学生树立健身的信念,从而产生终身体育行为。如何将健康教育贯彻在学校教育和学校体育之中,从而让大学生拥有健康的体魄,这既是21世纪教育工作者要完成的任务,更是教育工作者努力探索的新课题。

2. 大学生体质健康状况和大学生对培养体育健康生活方式的认识

通过对广西某大学不同年级大学生的体育健康生活方式进行问卷调查后发现,体育健康生活方式存在较为明显的年级差异,大学一年级、二年级、三年级,拥有良好体育健康生活方式的学生逐年增多,但到了大学四年级时下降至最低,与大学生整体优良率的变化趋势一致。调查还发现,大学生具有良好的体育健康生活方式特征和不具有良好的体育健康生活方式特征分别为34.4%、65.6%,通过对这两部分大学生的体质进行测试,对比分析结果显示,具有良好体育健康生活方式特征的大学生体质状况明显好于另一部分大学生。可见,提倡大学生建立良好的体育健康生活方式,可以提高他们的身体机能素质,促进柔韧度、速度和耐力等的发展,最终促进体质的全面发展。还有学者用文献资料法和调查法对大学生实施体育健康生活方式的概念、现状、重要性及必要性进行深入分析,指出大学生培养体育健康生活方式是提高大学生身心健康水平的有效途径和保证,也是"学校体育"和"终身体育"的有效结合方式。

3. 大学生的体育运动形式

相关调查结果说明了大学生对待体质健康的态度,大部分人认为自己是健康的,不会去为了健康而做运动。大学生参加体育锻炼的主要形式是与同年龄人一起娱乐、运动,一般会选择有趣味的大众运动形式,如篮球、足球、乒乓球等,偶尔也会进行一些运动类的竞赛,大学生喜欢在运动中体会运动本身的趣味和运动技术上的进步。可以看出,大学生对体育生活方式并不重视,忽略运动对保持和促进健康的重要性,有很大一部分大学生甚至懒得抽出时间进行体育锻炼,因此,由于缺少运动而导致的亚健康状态和各种疾病在大学生群体中日益突显出来。

二、体育健康生活方式对大学生体质健康的影响

由于大学生的运动能力降低,肢体力度和灵活性逐渐减弱,甚至会受各种"文明病"的侵蚀,因此大学生要尽快形成一种良好的生活方式,体育生活方式就是当前大学生最好的选择。

1. 体育运动对大学生身体健康的促进作用

体育是学校教育的重要组成部分,是促进学生全面发展的重要手段,它和学校卫生工作共同担负着促进学生身体健康和心理健康的职能。大学生积极地参与体育运动可改善生理功能,具体表现在经常从事体育锻炼的大学生头脑更灵活,反应也较快,而且分析、综合、解决问题的能力要比不把体育锻炼当作生活方式的大学生高得多。体育锻炼也能改善神经系统对内脏器官的调节能力,同时还能改善体内物质代谢过程,减少脂肪在血管壁的沉积,对预防心血管疾病非常有益。经常进行体育锻炼还可使肺的通气量加大,预防呼吸道疾病,还能促进骨骼增长、骨密质增强、骨壁增厚、骨松质排列有序以及延长骨化时间,从而增加骨的抗压和抗扭曲的性能。

2. 体育生活方式对大学生心理健康的促进作用

体育锻炼不但对大学生在生理上有预防和治疗疾病的作用,而且对心理学疾病也有预防和治疗的作用。近几年来,体育运动心理学家进行了大量研究后发现,经常参加一定强度的体育锻炼对减轻抑郁和焦虑有非常好的效果。美国

一位心理学家对大学生做了跑步测验,发现跑步能成功缓解大学生在考试、工作期间的焦虑情绪。运动降低焦虑的作用和其他治疗方法(如冥想、放松疗法、完全休息)的效果是一样的。体育锻炼可以调节大学生的心态,稳定他们的情绪。在高度竞争的社会中,大学生常常会因为繁杂的考试、相互之间的竞争和对未来就业的担忧而产生焦虑情绪,而经常参加体育运动可以转移个体不愉快的情绪,降低这种焦虑。目前,我国在体育锻炼与心理这一领域的研究主要侧重于心理因素对运动能力的发挥和对运动技能的影响上,而没有对体育锻炼的心理效应给予足够的重视。体育锻炼与心理的关系包括心理对体育锻炼的影响和体育锻炼对心理的影响两个方面,前者是体育心理学主要解决的问题,而后者则是锻炼心理学的研究范畴,探讨体育锻炼对心理健康水平的影响。近年来,国内外有关学者对体育锻炼的心理效应进行了研究,均取得了一定的成果,即发现体育锻炼有调节情绪、减轻焦虑、缓解抑郁等作用。

因此,大学生参加体育锻炼,尤其是参加自己喜爱或擅长的体育活动,可以从中得到乐趣、振奋精神、陶冶情操、产生良好的情绪。体育锻炼可以协调大学生之间的人际关系,促进大学生之间心理上的互相包容。体育锻炼在一定空间的社会环境中进行,它总是与人群发生着交往和联系,大学生在体育锻炼中能够较好地克服孤僻、羞怯、逞强、肤浅等性格缺点,能够借此学会协调人际关系,提高心理适应能力,扩大社会交往面。体育锻炼还有助于大学生智力的发展。经常参加体育锻炼不仅能使运动者的注意力、记忆力、反应能力、思维能力、想象能力等得到提高,还可以促进他们大脑的开发和利用,增强神经系统的功能。体育锻炼还能减缓应激反应,提高脑力劳动的工作效率。除此之外,体育锻炼可以在一定程度上消除脑力劳动引起的疲劳。有关体育锻炼对心理健康的促进作用,在相关文献和研究中都得到了证实,所以经常参加体育锻炼不仅能够促进大学生的身体健康,还能够获得积极的心理效益,提高大学生的自信心和对生活的满意度,进而改善大学生的生活质量。

三、培养大学生体育健康生活方式的有效途径

1. 加大体育经费的投入

体育设施完善与否,与投入的经费多少有直接的关系。及时维修场地设施,使现有体育设施得到充分使用,也可以让体育健康意识强的人带动体育健康意识弱的人,从而使全民的体育健康意识得到普遍提高。高校的体育场地、器材是大学生进行体育锻炼的基础,高校要努力提高场馆的使用率,减少空置率,使场馆资源能够最大限度地为学生服务。高校领导也应进一步提高对体育场馆建设重要性的认识,把体育设施及配套服务设施的建设纳入学校整体建设和发展的

规划中,使之稳定、有序地发展,以满足不断扩大的体育锻炼人群的需要。同时,切实改善学校的体育设施和配套服务,为大学生创造良好的体育运动环境和良好的体育锻炼氛围。

2. 加大宣传力度

增强全民"终生健身"和"健康第一"的观念。有些人受兴趣使然,参加体育锻炼的意识会随着兴趣而发生相应的变化。为了固化大学生的健身意识,应加强对健身益处的宣传,使大学生对"终生健身"和"健康第一"的观念有更深刻的理解。

3. 加大教育力度

大学生的在校期间是他们世界观、人生观、价值观逐步形成的时期,这一时期体育教育的重点应放在加强体育意识的培养。通过教师对体育理论的讲述,大学生能提高对体育的认识、理解;通过体育实践和心理体验,大学生能形成体育意识,养成自觉锻炼身体的习惯,从而促进身心健康。

4. 重视培养大学生良好的心理素质

现代社会所需要的人才在身体方面,不仅要有健壮的体魄,而且还要有健康的心理素质。因此,要充分利用体育锻炼这一独特的教育形式,加强对大学生心理素质的培养。通过丰富多彩的体育活动,培养大学生顽强向上的精神、良好的心理品质及坚强的意志,发展他们的想象能力、思维能力和创造能力。高校要指导和帮助大学生建立正常的人际关系,培养他们自尊、自爱、自信的内在品质,从而促进大学生良好个性的全面发展。

5. 对大学生提出一些建议

大学生锻炼时间间隔不宜超过3天,应当每周抽出4天左右进行适合自己的体育锻炼,每次大概半个小时,当然体育锻炼的时间还可以根据自身的情况进行适当加减。长期坚持,养成习惯,只有这样才能达到健康体育锻炼的目的,形成固定的体育健康生活方式。总之,大学生要认真对待健康的生活方式,培养合理的体育健康生活方式,为今后对社会做出贡献打下坚实的身体基础。多年的学校体育教学实践证明,体育教学不仅能使大学生学到某种运动技术,同时也能发展其身体素质。例如,中长跑对学生心肺功能的发展,短距离折返跑对学生速度和灵敏性的发展,球类运动和健美操对学生柔韧、协调性的发展,等等。除此之外,学校体育还需引进体育教育的思想,运用终身体育教育理论和方法,激发每个大学生的体育兴趣,以培养大学生的终身体育意识、习惯和能力,使大学生走向社会后不仅有一个强健的体魄,而且还能够养成自觉锻炼的习惯,学会自我评价身心健康和自我调节锻炼,以保证适应现代的快节奏的工作、生活方式

案例：在某大学举行的秋季田径运动会上,男生王某正在跑道上进行男子 5 000 米赛跑,跑到快 4 000 米时,由于速度过快体力不支,突然面色苍白,但要强的他想要坚持完成整场比赛,然而王某却突然晕厥过去,失去知觉,后来由老师和学生带去医院检查,医生诊断为运动性损伤,由运动强度过大造成,需住院接受治疗。

案例分析：在运动过程中,身体的新陈代谢是加速的,加速的代谢需要消耗更多的能量。人体的能量是通过身体内的糖、蛋白质和脂肪分解代谢得来的。在运动强度不大的情况下,如慢跑、跳舞等,机体能量的供应主要来源于脂肪的有氧代谢。以脂肪的有氧代谢为主要供应能量的运动就是我们常说的有氧运动。大量研究表明,有氧运动有促进组织新陈代谢、增强肌肉耐力等作用。

有氧运动对大学生的身体健康具有积极影响。经常参加有氧运动可以提高身体素质,增强人体对疾病的抵抗力,使人能够精力充沛地投入日常学习、工作和生活当中。在高校体育教学中,通过加强对大学生体育锻炼的正确引导,向大学生传授体育运动卫生保健的有关知识,介绍有氧运动的一些常用方法和技巧,能够培养大学生的终身体育意识和良好的体育锻炼习惯,从而塑造大学生健壮的体魄,为大学生的心理健康奠定坚实的生理基础。

有氧运动对于改善大学生的情绪状态具有较大的正面影响。在有氧运动的过程中,人体的全身肌肉得到积极活动,各肌肉群向大脑传递的兴奋反应迅速增多,在大脑皮层形成大量的兴奋灶,使得情绪高涨。这种由生理而引起的心理上的满足和快感,在体育心理学上称为"运动愉快感",是一种积极的情绪体验。大学生在学业或生活上遭遇挫折或失败时,通过有氧运动可将自卑、忧虑、焦躁、抑郁等不良情绪及时宣泄出来,从而实现移情效应,减轻心理压力。

第四节 大学生的人际交往与心理健康

近些年,用人单位在招聘时更看重求职者的综合素质,大学生的能力也成为用人单位关注的重点,特别是人际交往能力。面对用人单位开出的招聘条件,越来越多的大学生感受到了人际交往能力的重要性。

一、大学生人际交往的含义

(一)人际交往与人际交往能力

人际交往是人与人之间非物质的信息交流过程和物质的交换过程,同时包括人与人之间通过非物质的和物质的相互作用过程建立起来的相对稳定的关系或联系。而人际交往能力则是指妥善处理组织内外关系的能力,包括与周围环境建立广泛联系,对外界信息的吸收、转化能力,以及正确处理上下左右关系的能力。人际交往能力由六方面构成,分别是人际感受能力、人事记忆力、人际理解力、人际想象力、风度和表达力、合作能力与协调能力。

(二)大学生人际交往能力的现状

大学生人际交往总体是积极和健康向上的,但也存在一些问题,主要体现在以下方面。

1. 自我中心倾向严重

大学生在交往的过程中,常以一种"自我为中心"的心态去要求别人,却很少去体会别人的感受,在交往过程中缺乏与人合作的观念和换位思考的能力,常以自己的思想、情感和需要为出发点,不顾及别人的感受,这种以自我为中心的态度,往往给自己的人际交往造成不良影响,最终发展成为不适应大学的环境和集体生活,人际交往情况变得紧张。

2. 不善于交往与不懂交往

对很多交往的知识,特别是心理学的交往知识了解不多,给交往带来麻烦。

3. 自卑

相关调查显示,大学生中有明显自卑心理的人占30%左右。

4. 自我封闭

这种类型有两种情况:一种是总把自己的真实内心、情感和需要掩盖起来,把自我封闭起来;另一种是虽然愿意与他人交往,但由于多种原因无法让别人了解自己。

5. 对复杂人际交往的困惑、迷茫

大学校园汇集着来自四面八方的学生,思想、观点等难免不同,这可能使他们的生活总是充满小矛盾,时间的积累最终使他们对人际关系困惑、迷茫。

(三)影响大学生人际交往能力形成的因素

1. 认知因素

首先是对自己的认知。有正确的自我评价,才会在人际交往中有良好的自我表现。其次是对他人的认知。最后是对交往本身的认知。交往的过程是双方满足彼此需要的过程,如果以自我为中心而忽视对方的需要,就会导致交往障碍。

2. 性格因素

对有些大学生来说:想关心人,搞好人际关系,可不知道怎么做更好;交友的愿望强烈,可有时做得不好。不同的大学生,能力高低不同,对人际交往的认识不同,采取的行为也会不同。在人际交往中,性格因素有着至关重要的作用。优良的性格特点有利于人际交往,不良的性格特点容易给人不愉快的感受,进而会影响人际交往。

3. 情绪因素

人际交往中的情绪表现应是适时适度的。不良情绪不利于交往,同时常常使人不敢大方地与人平等交往。大学生只有战胜不良情绪,才能在心理上有所放松,从而自然大方地与人交往。

(四)培养大学生人际交往能力的重要性

1. 人际交往是大学生成长的重要保证

人际交往是个体认识自我、完善自我的重要手段。《札记·学记》中说:独学而无友,则孤陋而寡闻。良好的人际交往可以帮助大学生提高自己的认知促进大学生优良个性品质的形成。

2. 人际交往是维护大学生身心健康的重要途径

处于青年期的大学生,思想活跃、感情丰富,人际交往的需要极为强烈,人人都渴望真诚、友爱,大家都力图通过人际交往获得友谊,满足自己精神上的需要。积极的人际交往、良好的人际关系可以使人精神愉快,情绪饱满,充满信心,保持乐观的人生态度,友好、和谐、协调的人际交往有利于大学生对不良情绪和情感进行控制与发泄。

3. 人际交往活动是大学生个性发展和完善自我的重要手段

人的个性除了受先天遗传因素影响外,更重要的是受后天环境的影响,所以生活环境对人,特别是对人生观、价值观正在形成中的大学生更具有重要的意义。长期生活在友善和谐的人际关系中,会使人形成乐观开朗、积极向上的性格,从而在群体中充分发挥自己的创造才能。在人际交往的过程中,大学生从对方的言谈举止中认识了对方,同时又从对方对自己的反应和评价中认识了自己。交往面越宽、交往越深、对对方的认识越完整,对自己的认识也就越深刻。只有对他人认识全面,对自己认识深刻,才能得到别人的理解、同情、关怀和帮助,自我完善才可能实现。

4. 人际交往是交流信息、获取知识的重要途径

现代社会是信息社会,信息量之大和信息价值之高,是前所未有的。人们对拥有各种信息和利用信息的要求,随着信息量的扩大,也在不断地增长。通过人际交往,人们可以相互传递、交流信息和成果,达到丰富经验、增长见识、开阔视野、活跃思维、启迪思想的目的。

5. 人际交往活动是大学生不断取得成功的重要因素

大学生人际交往活动的和谐不仅有利于他们提高学习和工作效率,而且有利于他们合作意识和全局观念的形成。大学生只有树立在学习、工作中互相取长补短、互相支持、团结协作的意识,集大家的聪明智慧共同奋斗,才能获得社会的承认、受到他人的尊重,为未来取得事业的成功做好准备。

6. 人际交往活动是加快大学生社会化进程的必要前提

大学是大学生走向社会的最后一个驿站,大学生的交往性质和水平直接影响着他们社会化的水平。在这个阶段,所有大学生都在认真把握每一个即将走向社会的关键时刻,使自己尽量多地开展人际交往活动,锻炼人际交往的能力,为未来的人生道路铺平最重要的基石。

二、人际交往能力及其表现

1. 年级不同,表现不同

大学一年级是适应阶段,也是过渡阶段。这一阶段的大学生有着不同于中学生、又有别于大学高年级学生的特点。他们刚刚从竞争激烈的入学考试中挣脱出来,满腔热情,对未来充满希望,特别是面对来自五湖四海、个性迥异的同龄人时,他们更兴奋、好奇,因此交往的范围比较广,认识了许多新朋友。二年级经历了一年级的大学生活,他们的人生观和价值观有了进一步的转变。通过一年的接触大家逐渐相互了解,交往范围缩小,学习开始繁忙起来,大都开始有针对性地交往数量有限的朋友。到了三年级,大学生学习压力相对小一些,并已习惯了大学及所在城市的生活,这个时期会更多地接触与了解社会,进一步扩大自己的社交范围。而进入四年级,大学生面临就业、考研等各种压力,很多人都在为自己的将来而忙碌,人际交往的意愿和行动会相对少一些。

2. 性别不同,表现不同

不同性别的大学生人际交往综合能力有显著差异。在对人和人际交往的认知和评价取向、人际交往的社会退缩取向、对交往的意向性取向维度上,在对交往的自我评估、交往的外倾性、交往的坦诚性等特征上存在显著差异,女性大学生的得分要高于男性大学生。这表明,男性大学生在交往上可能显得更封闭些。对不同性别大学生心理健康各维度和特征的比较可以看出,男生的心理问题要多于女生。这种性别间的差异原因有很多,出现这一结果,除了男生、女生生理基础不同,女生比男生早熟外,还与男生、女生回答问卷的真实性程度有关系。在使用问卷调查法时,触及敏感问题,男生回答要比女生坦诚,掩盖性少一些。此外,男女性别角色的社会期望不同,社会与传统文化对性别角色及行为形成了较为固定的看法或观念,认为男性应当坚强、有责任心、敢担当。这种性别角色偏见和期待,使得男性在遇到挫折时,常常选择压抑自己的内心痛苦,不愿意敞开心扉与他人谈论自己的情感问题,更不愿意向他人寻求帮助,以维护其男性自尊。而女性则被容许脆弱,在遇到挫折感到痛苦时,往往会主动寻求别人的帮助,并善于通过倾诉等方式来宣泄被压抑的情绪,以此缓解乃至消除心理上的障碍。

3. 专业不同,表现不同

不同专业的大学生人际交往综合能力不存在显著性差异,但在交往的外倾性、交往的互助性、对交往的理念上存在差异,都是理科生的得分要高于文科生。应当说,产生这种现象的原因,和所学专业特点有关。理科生平时得到的知识大多属逻辑推理训练,思维严谨,因此,在交往的理念上会比文科生更明确、更理性,对于自己认为是正确的东西,就会主动去追求,因此他们也表现出一定的外倾性。由于理科专业的性质,有很多实践性的知识(比如实验)需要互相配合才能完成,因此表现出了较好的互助性。不同专业的大学生在心理健康总体水平上不存在显著差异,但在情绪失调上存在差异,文科生的问题要多于理科生。文科生由于平日接受各方面文化相关的教育,对生活、文化的体悟比较深刻,与理科生相比,有更多的情绪体验,因此情绪更容易失调。

很多专家都把大学生人际关系问题看作是困扰大学生心理健康的主要因素之一,而一个人的人际关系满意程度与稳定程度状况,除了受其人格的影响外,直接受人际交往能力制约。但是以往的研究方向多是关于大学生常见的心理障碍及人际交往的作用、原则和技巧等,很少有人从大学生人际交往能力这个角度对心理健康进行研究。可见,探讨大学生人际交往能力是否影响其心理健康具有重要的意义。

三、人际交往对心理健康的影响

大学生人际关系的特点大致如下:以人格平等为基础;交往对象、范围、内容、方式的开放性;较单纯的精神性;期望值与理想较高;交往中的主动性以及合作意识强。总的来说,当代大学生人际交往明显地表现出两大特点:交往范围的日趋扩大与交际方式的丰富多样。

大学生在人际交往过程中,也有可能受到一些不好的影响。由于大学生思想尚未成熟,社会阅历浅,易感情用事,缺乏辨别力,因此容易受到不良思想和行为的侵蚀,如抽烟、酗酒、打架、赌博、沉迷网络等。当代大学生面临着各方面的压力,如学习压力、就业压力、经济压力等,如果没有良性的疏通渠道,就很容易导致心理疾病。没有良好的人际交往环境和渠道,就无法形成健康的心理支撑系统,这可能导致两种情况:一是不良的人际交往可能会导致心理疾病的产生和加重;二是由于情绪、压力长期无法排解,没有形成正确的疏导渠道,从而使心理疾病产生和加重。大学生有可能形成小团体,这不利于他们的心理健康。小团体一般都具有封闭性、排外性、思维固化性。在团体内的人已经形成了较为统一的习惯和方式,对外来的人和思想有一定的抵触,直接导致了思维的固化。团体内的人多,和外界交流少,无法形成正常健康的沟通交流渠道。这种小团体已成为大学生人际交往的障碍。

人际交往具有广泛的意义,它不仅仅指在学校和同学之间的交往,还包括与社会人员的交往。但在网络交往中要谨慎,因为大学生思想尚未成熟,社会阅历浅,容易被社会人员利用,陷入网络诈骗陷阱。

四、大学生提高人际交往能力和心理健康水平的对策

人际交往能力不够强以及人际圈子不够广,是一些大学生在人际交往方面经常遇到的困惑。如何在大学期间提高人际交往能力,这也是大学生的一门必修课。

1. 在交往中要诚实守信

诚实是做人之本,是美好心灵的核心,是做人的准则,是重要的个人品质之一。有人在大学生中做过调查,评价最高的八个形容词中,有六个是与诚实有关的词,比如诚实、真诚、忠诚、真实、信得过、可靠。守信就是讲信用,言必信,行必果。人际关系好的人,大多是诚实守信的人。人际关不好,往往问题就出在不诚实和不守信上。对于不够诚实的人、不守信的人,大家都不愿交往。因此,大学生要和别人交往,首先要有一颗真诚的心,只有对别人真诚,别人才会对你真诚。

2. 学习交往的语言

语言学习需要在人际交往中进行。大学生在学校里的交往包括两个方面:一是与教师的交往,二是与同学的交往。在学生和教师的交往中,教师可以有意识地运用常用的交往语言,使学生在无意识中受到熏陶。在学生与学生之间的交往中,多观察周围的同学,特别是交往能力和沟通能力特别强的同学,看他们是如何与人相处的。比如,看他们如何处理交往中的冲突,如何说服他人和影响他人,如何发挥自己的合作和协调能力,如何表达对他人的尊重和真诚,如何表示赞许或反对,如何在不冒犯他人的情况下充分展示个性,等等。通过观察和模仿,大学生会渐渐发现,自己的人际交往能力会得到意想不到的改进。在学校里,每一个朋友都可以成为自己的良师,他们的热心、幽默、机智、博学、正直、沟通、礼貌等品德都可以成为自己的学习对象。当然,大学生也应当慷慨地帮助每一个朋友,试着做他们的良师和益友。

3. 提高人际交往的技能

大学生要养成良好的人际交往习惯,也要掌握一定的技能。第一,从自我做起,要有积极的自我心理暗示,即使自己处在不利的地位,也要鼓励自己,增强信心,用一种积极健康的心态,坦然诚实地走进学生群体。第二,主动与同学进行沟通,在交流中,有意识地把注意力调节到自身的优势上,使自己在交往过程中获得一种新的心理平衡。第三,在人际交往中,注重礼仪,平等待人,把交往中的每一个人都看成重要的人物。学会将心比心,防止多疑心理对人际交往产生负面的影响。第四,注重言谈举止,重视人际交往的语言把握。在交往过程中,针对心理承受程度,掌握谈话的分寸,了解批评的适度原则,表达的语言力求清楚、准确、简练、生动。同时要学会倾听,配合别人的谈话,尊重别人,理解别人,在听对方谈话时,要把握好自己的角色和定位,对对方要有足够的耐心和尊重。

4. 保持良好心态

大学生人际交往的状况是与交往双方的心理健康状况分不开的。要克服交往中的诸多障碍,确保交往顺利进行,自然要求交往双方保持一种良好的心态。首先要对交往双方有正确的认识,要有一颗平常心,把自己放在合理的平常人的位置上,避免居高临下的自傲心理。当自己在交往中暂居劣势而他人身处相对优势时,能保持内心的平静,并视之为平常之事,这有助于克服嫉妒心理;当自己在交往中遭受伤害或挫折时,能保持冷静并试图与对方心平气和地进行"对话"与"沟通",这有助于克服挫折心理;充分地尊重、信任他人,并学会正确、全面地了解他人,这有助于克服猜疑心理。其次,大学生还要善于调控情绪和情感状态。我们知道,情绪因素对人际交往的影响是极大的。大学生在人际交往中,要克服交往障碍,不能忽视情绪状态的影响。感情脆弱、多愁善感、好猜疑、意气用事的情绪状态都是不利于人际交往的。

5. 建立健全心理咨询体系

大学生建立良好的人际关系必须调整好交际心态,树立正确的价值取向。高校应该建立心理咨询体系,帮助大学生处理交际中遇到的困难。通过心理咨询这种形式引导有心理健康问题的大学生敞开心扉,引导大学生形成良好的处理人际关系的意识,引导大学生树立正确的世界观、人生观、价值观,帮助他们克服人际交往中存在的自卑、孤僻、自傲及嫉妒等心理,从而以良好的心态进行人际交往。每个人生活的主宰是自己,良好的人际关系是靠自己的人际交往能力来建立的,希望大学生通过对人际交往的意义的理解以及交往能力的培养,促进自身的人际关系。

案例:小A与小B是某艺术院校的大三学生,同住一个宿舍。入学不久,两个人成了形影不离的好朋友。小A活泼开朗,小B性格内向、沉默寡言。小B逐渐觉得小A像一位美丽的公主,而自己像一只丑小鸭,心里很不是滋味。小B认为小A处处都比自己强,把风头占尽,时常以冷眼对小A。大学三年级,小A参加了学院组织的服装设计大赛,并得了一等奖。小B得知这一消息,先是痛不欲生,而后妒火中烧,趁小A不在宿舍时将小A的参赛作品撕成碎片,扔在小A的床上。小A发现后,不知道怎样对待小B,更想不通为什么自己要被这样对待。

案例分析:小A与小B从形影不离到反目为仇的变化令人十分惋惜。引起这场悲剧的根源是两个字——嫉妒。

嫉妒心理是一种损人损己的病态心理,严重影响自己的身心健康,那么如何克服呢?具体做法如下。

(1)认清嫉妒的危害。如前所述,嫉妒不仅伤害了别人,而且伤害并贻误了自己。遭到别人嫉妒的人自然是痛苦的,嫉妒别人的人不仅影响了自己的身心健康,而且由于整日沉溺于对别人的嫉妒之中,没有充沛的精力去思考如何提高自己,这恰恰又继续延误了自己的前途,一举多害。认清这些是走出嫉妒误区的第一步。

(2)克服自私心理。嫉妒是个人心理结构中"我"的位置过于膨胀的具体表现。总怕别人比自己强,对自己不利。因此,要根除嫉妒心理,首先要根除这种心态的"营养基"——自私。只有驱除私心杂念,拓宽自己的心胸,才能正确地看待别人,悦纳自己。

(3)正确认识自我。客观公正地评价别人,也要客观公正地评价自己。别人取得了成绩并不等于自己的失败。强烈的进取心是人们成功的巨大动力,但冠军只有一个,尺有所短,寸有所长,一个人不可能事事都走在人前,争强好胜不一定能超越别人。一个人只要客观地认识自己的优势和劣势,现实地衡量自己的才能,为自己找到一个恰当的位置,就可以避免嫉妒心理的产生。

(4)换位思考。这是老百姓常说的一句俗语,在心理学上叫"感情移入"。当嫉妒之火燃烧时,不妨设身处地地为对方着想,扪心自问:"假如我是对方又该如何呢?"运用心理移位法,可以让自己体验对方的情感,这有利于理解别人,也有利于抑制不良的心理状态的蔓延,是有效避免嫉妒心理行为的办法之一。

(5)提高自己。嫉妒的起因是看不惯别人比自己强。如果能集中精力,不断地学习、探索,使自己的知识、技能、身心素质不断得到提高,那么也可以减少嫉妒的诱因。另外,用丰富多彩的课余生活将自己的闲暇时间填得满满的,自然也就减少了"无事生非"的机会,这是克服嫉妒心理最根本的方法之一。

(6)完善个性因素。嫉妒心理极强的人都是心胸狭窄、多疑多虑、自卑、心理失衡、个性心理素质不良的人。大学生应当努力完善自己的个性因素,提高自己的心理素质,以健康的心态面对生活。

(7)树立正确的竞争意识。以公平、合理为基础的竞争是向上的动力,对手之间可以互相取长补短,共同进步。

第五章 促进大学生体质健康的运动处方研究

我国学生形态发育水平(尤其是身高、体重等指标)呈增长趋势,但学生体质健康状况还存在许多不容忽视的问题,特别是耐力、速度、爆发力、力量等素质呈下降趋势,学生超重与肥胖率的不断增加、视力不良检出率居高不下等问题令人担忧,而造成这一问题的重要原因是学生缺乏体育锻炼。如何进行科学合理的体育锻炼已成为大家关注和思考的焦点。目前,以运动处方为形式的健身方案是实施科学合理锻炼的有效途径。"运动处方"是美国生理学家卡波维奇在20纪50年代提出的。1969年,世界卫生组织开始使用"运动处方"这一术语,"运动处方"一词由此在国际上被认可。应用体育锻炼的运动处方组织大学生进行课外体育锻炼是一种受学生欢迎的、科学的、行之有效的锻炼方法。

第一节 运动处方概述

一、运动处方的概念

"运动处方"是20世纪50年代由美国生理学家卡波维奇提出的,它是指导人们有目的、有计划、科学地进行锻炼的一种重要方式。运动处方是由医生、康复治疗师、社会体育指导员或体育工作者给患者、运动员或健身锻炼者按年龄、性别、健康状况、身体锻炼经历以及心肺适能和(或)运动器官的机能水平等用处方的形式制定的系统化、个性化的健身方案。

一个系统、个体化的运动处方基本成分包括适当的运动方式、运动强度、每次运动持续时间、运动频率和注意事项。2000年后,健身专家在运动处方的要素中又增加了"能量消耗"。对不同年龄、不同身体状态的人群来说,无论有无疾病或危险因素的存在,这六大要素都是构成运动处方的基本成分。按照运动处方有计划地进行健身锻炼,能够明显减少运动伤病的发生率,有效提高身体机能,达到预防和治疗某些慢性疾病的目的。一个理想的运动处方,应当包括健身锻炼的目标和健身锻炼的内容。

健身锻炼的目标是多样的,因此,根据生理功能和运动方式,身体活动有以下类别。

(1)柔韧性活动(伸展性活动):指促进提高关节柔韧性和灵活性的活动。如瑜伽、太极等各种伸展性活动。

(2)强壮肌肉活动:指保持或增强肌肉力量、体积和耐力的活动。如举哑铃、俯卧撑等日常各种负重活动。

(3)平衡性活动:指利于保持姿势的活动。如单腿站立、倒着走、平衡板练习等都属于平衡性活动。强壮肌肉的核心练习和下肢练习也都有助于提高平衡能力。

(4)健骨运动:指作用于骨骼并产生骨骼肌性和压力性负荷的活动。这类活动可以改善骨结构或骨密度,从而增加对于骨折的抵抗力。如蹦、跳等活动均属于健骨运动,同时也属于肌肉力量运动。

(5)高强度间歇训练:指包含大强度有氧运动并间或短时间低强度有运动恢复期的组合型活动。但是目前尚缺乏明确的有氧运动类型和强度建议,也缺乏明确的间歇周期时长的建议。

在制定运动处方时,基于个人的兴趣和健身的需要,其目标应有所侧重,对每个特殊的个体都应有特殊而明确的目标。预防慢性病(运动不足性疾病)的发生、改善慢性病患者的健康状况,是全民健身的最基本目标。

运动处方的基本目标包括:促进生长发育,防治某些疾病,保持健康,延缓衰老,增强体质,提高工作效率,丰富文化娱乐生活,调节心理状态,提高生活质量,学习掌握运动技能和方法,提高竞技水平。

在制定运动处方之前,首先应该明确健身锻炼的目标。例如:耐力运动处方的主要目标是提高心肺适能、减肥、调节血脂、防治动脉粥样硬化、控制和降低血压、降低血糖或减缓胰岛素抵抗等。力量和柔韧性运动处方的目标是增强某块肌肉或某一肌群的力量、增加某一部位的肌肉体积、增加某些关节的活动范围、增加胰岛素的敏感性、防治骨质疏松和关节疾病等。在康复锻炼运动处方中,首先要考虑康复锻炼的最终目标,如达到可使用辅助器具行走、恢复正常步态、恢复正常生活能力和劳动能力、恢复参加训练和比赛的能力等。在近期目标中,应规定当前康复锻炼的具体目标,如增加某个或某些关节活动范围至多少、增加某块或某一肌群的肌肉力量的大小、增加步行的距离等。

二、运动处方的基本内容

运动处方的基本内容应包括运动种类、运动强度、运动时间、运动频率、运动进度及注意事项等。

(一)运动种类

运动处方的运动种类有耐力性(有氧)运动、力量性运动及伸展运动和健身操。

1. 耐力性(有氧)运动

耐力性(有氧)运动是运动处方最主要和最基本的运动手段。在治疗性运动处方和预防性运动处方中,主要用于心血管、呼吸、内分泌等系统的慢性疾病的康复和预防,以改善和提高心血管、呼吸、内分泌等系统的功能。在健身、健美运动处方中,耐力性(有氧)运动是保持全面身心健康、保持理想体重的有效运动方式。

有氧运动的项目有:步行、慢跑、走跑交替、上下楼梯、游泳、自行车、功率自行车、步行车、跑步、跳绳、划船、滑水、滑雪、球类运动等。

2. 力量性运动

力量性运动在运动处方中,主要用于运动系统、神经系统等肌肉、神经麻痹或关节功能障碍的患者,以恢复肌肉力量和肢体活动功能为主。在矫正畸形和预防肌力平衡被破坏所致的慢性疾患的康复中,通过有选择地增强肌肉力量,调整肌力平衡,从而改善躯干和肢体的形态和功能。

力量性运动根据其特点可分为:电刺激疗法(通过电刺激,增强肌力,改善肌肉的神经控制功能)、被动运动、助力运动、免负荷运动(在减除肢体重力负荷的情况下进行主动运动,如在水中运动)、主动运动、抗阻运动等。抗阻运动包括等张练习、等长练习、等动练习和短促最大练习(等长练习与等张练习结合的训练方法)等。

3. 伸展运动和健身操

伸展运动和健身操较广泛地应用在治疗、预防和健身、健美各类运动处方中,主要的作用为放松精神,消除疲劳,改善体型,防治高血压、神经衰弱等疾病。

伸展运动和健身操的项目主要有太极拳、保健气功、五禽戏、广播体操、医疗体操、矫正体操等。

(二)运动强度

身体运动强度分为绝对强度(也称"物理强度")和相对强度(也称"生理强度")两类指标。同一种运动的绝对强度是一致的,而不同生理状态个体的疲劳感等相对强度可能存在较大差异。绝对强度是根据身体活动的绝对物理负荷量测定的强度水平,通常为普通健康成年人的某种运动测定结果。常用指标为代谢当量(Metabolism Equivalent,MET),也称梅脱。代谢当量是指相对于安静休息时运动的能量代谢水平,1 MET 相当于每分钟每千克体重消耗 3.5 mL 的氧或每千克体重每小时消耗 1.05 kcal(4.4 kJ)能量的活动强度。代谢当量是目前国际上反映运动绝对强度的常用指标。

相对强度则根据生理反应情况测定的强度水平,包括主观性的疲劳感和客观的心率水平、耗氧量等。

主观性的疲劳感常用指标为自觉运动强度量表[即伯格(Borg)量表,也称为 RPE 量表],其等级可以分为轻、中、重三个水平。

Borg 量表法常用 6~20 级的表。按照主观疲劳程度分级,中等强度通常在 11~14 的区间内。具体测量方法为:将主观的疲劳程度"6"作为最低水平(最大程度的轻松感,无任何负荷感),"20"作为最高水平(极度疲劳感),然后针对所进行的具体活动(如跑步)的疲劳感进行主观估计,以此判定个体的疲劳级别,不同个体的感觉可能存在明显差异。例如,慢跑对于职业运动员而言,可能感到非常轻松,主观的疲劳程度为"7"或"8",而对于一名很少锻炼的成年人,可能会感到比较吃力,主观的疲劳程度为"14"。Borg 量表详见表 5-1。

表 5-1 自觉运动强度(RPE)分级表

级别	6	7	8	9	10	11	12	13	14	15	16	17	18	19	20
RPE		非常轻		很轻			有点			稍累		累		很累	非常累

客观的心率水平、耗氧量等,常用指标为最大心率百分比(%HRmax)、最大耗氧量百分比(%VOmax)、靶心率等。运动时的心率作为训练时运动强度的监测指标,被称为目标心率或称靶心率。

1. 耐力性(有氧)运动的运动强度

运动强度是运动处方的核心及设计运动处方最困难的部分,需要有适当的监测来确定运动强度是否适宜。运动强度是指单位时间内的运动量,即运动强度=运动量/运动时间。而运动量是运动强度和运动时间的乘积,即运动量=运动强度×运动时间。运动强度可根据最大吸氧量的百分数、代谢当量、心率、自觉疲劳程度等来确定。

(1)最大心率的百分数。在运动处方中常用最大心率的分数表示运动强度,粗略估算最大心率的公式为 HRmax=220-年龄(岁)。目前 HRmax=207-0.7×年龄(岁),被认为可适用于所有年龄段和体适能水平的成年男女。运动中的心率可以通过颈动脉或四肢动脉触摸直接测量,测量时间可以为 10 秒,更方便的方法是采用有线和无线仪器设备监测心率。通常提高有氧适能的运动强度宜采用 60%~75% HRmax,这一运动强度的范围通常是 55%~70% VOmax。

(2)代谢当量。代谢当量是指运动时代谢率对安静时代谢率的倍数。1 MET 指每千克体重从事 1 min 活动消耗 3.5 mL 的氧,其活动强度称为 1 MET[1 MET=3.5 mL/(kg.min)]。1 MET 的活动强度相当于健康成人坐位安静代谢的水平。由于人体对不同强度身体活动的生理反应及相关的健康效应不同,因此通常需要衡量和区分身体活动的强度。依据绝对强度指标,即代谢当量水平,身体活动可以分为:⩾6 MET 为高强度活动;3～5.9 MET 为中等强度活动;1.6～2.9 MET 为低强度活动;1.0～1.5 MET 为静态行为活动。任何人从事任何强度的活动时,都可测出其吸氧量,从而计算出代谢当量,用于表示其运动强度。在制定运动处方时,如已测出某人的适宜运动强度等于多少 MET,即可找出相同 MET 的活动项目,写入运动处方。

(3)心率。除去环境、心理刺激、疾病等因素,心率与运动强度之间存在着线性关系。在运动处方实践中,一般来说,达最大运动强度时的心率称为最大心率,达最大功能的 60%～70% 时的心率称为"靶心率"或"运动中的适宜心率",日本称其为"目标心率",是指能获得最佳效果并能确保安全的运动心率。为精确地确定各个病人的适宜心率,须做运动负荷试验,测定运动中可以达到的最大心率或做症状限制性运动试验,以确定最大心率,该心率的 70%～85% 为运动的适宜心率。

(4)自感用力度。自感用力度是根据运动者自我感觉疲劳程度来衡量相对运动强度的指标,是持续强度运动中体力水平可靠的指标,可用来评定运动强度。在修订运动处方时,自感用力度可用来调节运动强度。自感用力度分级运动反应与心肺代谢的指标密切相关,如吸氧量、心率、通气量、血乳酸等。

2. 力量性运动的运动强度和运动量

(1)决定力量练习的运动量的因素。其一,参加运动的肌群的大小。大肌肉群运动的运动量大,小肌肉群运动的运动量小。例如:肢体远端小关节、单个关节运动的运动量较小,肢体近端大关节、多关节联合运动和躯干运动的运动量较大。其二,运动的用力程度。负重、抗阻力运动的运动量较大,不负重运动的运动量较小。其三,运动节奏。自然轻松的运动节奏运动量较小,过快或过慢的运动节奏运动量较大。其四,运动的重复次数。重复次数多的运动量大。其五,运动的姿势、位置。不同的运动姿势、位置对维持姿势和克服重力的要求不同,运动量也不同。

(2)力量练习的运动强度和运动量。力量练习的运动强度以局部肌肉反应为准,而不是以心率等指标为准。在等张练习或等动练习中,运动量由所抗阻力的大小和运动次数来决定。在等长练习中,运动量由所抗阻力和持续时间来决定。在增强肌肉力量时,宜逐步增加阻力,而不是增加重复次数或持续时间(大负荷、少重复次数的练习);在增强肌肉耐力时,宜逐步增加运动次数或持续时间(中等负荷、多次重复的练习)。在康复体育中一般较重视发展肌肉力量,而肌肉耐力可在日常生活活动中得到恢复。

3. 伸展运动和健身操的运动强度和运动量

(1)固定套路的伸展运动和健身操的运动量。有固定套路的伸展运动和健身操,如太极拳、广播操等,其运动量相对固定。太极拳的运动强度一般在4~5 MET或相当于40%~50%的最大吸氧量,运动量较小。增加运动量可通过增加套路的重复次数、动作的幅度、架子的高低等来完成。

(2)一般的伸展运动和健身操的运动量。一般的伸展运动和健身操的运动量可分为大、中、小三种。小运动量是指做四肢个别关节的简单运动、轻松的腹背肌运动等,运动间隙较多,一般为8~12节;中等运动量可做数个关节或肢体的联合动作,一般14~20节;大运动量是以四肢及躯干大肌肉群的联合动作为主,可加负荷,有适当的间歇,一般在20节以上。

(三)持续时间

1. 耐力性(有氧)运动的运动时间

运动处方中的运动时间是指每次持续运动的时间。每次运动的持续时间为15~60 min,一般须持续20~40 min;其中达到适宜心率的时间须在15 min以上。在计算间歇性运动的持续时间时,应扣除间歇时间。间歇运动的运动密度应视体力而定,体力差者运动密度应低,体力好者运动密度可较高。

运动量由运动强度和运动时间决定(运动量=运动强度×运动时间),国际通用的运动量一般用梅脱·分钟(MET·min)或梅脱·小时(MET·hour)表示,即一次具体身体活动的运动量(梅脱·分钟,MET·min)等于该活动强度(梅脱值)与持续时间(分钟)的乘积。一定时间内的活动量可以累积,不同类型身体活动的活动量也可以相加。例如,健康成人每天以4 km/h的速度走路30 min,每周5天。这项身体活动的运动量计算公式为

每天走路的活动量(MET·min)=3.0 MET × 30 min=90 MET·min

每周走路的活动量(MET·min)=90 MET·min ×5=450 MET·min

我国2011年推出了《中国成人身体活动指南(试行)》,该指南中将身体活动量的基本衡量单位定义为"千步当量"。该指标的提出是为了便于我国居民估计和折算各类身体活动的运动量或能量消耗。具体而言,1个千步当量相当于普通人中等速度(4 km/h)步行10 min(约1千步),即3 MET×10 min=30 MET·min的身体活动。另外,千步当量可以根据体重转换为能量消耗,也就是说,体重为60 kg体的人进行1千步当量的活动,约消耗能量132 kJ(31.5 kcal)。基于此,各种身体活动均可以用千步当量来衡量和换算不同的活动量。活动强度大,

代谢当量值高的身体活动,达到1个千步当量的身体活动量所需要的时间就短,反之,所需要的时间就长。例如,7 MET 的慢跑达到1个千步当量仅需要大约 3 min,4 MET 的骑车达到1千步当量则需要约 7 min。

在总运动量确定时,运动强度较大,则运动时间较短;运动强度较小,则运动时间较长。前者适宜于年轻及体力较好者,后者适宜于年老及体力较弱者。年轻及体力较好者可由较高的运动强度开始锻炼,年老及体力较弱者由低的运动强度开始锻炼。运动量由小到大,增加运动量时,先延长运动时间,再提高运动强度。

2. 力量性运动的运动时间

力量性运动的运动时间主要是指每个练习动作的持续时间,如等长练习中肌肉收缩的维持时间一般认为 6 s 以上较好。股四头肌的短促最大练习是负重伸膝后再维持 5~10 s。在动力性练习中,完成一次练习所用时间实际上代表动作的速度。

3. 伸展运动和健身操的运动时间

成套的伸展运动和健身操的运动时间一般较固定,而不成套的伸展运动和健身操的运动时间有较大差异,如 24 式太极拳的运动时间约为 4 min,42 式太极拳的运动时间约为 6 min。伸展运动或健身操的总运动时间由一套或一段伸展运动或健身操的运动时间、伸展运动或健身操的套数或节数来决定。

(四)运动频率

1. 耐力性(有氧)运动的运动频率

在运动处方中,运动频率常用每周的锻炼次数来表示。运动频率取决于运动强度和每次运动持续的时间。一般认为,每周锻炼 3~4 次,即隔一天锻炼一次,这种锻炼的效率最高。最低的运动频率为每周锻炼 2 次。运动频率更高时,锻炼的效率增加并不多,反而有增加运动损伤的倾向。

小运动量的耐力运动可每天进行。

2. 力量性运动的运动频率

力量练习的频率一般为每日或隔日练习 1 次。

3. 伸展运动和健身操的运动频率

伸展运动和健身操的运动频率一般为每日 1 次或每日 2 次。

(五)运动进度

根据运动处方进行适量运动的人,一般经过一段时间的运动练习后(大概 6~8 星期左右),心肺功能应有所改善。这时,在运动强度和运动时间方面均应逐渐加强,所以运动处方应根据个人的进度而修改。在一般情况下,运动训练促成体能上的进展可分为三个阶段:初级阶段、进展阶段和保持阶段。

1. 初级阶段

初级阶段指刚刚开始实行定时及有规律的运动的时候。在这个阶段并不适宜进行长时间、多次数和强度大的运动,因为肌肉在未适应运动前就接受高度训练很容易造成受伤。因此,对大部分人来说,最适宜采取强度较低、时间较短和次数较少的运动处方。例如,选择以缓步跑作为练习的运动员,应该以每小时4 km的速度进行,而时间和次数则应根据自己的体能而调节,不过每次的运动时间不应少于15 min。

2. 进展阶段

进展阶段指运动员经过初级阶段的运动练习后,心肺功能已有明显的改善,而改善的进度则因人而异。在这个阶段,一般人的运动强度都可以达到最大摄氧量的40%～85%,运动时间亦可每2～3周便加长一些。这个阶段是运动员体适能改善的明显期,一般长达4～5个月时间。

3. 保持阶段

保持阶段在训练计划大约进行了6个月之后出现。在这个阶段,运动员的心肺功能已达到满意的水平,而他们亦不愿意再增加运动量。运动员只要保持这个阶段的训练,就可以确保体魄强健。这时,运动员亦可以考虑将较为刻板沉闷的运动训练改为一些趣味较高的运动,以避免因枯燥而放弃继续运动。

(六)注意事项

1. 耐力性(有氧)运动的注意事项

适用耐力性(有氧)运动进行康复和治疗的疾病多为心血管、呼吸、代谢、内分泌等系统的慢性疾病。在按运动处方进行锻炼时,要根据各类疾病的病理生理特点、每个参加锻炼者的具体身体状况提出有针对性的注意事项,以确保运动处方的有效和安全。一般的注意事项应包括以下几方面。

(1)运动的禁忌证或不宜进行运动的指征。在耐力性(有氧)运动处方中,应有针对性地提出运动禁忌证,如心脏病病人运动的禁忌证有:病情不稳定的心力衰竭和严重的心功障碍;急性心包炎、心肌炎、心内膜炎;严重的心律失常;不稳定型、剧增型心绞痛;严重的高血压;不稳定的血管栓塞性疾病;等等。

(2)在运动中应停止运动的指征。在耐力性(有氧)运动处方中应指出须立即停止运动的指征,如心脏病病人在运动中出现以下指征时应停止运动:运动时上身不适,运动中无力、头晕、气短,运动中或运动后关节疼痛或背痛,等等。

(3)运动量的监控。在耐力性(有氧)运动处方中,须对运动量的监控提出具体的要求,以保证运动处方的有效和安全。

(4)要做充分的准备活动。

(5)明确运动疗法与其他临床治疗的配合,如糖尿病患者的运动疗法须与药物治疗、饮食治疗相结合,以获得最佳的治疗效果。运动时应避开降糖药物血浓度达到高峰的时间。在运动前、中或后,可适当增加饮食,以避免出现低血糖等现象。

2. 力量性运动的注意事项

(1)力量练习不应引起明显疼痛。

(2)力量练习前、后应做充分的准备活动及放松整理活动。

(3)运动时保持正确的身体姿势。

(4)必要时给予保护和帮助。

(5)注意肌肉等长收缩引起的血压升高反应及闭气用力时心血管的负荷增加。有轻度高血压、冠心病或其他心血管系统疾病的患者,应慎做力量练习;有较严重的心血管系统疾病的患者忌做力量练习。

(6)经常检修器械、设备,确保安全。

3. 伸展运动和健身操的注意事项

(1)应根据动作的难度、幅度等,循序渐进,量力而行。

(2)指出某些疾病应谨慎采用的动作,如高血压病患者、老年人等不做或少做过分用力的动作及幅度较大的弯腰、低头等动作。

(3)运动中注意正确的呼吸方式和节奏。

三、运动处方的作用

运动处方与普通的体育锻炼和一般的治疗方法不同,运动处方是有很强的针对性、有明确的目的、有选择、有控制的运动疗法。运动处方的生理作用主要有以下几个方面。

1. 运动处方对心血管系统的作用

运动处方主要是采用中等强度的以有氧代谢为主的耐力运动,即有氧运动。正常情况下,有氧运动对增强心血管系统的输氧能力、代谢产物的清除、调节做功肌肉的摄氧能力、组织利用氧的能力等有明显的作用。按运动处方锻炼,可使心率减慢、血压平稳、心输出量增加、心血管系统的代偿能力增强等。需要注意的是,在有心脏疾病的情况下要慎重,如儿童中常见的先天性主动脉瓣狭窄,运动后易疲劳,有氧运动能力降低,若勉强运动可发生昏厥、胸痛,少数甚至会猝死。

2. 运动处方对呼吸系统的作用

实施运动处方可增强呼吸系统的通气量、摄氧能力,改善呼吸系统的功能状态。

3. 运动处方对运动系统的作用

实施运动处方可增强肌肉力量、肌肉耐力和保持肌肉的协调性,以及恢复关节的活动幅度,促进骨骼的生长,刺激本体感受器,保存运动条件反射,促进运动系统的血液和淋巴循环,消除肿胀和疼痛,等等。

4. 运动处方对消化系统的作用

实施运动处方能促进消化系统的机能,加强营养素的吸收和利用,增进食欲,促进胆汁合成和排出,减少胆石症的发生,促进胃肠蠕动,防治便秘,等等。

5. 运动处方对神经系统的作用

实施运动处方能提高中枢神经系统的兴奋或抑制能力,改善大脑皮质和神经体液的调节功能,提高神经系统对各器官、系统的机能调节。

6. 运动处方对体脂的作用

实施运动时间长、运动强度中等的运动处方能有效地减少脂肪组织,达到预防疾病和健美的目的。

7. 运动处方对代偿功能的作用

因各种伤病导致肢体功能丧失时,人体会产生各种代偿功能来弥补丧失的功能。有的代偿功能可以自发形成,如一侧肾切除后,身体的排泄功能由对侧肾负担。而有的代偿功能则需要有指导地进行训练或刻苦训练,才能产生所需要的功能,如肢体残缺后,用健侧肢体代替患侧肢体的功能。运动处方对代偿功能的建立有重要的促进作用。

8. 运动处方对人的心理作用

运动能有效地释放被压抑的情感,增强心理承受能力,保持心理的平衡。在疾病的治疗和康复过程中,能增强患者治疗和康复的信心,有助于疾病的恢复;按预防、健身、健美的运动处方运动,可保持良好的情绪,使人的工作、学习更积极、更轻松。

四、运动处方的发展

(一)国内健身运动处方的发展

我国对现代健身运动处方的研究和应用起步于20世纪70年代。1980年,哈尔滨医科大学附属学院运动医学学科开设了"健身运动处方"咨询门诊,较早地把健身运动处方运用于医疗保健实践中。1988年,北京体育大学出版社出版了杨静宜的《体疗康复》一书,系统地阐述了医疗体育的康复原理。80年代,我国开始对健身运动处方进行研究。我国学者提出了"健身运动负荷价值"的理论,并进行健身运动负荷标准试验。1982年,湖南省教科所运用健身运动负荷价值的理论在中学进行实验研究,对该理论进行验证。1987年以来,中国高等教育学会体育研究会主办的学术刊物《体育学通讯》开始连续介绍国内外关于健身运动处方的研究信息,使我国的一些学者对健身运动处方的理论和研究有了进一步认识。1991年,由北京师范大学田继宗教授申请并承担的国家"八五"课题——"增强学生体质的实验研究",开始对健身运动处方进行较为系统的实验研究工作。1993年,黑龙江科学技术出版社出版发行了刘纪清、李国兰编写的《实用健身运动处方》,详细地介绍了制定健身运动处方的方法和程序。1996年,任建生编写的《心血管运动生理与健身运动处方》,反映了心血管研究与健身运动处方领域的新的进展。

(二)国外健身运动处方的发展

1. 德国关于健身运动处方的现代研究

1953年,德国的黑廷格和缪拉发表关于不同运动强度、持续运动时间和频率对人体产生不同影响的论文,对健身运动处方的兴起起到了积极的作用。从1954年起,德国 Hollmann 研究所对健身运动处方的理论和实践进行了大量研究,成绩卓著。它制定出健康人,中年人,运动员以及高血压、心肌梗死、糖尿病、肥胖病等病人的各类健身运动处方,并对市民进行健身运动处方的指导和咨询。德国有专门的健身运动处方医院和专科,在各个大型康体休闲娱乐场所设有健身运动处方室,人们锻炼前到这些专业康体医生处测试生理机能、体能情况,再选定适合本人的运动项目,测定练习量的多少和每周几次,同时,康体医师会告知如何饮食配合运动。

2. 日本关于健身运动处方的现代研究

日本在1965年就有几位生理学家介绍和提倡研讨处方问题,为了解决运动锻炼存在的不讲科学问题,日本学者开始对健身运动处方进行研究。在日本东京大学运动生理教授猪饲道夫的倡议下,日本在1970年成立了"日本体育科学中心"。为了制定针对其国人的健身运动处方,日本学者首先调查研究日本、美国、英国等国家民众健康的情况及原因,接着又调查了日本民众自己的情况,研究了日本人历年的营养情况及运动对冠状动脉硬化、脑溢血、高血压等的作用。

1971年,日本开始研究科学地增进健康的依据,并成立了健身运动处方专门委员会,开始了从事健身增强体质等实验研究。该委员会从1971年到1973年进行了基础理论研究,进而对健身运动处方的基本原理、实施过程进行研究。1973年到1980年,日本一方面继续研究,一方面推广健身运动处方的具体方法。在健身运动处方的基本原理、健身运动处方的实施及医学等方面取得了一定的成果,并编写了《日本健身运动处方》一书。与此同时,日本相关学者花费了一年多的时间,经过认真的探索,拟出了适用于各种健身运动处方的医务监督方案。到了这个时候,日本健身运动处方已基本形成。

日本政府从20世纪80年代开始,提出体育发展的基本任务。正如1980年江桥慎四郎在《日本体育70年代总结和80年代展望》一文中写道:日本体育发展的基本任务,一是推广和应用健身运动处方的理论和方法;二是改善体育设施,并在大、中、小学的学校体育中推广健身运动处方。此举收到明显的效果,学生的身体素质有了很大的提高。

3. 美国关于健身运动处方的现代研究

美国自20世纪60年代开始研究健身运动处方,美国路易安那州高中"保健体育系"专门开设健身运动处方课程。美国对健身运动处方的研究始于军医库伯,20世纪60年代末70年代初,库伯困惑于"怎样才能评定运动后的效果"。库伯经过认真研究,发现要解决这个问题,就必须根据每个人的情况开健身运动处方,也就是说,必须确定适当的运动量,以保证从事各项运动能收到效果。库伯考虑到他有许多有利条件可以完成这件事,因为他是医生,学过运动生理,工作又是专门指导飞机驾驶员和宇宙飞行员从事体育锻炼,又有条件使用非常精密的测试仪器,并且愿意做他测试对象的人不计其数,所以他进行了大量测试,获得了关于运动不足对人体影响的大量数据。在此基础上,他创造了闻名世界的耐力测试法——有氧训练法,特别是他创始的"12 min 跑测试法"被沿用至今。库伯根据耐力测试结果,制定了五类体力标准。运动者把自己的体力纳入相应的一类进行锻炼,锻炼者达到规定的体力标准之后,即可按照库伯制定的分数表定出健身运动处方。这种有氧锻炼方法很快风靡美国。据统计,1984年,得克萨斯州有20%的居民参加了这项运动,佛蒙特州将其作为预防医疗手段推行。纽约联邦安全委员会则命令市长制定了一项有氧锻炼大纲并提供给市民。在随后的十几年里,美国有关专家学者们对身体素质的内涵、对不同层次人的健身计划、对运动与休闲的规划等方面进行研究,先后发表了许多有关研究文章和著作。

美国政府在此基础上,提出1990年前应争取达到的目标,进而制订了"2000年健康人计划",计划包括3个总目标、22个子目标。在22个子目标中,体育目标排在第一位。该目标的引导机构是美国总统体育与健身委员会,委员会组织专家制定出"成年人有氧锻炼健身运动处方",指导大众科学健身,使健身运动处方的应用成为实施体育健康目标的重要措施。

1995年,为了更好地推行健身运动处方,美国运动医学会提出一个健身运动处方的建议——"FITTP",它的内容包括:F——Frequency(频率);I——Intensity(强度);T——Time(时间);T——Type(性质);P——Progression(进度)。

4. 加拿大关于健身运动处方的现代研究

加拿大对健身运动处方的研究是随着人们生活水平的提高而自发开始的。在20世纪80年代,由于高负荷的工作和激烈的竞争,人们开始重视身体的价值。由于经常参加有益于身体的健身活动的人数不断增加,有关学者通过这一现象开始有目的地实施运动锻炼计划,并从中对持之以恒和中途退出者进行调查,调查的目的是收集资料并基于此制订出更加有效的、符合人们身心健康目标的计划。经过数年的研究,加拿大金斯顿皇家高中的加·里德和约翰·汤姆撰写了《健身运动处方》一书,于1985年由美国正式出版。

综上所述,健身运动处方是在身体测评的基础上,根据锻炼者身体的需要,按照科学健身的原则,以生理学为理论依据,以体检数据为基础,以身体练习为基本手段,以增强体质、促进身心健康和身体全面发展为主要目标,以提高生活质量为根本目的,以处方的形式,针对人们自身特点和身体状况来制定其运动的频率、强度、时间、性质、进度,为锻炼者提供的一种科学的、定量化的、指导性的运动锻炼方案,并以此为出发点,使人们掌握其方法和手段,培养运动习惯,以便达到增强体质的目的。现代健身运动处方在继承古代健身理念的基础上,通过人们的不懈努力和研究,将健身理念和现代科技相结合,从现代人体质的实际情况出发,引导人们科学地锻炼身体,建立终身锻炼的理念。

第二节 运动处方的制定原则与步骤

一、运动处方的制定原则

1. 因人而异的原则

运动处方必须因人而异,切忌千篇一律,要根据每一个参加锻炼者或病人的具体情况制定出符合个人身体客观条件及要求的运动处方。不同的疾病,运动处方不同;同一疾病在不同的病期,运动处方不同;同一个人在不同的功能状态下,运动处方也应有所不同。

2. 有效的原则

运动处方的制定和实施应使参加锻炼者或病人的功能状态有所改善。在制定运动处方时,要科学、合理地安排各项内容;在运动处方的实施过程中,要按质、按量地认真完成训练。

3. 安全的原则

按运动处方运动,应保证在安全的范围内进行,若超出安全的界限,则可能发生危险。在制定和实施运动处方时,应严格遵循各项规定和要求,以确保人员安全。

4. 全面的原则

运动处方应遵循全面身心健康的原则,在运动处方的制定和实施过程中,应注意维持人体生理和心理的平衡,以达到"全面身心健康"的目的。

二、运动处方的制定步骤

运动处方的制定应严格按照运动处方的制定制度进行,首先应对参加锻炼者或病人进行系统的检查,以获得制定运动处方所需要的全面资料。运动处方的制定步骤包括一般调查、临床检查和功能检查、运动试验及体力测验、制定运动处方、实施运动处方、运动中的医务监督、运动处方的修改等。

(一)一般调查

通过运动处方的一般调查可了解参加锻炼者或病人的基本健康状况和运动情况,一般调查应包括询问病史及健康状况、了解运动史、了解健身或康复的目的和了解社会环境条件等。

(1)询问病史及健康状况。病史及健康状况应包括既往病史、现有疾病、家族史、身高、体重、目前的健康状况、疾病的诊断和治疗情况,女性还须询问月经史和生育史。

(2)了解运动史。在一般调查中应了解参加锻炼者和病人的运动经历、运动爱好和特长、目前的运动情况(是否经常参加锻炼、运动项目、运动量、运动时间、运动中后期的身体反应等)、在运动中是否发生过运动损伤等。

(3)了解健身或康复的目的。一般调查应了解参加锻炼者或病人的健身或康复的明确目的及对通过运动来改善健康状况的期望等。

(4)了解社会环境条件。一般调查应了解参加锻炼者或病人的生活条件、工作环境、基本的经济状况、可利用的运动设施和条件、有无健身和康复指导等。

(二)临床检查和功能检查

运动处方的临床检查主要包括运动系统的检查、心血管系统的检查、呼吸系统的检查、神经系统的检查等。

1. 运动系统的检查

(1)肌肉力量的检查和评定。①肌肉力量的检查和评定。主要方法有手法肌力试验、器械测试和围度测试等。②肌肉力量耐力的测试。该测试可通过肌肉重复某动作次数或持续的时间来间接表示肌肉的力量耐力。③肌肉力量检查的注意事项。测试前须做简单准备活动,测试的姿势和位置要正确,测试动作要标准化,避免在运动后以及疲劳时或饱餐后进行肌肉的测试。④肌肉力量评定的注意事项。若采用不同的测试方法,其结果不同,缺乏比较性。进行每次肢体肌力的测试,须做左右对比(因为健康肢体的肌力也有个体差异及生理性波动),一般两侧差异大于 $10\%\sim15\%$ 时有意义。⑤肌肉力量检查的禁忌证。一是有高血压或心脏病的患者,慎用肌力测试;有较严重心血管系统疾病的患者,禁用肌力测试。二是运动时有肢体疼痛、运动系统慢性损伤等,进行肌力测试时应小心;有积液、急性运动损伤等,禁用肌力测试。三是关节活动度受限时,只做等长或短弧等速的测试。

(2)关节活动度的检查。关节活动度是评定肢体运动功能的基本指标和评定关节柔韧性的指标。

一是主动关节活动度和被动关节活动度的检查。主动关节活动度是指患者主动活动关节时关节活动度的大小,被动关节活动度检查是指在步态下进行正确的诊断。

二是摄影分析。用摄像机将步态拍摄下来,选择其中的关键画面进行分析。用此方法可保存步态的资料,便于进行前后对比。

三是步态分析室分析。由三维测力仪、调整摄像机、录像机、解析仪、肌电图仪、计算机、气体分析仪等设备组成的步态分析室,可对步态进行综合的分析评定。

2. 心血管系统的检查

心血管系统的检查包括静态检查和动态检查。常用的心血管系统的指标有心率、心音、心界、血压、心电图等。心血管系统的功能检查一般采用定量负荷试验,常用的有台阶试验、一次负荷试验、联台机能试验等。

(1)心率。正常的窦性心率为 60～100 次/min。心率超过 100 次/min,称为心动过速;心率低于 60 次/min,称为心率过缓(经过系统训练的运动员的心率常低于 60 次/min,是心功能良好的表现,称为心动徐缓)。

(2)心音。心脏在一个心动周期内,可以产生 4 个心音。正常情况下,一般检查心脏时能听到第一心音和第二心音。在检查儿童少年的心音时,常可听到第三心音,而成人出现第三心音时,属于病理性的可能性较大。婴幼儿和中老年人心脏正常时有时可听到第四心音。心脏出现异常的声音为心脏杂音。在心脏舒张期出现杂音,常表示心脏有器质性病变。在心脏收缩期出现的杂音,可分为生理性杂音和病理性杂音两类,生理性杂音在儿童少年中较多见。出现心脏杂音时,应进行进一步的检查,以确定心脏杂音的性质和分级。

(3)心界。心界常采用 X 线测量的方法,在胸片上测量心脏的横径、纵径和宽径,可用以下公式计算:

实测心脏面积=0.701 9×纵径×宽径+2.096

预计心脏面积(cm^2)=0.620 7×身高(cm)+0.665 4×体重(kg)-42.794 6

用心脏实测面积与心脏预计面积进行比较,若超过预计心脏面积的 10% 以上时,即认为有心脏肥大的现象。在出现心脏肥大的现象时,应进一步进行检查。

(4)心电图。心脏的特殊激动传导过程可以通过心电图仪,将每一心动周期中的生理电流的变化记录下来。通过对心电图上各种波的分析,可以判断心脏的功能。

(5)血压。健康成人的收缩压为 12～17.3 kPa(90～130 mmHg),最高不超过 18.7 kPa(140 mmHg);舒张压为 8～11.3 kPa(60～85 mmHg),最高不超

过 12 kPa(90 mmHg);脉压为 4～5.33 kPa(30～40 mmHg)。

(6)定量负荷试验。定量负荷试验有台阶试验、一次负荷试验、联合机能试验、PWC 170 等。

3. 呼吸系统的检查

呼吸系统的功能检查包括肺容量测定、通气功能检查、呼出气体分析、屏气试验、日常生活能力评定等方面。常用的指标有如下。

(1)肺活量。肺活量是测定肺容量最常用的指标,是指深吸气后,做最大呼气的气量。正常值为:男性 3 470 mL,女性 2 440 mL。

(2)5 次肺活量试验。让受试者连续测量 5 次肺活量,每次间隔 15 s(呼吸时间在内),记录每次肺活量的结果。5 次肺活量值基本相同或有增加者为机能良好,逐渐下降者为机能不良。

(3)肺活量运动负荷试验。先测安静时的肺活量,然后进行定量负荷运动,运动后即刻测量肺活量,共测 5 次,每 1 min 测 1 次,记录测量结果。评定方法与 5 次肺活量试验相同。

(4)时间肺活量。时间肺活量也称用力呼气量,是指一次尽力深吸气后,快速用力将气体呼出,前 3 s 呼出气量占肺活量的百分比。正常情况下,第一秒时间肺活量低于 70%,老年人低于 80%,表示有气道阻塞。

(5)最大通气量。最大通气量是指单位时间内所能呼吸的最大气量,能反映通气功能的潜力。测定时让受试者快速深呼吸 15 s,测定其通气量,乘以 4 则为每分钟的最大通气量。男性正常值为 104 L,女性正常值为 82 L。

(6)闭气试验。闭气试验是让受试者安静、处于座位,分别测量深吸气后的闭气时间和深呼气后的闭气时间,记录结果。正常时,吸气后的闭气时间,男性为 40 s 左右,女性为 25 s 左右;呼气后的闭气时间,男性为 30 s 左右,女性为 20 s 左右。

(7)呼吸气体测定。使用呼吸气体分析仪,测定通气量、吸氧量、二氧化碳排出量等各项气体代谢指标。

4. 神经系统的检查

(1)植物性神经系统的功能检查。一是卧倒—直立试验。让受试者卧床休息 3 min 后测 1 min 的心率,然后站立,再测 1 min 的心率,比较前后两次的心率。正常时心率数每分钟增加 12～18 次,若超过正常值,表示交感神经兴奋性增强;若增加次数在 6 次以下,表示交感神经兴奋性减弱。

二是直立—卧倒试验。测受试者安静时 1 min 的心率,然后让受试者缓慢躺下,15 s 后再测 1 min 的心率,比较前后两次的心率。正常时心率数每分钟减少 6～10 次。若超过正常值,表示迷走神经兴奋性增强。

(2)视、听、味觉及体表感觉神经功能检查。一是视神经检查。视神经检查包括视力检查(远视力和近视力检查)、视野检查、眼底检查等。二是听觉神经检查。听觉神经检查包括一般听觉神经检查、空气传导检查、骨传导检查等。三是神经检查。神经检查可采用"双指(臂)试验""指鼻试验""转椅试验"等。四是味觉检查。味觉检查包括对酸、甜、苦、咸等味觉的检查。五是皮肤感觉检查。皮肤感觉检查包括对皮肤的痛觉、触觉、温度觉等浅感觉的检查。

(3)反射。一是浅层反射。浅层反射是刺激皮肤或黏膜而引起的反射,常用的有角膜反射、腹壁反射、足趾反射等。二是深层反射。常用的深层反射有二头肌腱反射、三头肌腱反射、桡骨骨膜反射、膝腱反射、跟腱反射等。

(4)神经肌肉功能检查。神经肌肉功能检查在康复医学中有重要的意义,包括坐位平衡、移动平衡、站立平衡、日常生活技巧、步行检查等。

此外,还有肾功能检查、肝功能检查、代谢功能检查等。

(三)运动试验

运动试验是评定心脏功能、制定运动处方的主要方法和重要依据。运动试验方法的选择应根据检查的目的和被检查者的具体情况而定。目前最常用的运动试验是用逐级递增运动负荷的方法测定,测定时采用活动平板(跑台)和功率自行车。递增负荷运动试验是指在试验的过程中逐渐增加负荷强度,同时测定某些生理指标,直到受试者达到一定运动强度的一种运动耐量试验。

1. 运动试验的应用范围

一是为制定运动处方提供依据。运动试验能为制定运动处方提供可靠的依据。进行运动试验能提高在运动处方实施中的安全性。二是冠心病的早期诊断。运动试验(用心电图监测)是目前最常用的诊断冠心病的非创伤性检查方法之一,其敏感性可高达到 $60\%\sim80\%$。三是评定冠心病的严重程度及心瓣膜疾病的功能。运动试验(用心电图监测)可作为半定量指标用于评定冠心病的严重程度。运动试验可用来评定心瓣膜疾病的功能。四是评定心脏的功能状况。运动试验是评定心脏功能状况的有效方法。五是评定体力活动能力。运动试验可用于评定体力活动的能力。六是发现运动诱发的潜在的心律失常。运动试验可用于发现运动诱发的心律失常,其检出率比安静时的检出率高 16 倍。七是评定治疗效果。运动试验的重复性较好,可用来作为康复治疗效果的评定指标。八是其他运动试验。可用在观察运动的科研中,用于筛选特殊职业的人员等。

2. 运动试验的方法

运动试验常用的方法有活动平板(跑台)和功率自行车。

(1)活动平板运动试验。活动平板是一种改变坡度和速度的步行器。活动平板运动试验最常用的是 Bruce 方案,即让受试者在活动平板上行走,每 3 min

增加一级负荷(包括速度和坡度),负荷共分七级,运动中不休息,运动中连续用心电图监护。

活动平板运动试验的优点包括:运动方式自然,较接近日常活动的生理特点;是全身运动,容易测得最大运动强度;诊断的敏感性和特异性较高;运动强度固定,可直接测得 MET 值;可供儿童测试;在实验中连续用心电图监测,提高了实验的安全性。

活动平板运动试验的主要缺点有噪声大、价格较贵、占地面积较大、运动强度较大时不易测定生理指标、在运动中要加强保护等。

(2)功率自行车运动试验。功率自行车运动试验是让受试者连续蹬功率自行车,通过逐步增加蹬车的阻力而增加运动负荷,共有七级运动负荷,每级运动 3 min。在测定的过程中,连续用心电图监测,并定时测量血压。功率自行车运动试验的优点有:噪声小、价格较低、占地面积较小、运动时上身相对固定;测量心电图、血压等生理指标较容易,受试者的心理负担较小、运动较安全,适合年龄大、体力较弱的受试者使用;等等。

功率自行车的主要缺点有:对体力较好的人(如经过系统训练的运动员)而言,常达不到最大的心脏负荷;对体力较差尤其是两侧下肢肌肉力量不足者,常不能达到运动试验的目的;由于局部疲劳,因此所测得的结果低于活动平板运动试验;等等。

3. 运动试验的禁忌证

一是严重的心脏病,如心力衰竭、严重心律失常、不稳定的心绞痛和肌肉梗死、急性心肌炎、严重的心瓣膜病等;二是严重的高血压;三是严重的呼吸系统、肝、肾疾病、贫血及内分泌病等,如严重的糖尿病、甲亢等;四是急性炎症、传染病等;五是下肢功能障碍、骨关节病等;六是精神疾病发作。

4. 运动试验的中止指标

在运动试验中出现以下症状应立即中止运动。

(1)运动负荷增加,但收缩压降低。

(2)运动负荷增加,但心率不增加或下降。

(3)出现胸痛、心绞痛等。

(4)出现严重的运动诱发的心律失常。

(5)出现头晕、面色苍白、出冷汗、呼吸急促、下肢无力、动作不协调等。

(6)病人要求停止运动。

5. 运动试验的注意事项

(1)避免空腹、饱餐后即刻进行运动试验。

(2)运动试验前两小时禁止吸烟、饮酒。

(3)试验前停止使用影响试验结果的药物,如因病情需要不能停药的,在分析试验结果时应充分考虑药物的影响因素。

(4)运动试验前一天内不进行剧烈的运动。

(5)运动试验前休息 0.5 h 左右。

(四)体力测验

体力测验必须是运动负荷运动无异常的人才能进行。体力测验包括运动能力(肌力柔韧性等)测验和全身耐力测验。全身耐力测验的运动方式是采用有氧运动,包括走、跑、游泳三种方式,目前较多采用的有定运动时间的耐力跑(如 12 min 跑测验)。

参加 12 min 跑测验的人的条件:35 岁以下,身体健康者;有半年以上运动经历者;按库珀介绍的锻炼计划进行 6 周以上锻炼者。

12 min 跑测验的方法:为了保证 12 min 跑测验的安全性和准确性,在进行 12 min 跑测验前,应先进行 6 周的准备练习。

在 12 min 跑测验前应安排 6 周的准备练习时间,每周练习的次数为 1～3 次,练习的内容可参考库珀介绍的锻炼计划,即分 4 个阶段进行以下练习:一是 12 min 以快走为主,中间穿插慢跑;二是 12 min 步行与慢跑交替;三是 12 min 慢跑;四是 12 min 按测验要求尽力跑。

普通人在进行一个阶段的锻炼后,应不感到没有信心或非常疲劳,才能从上一阶段进入到下一阶段的练习。经常进行耐力练习的人,可以直接从第二阶段、第三阶段或第四阶段开始。经过系统训练的人,最少也应在正式测验前进行一次测验跑。

12 min 跑测验的方法:最好用 400 m 的田径跑道,每隔 20 m 或 50 m 用标志表示;测验前应做充分的准备活动;测验中出现不适或异常症状,应减慢速度或停止运动;完成 12 min 后,应进行放松整理运动,不要即刻停止运动;记录受试者在 12 min 内所跑的距离。

第三节 运动处方的实施与监控

一、改善心肺功能的运动处方的实施与监控

根据美国运动医学会的有关研究,改善心肺功能的运动处方应符合下列标准要求。

1. 运动形态

任何使用身体大肌肉群,而且具有节律性与有氧形态的身体活动,可以长时间持续进行。如跑步、步行、游泳、溜冰、骑自行车、划船、滑雪、跳绳以及多种耐力性的运动。

2. 运动强度

以脉搏数作为指标,运动时的每分钟脉搏数应达到最大脉搏数(可以用220减去个人的年龄作为预测值)的70%～90%的范围,视为合适的运动强度。如一位40岁的正常人,他的最大脉搏预测值为180次/min,而他合适的运动强度应是运动脉搏数介于在每分钟126次/min(180次×70%)与160次/min(180次×90%)之间。超出这个范围即表示运动强度不足或太强了。

3. 运动持续时间

以前述的运动强度持续进行20～60 min。通常情况下,持续时间需与运动强度配合。如果运动强度较弱,则持续时间就偏长;相反,运动强度若偏强,则运动持续时间就可以短些。但是,调整的范围仍然必须在指定的上下限之间。

4. 运动频数

原则上,每两天进行一次有氧运动。如果以周为作息单位,则至少实施三次,譬如每周的一、三、五或二、四、六按规律实施。最多则是每天进行一次,但这不是绝对必要的,尤其必须慎防休息不足所引发的过度疲劳或增加运动导致的危险。

二、慢跑的运动处方的实施与监控

运动处方中,慢跑是"有氧代谢之王",优点是安全省时、见效快、易控制、随时进行。慢跑运动量由强度、时间决定。年轻、体力好的人可以强度大、时间短;年老、体力弱者宜强度小、时间略长。时间和强度要慢慢增加,因为下肢承受力大,易引起膝痛。坚持慢跑健身,可以调动体内抗氧化酶的积极性,起到抗衰老的作用。此外,还能增强血液循环,改善心脏功能与大脑供血功能,保证脑细胞的氧供应,防止脑动脉硬化。选择跑步,最好每周3次,每次10～20 min。若是长跑训练,则每次15～20 min,跑2 000～3 000 m为宜,可根据自身的体能调整速度。

慢跑之前,先原地站立或缓慢行走,放松形体,调匀呼吸,集中注意力,然后再迈开双腿,缓慢小跑。呼吸自然、均匀,全身放松,保持愉悦心情,排除一切杂念,这是强身健体的有效方法。慢跑过程中,步子可迈得大一些,但每一步都要踏得稳,两臂前后摆动,尽量用前脚掌着地,以增强锻炼效果。体弱者宜采用全脚落地,这样有利于步子踏稳、踏实。跑步时间的长短视身体情况而定,以全身微微出汗为准,待身体耐力增加后再延长时间。

初练慢跑,宜短距离,以后逐渐加长。体弱多病者,常常稍跑几步就气喘出汗,这说明身体耐力已丧失,因此须设法锻炼。这种情况下,可用慢跑—快步—慢跑的办法锻炼,随着体力的增加,再逐渐减少步行量,增加慢跑运动量。慢跑结束后,要继续行走一段距离,做深呼吸和伸展、扩胸运动,使全身彻底放松。

1. 慢跑注意事项

(1)冬季跑步锻炼,不仅能增强体质、增强机体的耐寒能力,还能培养坚强的意志。但由于冬季气温较低,体表的血管遇冷收缩,血液流动缓慢,肌肉的黏滞性增高,慢跑爱好者们在锻炼时应当做好准备活动。

(2)清晨跑步前,最好先喝一杯温开水,以补充水分,增加血流速度。出门前,要排空大小便,搓揉双手及头部、面部,以增加这些部位的血液循环,并将四肢、胸、背、腹腰等部位充分活动开,可以做操或小步慢跑。还要根据气温变化增减衣服,并选择松软舒适的跑鞋。在马路上跑步要注意交通安全,动作不要过猛,要保持肢体活动协调平稳,用前脚掌或前脚掌外侧着地,然后过渡到全脚掌着地。这样既可以减少膝关节损伤,又可以节省体力,提高速度。

(3)口鼻并用。用鼻子呼吸虽然有利于保证空气的温度和清洁度,但在呼吸又深又急的情况下,只用鼻子呼吸就不能满足机体需要了。这时需要用嘴协助呼吸,但嘴不要张得太大,可以半张,并让舌尖接近上颚,以免咽部过干,同时可减少因冷空气大量吸入而出现的咽痛、胸痛或腹痛等问题。

(4)运动要适度。当出现疲乏、食欲不振、对锻炼有厌倦感觉时,除了某些特殊情况,很有可能是运动量过大引起的,此时应减少运动时间,进行一些其他形式的锻炼,以达到持续锻炼的效果。尤其遇雨雪天气,可改为在室内锻炼,比如进行原地跑或支撑高抬腿跑等,以防发生外伤。

2. 慢跑后"五不宜"

(1)不宜立即吸烟。运动后马上吸烟会产生胸闷、气喘、乏力等症状。

(2)不宜马上洗浴。如果马上洗浴,容易使血液过多地进入肌肉和皮肤,导致心脏和大脑供血不足。

(3)不宜贪喝冷饮。喝下大量的冷饮容易引起胃肠痉挛、腹部不适或腹泻。

(4)不宜蹲坐休息。运动后马上蹲下休息不利于下肢血液回流,影响血液循环,容易增加机体的疲劳感。

(5)不宜立即进食。运动后马上进食会加重消化器官的负担。

3. 慢跑后"三忌"

(1)忌骤然降温。人在运动后身体发热,如果骤然降温,可能引起生理机能的紊乱而导致神经系统失调,引发疾病。

(2)忌暴饮。运动后出汗较多,会出现口干舌燥的现象。此时切忌暴饮,应先用水漱口后,再喝几口温开水解渴。

(3) 忌体温烘衣。运动后出汗湿了衣服,此时切不可懒于换内衣而借体温烘干内衣。否则容易着凉,从而引起感冒、哮喘、腹泻等疾病。

另外,慢跑时要掌握正确要领,调整呼吸,两步一吸,两步一呼。用鼻和半张口同时呼吸。常规健身跑应先从 1 000 m 开始,每月增加 1 000 m,至 3 000～5 000 m 即可,速度为 1 000 m/8 min,每周 3 次。女子在青春期体力最强,要抓紧时间锻炼,提高体力。

三、减轻体重的运动处方的实施与监控

要消除腰腹部的赘肉,人们首先想到的是做仰卧起坐,经过一段时间后,大部分人除了把脂肪下面的肌肉练坚实了以外,不会发现围度有明显的变化。为了证实这一现象,美国麻省理工学院、堪萨斯大学运动科学系与体育系的 4 名教授在 1981 年组织了一次实验。13 个没有运动习惯、平均体重为 76.9 kg、平均身高为 1.75 m 的男子进行了 27 天的仰卧起坐练习,每五六天一个阶段,从第一天的 10 组、每组 7 次开始,到最末一天的 14 组、每组 24 次,27 天中每人做了 5 000 次仰卧起坐。实验最后的测量显示出令人失望的结果,他们的平均体重从 76.9 kg 减到了 76.1 kg,脂肪含量从 11.6% 减到 11%,而腰围则从 83 cm 长到了 84 cm。从统计学角度讲,这些变化都是微不足道的。

为什么仰卧起坐不能消除腹部的脂肪呢?原因是人体的能量供应是一个非常一体化的整体系统,任何部位的肌肉都不能"就地取材"式地从最近的脂肪堆积处得到能量,而必须靠血液运来储存在血液、肝脏以至全身脂肪中的糖原,动用脂肪能量的前提是至少持续运动 20 min,并保持心率在最高心率的 55% 以上(最高心率为 220 减去年龄)。这时血液及肝脏中的糖原消耗完了,脂肪才能被利用。明白了这个道理,我们就知道了什么是最有效的减肥运动——低强度、长时间的有氧代谢耐力项目,例如快速走、慢跑、游泳、走台阶、骑车、健美操等一切可以持续 20 min 以上、保持心率在一定水平的运动。什么是理想的减肥速度呢?一般人慢跑 1 min 消耗 15 kcal 左右热量(体重越大消耗越多),而 1 kg 的脂肪是 3 500 kcal。如果每天慢跑 30 min,在饮食没有变化的情况下,一星期可减 1 kg。当然这只是理论上的计算,实际上运动后多少都会多吃一点儿,专家建议的减肥速度是一星期 0.5 kg,这样减下来的体重才不易反弹。

那么,卧仰起坐还要不要做?可以做,但一周两次,每次两组就够了。加强腹肌力量可以防止腰背损伤,是很有益处的。在各种减肥方法难辨其真伪的今天,越来越多的人更相信饮食均衡,再配合适当的运动,便是科学、有效的减肥好方法。有专家指出,并非所有运动都对减肥有帮助,不适当的运动有可能"增重"。专家为此列出了 3 种不利于减肥的运动,具体如下。

1. 大运动量运动

若运动量加大,人体所需的氧气和营养物质及代谢产物也就相应增加,这就要靠心脏加强收缩力和收缩频率、增加心脏输出血量来运输。做大运动量运动时,心脏输出血量不能满足机体对氧的需要,从而使机体处于缺氧的无氧代谢状态。无氧代谢运动不是动用脂肪作为主要能量,而主要靠分解人体内储存的糖原作为能量。因为在缺氧环境中,脂肪不仅不能被利用,而且还会产生一些不完全氧化的酸性物质,如酮体,降低人体运动耐力。短时间的大强度运动后,血糖水平会降低,血糖降低是引起饥饿的重要原因,这时人们往往会食欲大振,这对减肥是极为不利的。

2. 短时间运动

在进行有氧运动时,首先动用的是人体内储存的糖原来释放能量;在运动 30 min 后,便开始由糖原释放能量向脂肪释放能量转化;大约运动 1 h 后,运动所需的能量才以脂肪供能为主。例如,现在常见的跳健身操减肥塑身,持续时间只有 1 h 左右,也就是说,在脂肪刚刚开始分解时,人们就停止了运动,其减肥效果自然不言而喻。

3. 快速爆发力运动

人体肌肉是由许多肌纤维组成的,主要可分为两大类,即白肌纤维和红肌纤维。在运动时,如果进行快速爆发力锻炼,得到锻炼的主要是白肌纤维,白肌纤维横断面较粗,因此肌群容易发达粗壮,用此方法减肥会越练越"粗"。

总之,要达到全身减肥的目的,就应做心率每分钟在 120～160 次的低中强度、长时间(1 h 以上)耐力性有氧代谢全身运动。例如,健身操、慢长跑、长距离长时间的游泳等。

《中国成人身体活动指南(试行)》中强调,日常生活应活跃起来。具体建议如下。

(1)成人应每日进行 6～10 千步当量身体活动。
(2)经常进行中等强度的有氧运动。
(3)积极参加各种体育和娱乐活动。
(4)通过专门锻炼保持肌肉和关节功能。
(5)日常生活"少静多动"。

其中,"每日进行 6～10 千步当量身体活动"是包括了日常生活、交通、职业和业余锻炼等所有形式和强度的身体活动,强调每次活动的持续时间,重视活跃的生活方式。经常进行中等强度的有氧运动,强调了强度和频率,并建议每次活动应该至少达到 10 min,每天应累积达到 4～6 千步当量,每周 5～7 天,建议每周 24～30 千步当量。同时,为了维持和提高肌肉的功能,建议进行基本运动功能练习及日常功能练习,建议每周 2~3 次,隔日进行适宜的阻力负荷练习。常见活动达到 1 千步当量的时间如表 5-2 所示。达到每周 24 千步当量的时间如表 5-3 所示。

表 5-2　完成 1 千步当量的中高等强度活动所需时间

	活动项目	代谢当量（MET）	完成 1 千步当量所需时间（min）	强度分类
	4 km/h,水平硬表面;下楼;下山	3	10	中
	4.8 km/h,水平硬表面	3.3	9	中
	5.6 km/h,水平硬表面;中慢速上楼	4	8	中
	6.4 km/h,水平硬表面;0.5~7 kg 负重上楼	5	6	中
	5.6 km/h 上山;7.5~11 kg 负重上楼	6	5	重
自行车	<12 km/h	3	10	中
	12~16 km/h	4	8	中
	>16 km/h	6	5	重
家居	整理床铺,搬桌椅	3	10	中
	手洗衣服	3.3	9	中
	扫地,拖地板	3.5	9	中
	和孩子做游戏,中度用力走/跑	4	8	中
文娱体育	舞厅跳舞,排球	3	10	中
	早操,工间操,太极拳	3.5	9	中
	瑜珈,乒乓球,踩水(中等用力)	4	8	中
	健身操,家庭锻炼,上下楼,跳绳,羽毛球,高尔夫球	4.5	7	中
	网球	5	6	中
	一般健身房运动,集体舞	5.5	5	中
	走跑结合(慢跑成分少于 10 min),篮球	6	5	重
	慢跑,足球,轮滑	7	4	重
	跑(8 km/h),跳绳(慢速),游泳,滑冰	8	4	重
	跑(9.6 km/h),跳绳(中速)	10	3	重

1. 千步活动量:相当于以 4 km/h 的速度步行 1 千步(约 10 分钟)的活动量。
2. 千步活动量时间:某种活动完成 1 千步活动量所需要的时间。

表 5-3 不同活动完成 24 千步当量所需时间

活动项目		代谢当量（MET）	完成 24 千步当量所需时间（min）	用于身体活动的能量消耗（kcal/10 min）
步行	4.8 km/h，水平硬表面	3.3	218	24.2
	5.6 km/h，水平硬表面；中慢速上楼	4	180	31.5
	6.4 km/h，水平硬表面；0.5～7 kg 负重上楼	5	144	42
	5.6 km/h 上山；7.5～11 kg 负重上楼	6	120	52.5
骑车	12—16 km/h	4	180	31.5
	>16 km/h	6	120	52.5
文娱活动	太极拳	3.5	206	26.3
	瑜伽，乒乓球，踩水（中等用力）	4	180	31.5
	健身操，羽毛球，高尔夫球	4.5	160	36.8
	网球	5	144	42
	一般健身房运动，集体舞	5.5	131	47.3
	走跑结合（慢跑成分少于 10 min），篮球	6	120	52.5
	慢跑，足球，轮滑	7	103	63
	跑（8 km/h），跳绳（慢速），游泳，滑冰	8	90	73.5
	跑（9.6 km/h），跳绳（中速）	10	72	94.5

第四节 增强大学生体质健康的运动处方研究

一、增强大学生体质健康，需要运动处方介入

1. 体育乃德育、智育之基

体育是德智之本，只有具备良好的身体素质，才能够胜任工作和学习，体育是第一位的。苏联教育学家苏霍姆林斯基曾指出，学生的"精神世界的多面性——对提高道德、智力、情感和美感方面的需求与爱好——取决于身体的发展、健康与劳动的协调一致""体育是使人的精神生活充实和文化知识丰富的起码条件"。

2. 大学生体质健康状况令人担忧

要讨论如何提高大学生的体质健康水平,首先要了解大学生体质健康水平下降的原因。综合来说,大学生体质健康水平持续下降是社会、学校和个人等多方面的原因造成的。首先是社会原因。交通工具的改进、家务劳动的减少、办公自动化的推广等因素造成了体力劳动量的减小。特别是生活放松方式的改变,让游戏成了很多人主要的放松休闲方式。这从一定程度上减少了室外体育活动的机会。其次是学校体育课程设置不尽合理。体育课没有充分发挥作用,课程设置比较偏向技能的发展,而体能的发展受到忽视,没能达到增强学生体质和培养学生参与体育锻炼兴趣共同发展的目的。以培养学生兴趣的快乐体育对提高学生体质健康水平帮助不大。最后就是大学生体质健康意识淡薄。许多大学生没有意识到体质健康的重要性,缺乏主动锻炼的习惯。原本通过参加体育运动方式可以获取的快乐,现在也被从网络世界去寻求快乐所代替。这种快乐感被强化之后,就会减少他们寻求在现实生活中通过参加体育运动等方式获取快乐的欲望。

3. 当前学校体育构成不能满足大学生提高体质健康水平的需要

当前,学校体育的主体部分是体育课教学,课外体育活动是体育课教学的延伸和补充。课外体育活动包括全校性和年级性活动、体育协会组织活动、个人锻炼等形式。体育课在传授体育技能和提高体质健康水平方面发挥着重要的作用,但体育课的时间是有限的,一般高校每周只有一次约 1.5 h 的体育课,可以想象,每周只凭 1.5 h 的体育课来达到提高体质健康水平的目的,作用是微乎其微的。大型的课外活动的目的是单纯的,一般以争取集体荣誉为目的,每学期只有一到两次,它的覆盖面也是很小的,只有那些具有体育特长的学生才会参与,所以有很大局限。体育协会组织活动和自发的个人锻炼对提高身体素质的作用是最明显的,但它也有自身的缺陷,如项目单一、缺乏指导等,这使得参与者覆盖面亦不甚广。

4. 大学生体育运动具有单一性和盲目性

经过实地观察可以发现,大学校园内学生的体育活动主要集中在篮球、足球、乒乓球等项目,下午篮球场和足球场往往人满为患,而其他如排球、羽毛球、网球等场地却是门可罗雀。这说明大学生的体育运动方式是单一的。

对某班学生调查发现,学生对所参与的体育运动项目的常识不甚了解,对规则、技术、战术更是知之甚少。他们的爱好仅仅停留在较为肤浅的层面,并没有一个长期的、为提高体质健康水平而锻炼的计划。因此说,大多数大学生的体育锻炼具有一定程度的盲目性。

二、运动处方介入是增强大学生体质健康的重要手段

运动处方是指康复医师或体疗师,对从事体育锻炼者或病人,根据医学检查资料(包括运动试验和体力测验),按其健康、体力以及心血管功能状况,以处方的形式确定适当的运动项目、时间、负荷、频率以及注意事项等的锻炼计划。按照运动处方进行体育锻炼,可以大大提高体育锻炼的科学性、针对性和实效性,并克服体育锻炼的盲目性、随意性,达到有效地增进体质健康的目的。

(一)运动处方的重要性

1. 科学性

运动处方的制定和实施过程是严格按照临床医学、运动医学、康复医学、体育保健学等学科的基本知识、基本原理及有关要求进行的,具有很强的科学性。运动处方对运动强度、运动时间、运动频度以及运动方法等要素均完全依据学生实际情况进行科学规定。在实施过程中要求做好准备活动和整理活动、提出注意事项、强调自我监测等。

2. 针对性

运动处方是根据实施者健康检查与体力测试的结果,通过分析评价后制定出来的,其运动形式、运动量、运动频度等完全是根据实施者身体的客观状况来确定的,有很强的针对性。运动处方因人而异,是对症下"药"。具体来说就是:不同运动项目、年龄、性别等,运动处方不同;在不同的时期,运动处方不同;在不同的身心状态下,运动处方也应有所不同;等等。

3. 系统性

运动处方要有很强的目的性,并且有明确的远期目标和近期目标。为了达到目标,运动处方中的训练安排要有较强的计划性,要求实施者持续进行,即运动处方的实施是一个循环反复的过程,只有完成计划才能够体现效果,这体现了系统性。

4. 安全性

制定运动处方前,首先要对实施人进行全面的健康诊断和体力测试,保证运动处方所确定的运动负荷和运动量不会超过锻炼者极限体能,避免发生伤害事故;在运动处方的实施过程中有医务监督和运动效果评价,可以有效地防止运动伤病。因此,运动处方的训练有较好的安全性。

综上所述,运动处方是指导人们有目的、有计划和科学地锻炼,提高大学生体质健康的重要手段。

(二)运动处方介入体育教学应注意的一些问题

把运动处方的理论应用到大学体育教学中,形成运动处方式的教学模式。

其在根据不同项目、不同体质、不同心理、不同年龄、不同性别等因素制定和实施运动处方的过程中应注意以下几个问题。

1. 要完善学生体质健康状况检查制度

在制定运动处方时,要对学生进行全方面检查,包括一般调查、临床检查和功能检查、运动试验及体力测验。一般调查可了解参加锻炼者或病人的基本健康状况和运动情况,包括询问病史和健康状况、了解运动史、了解健身或康复的目的和了解社会环境条件等。运动处方的临床检查主要包括运动系统的检查、心血管系统的检查、呼吸系统的检查、神经系统的检查等。运动试验和体力测试是评定心脏功能、制定运动处方的主要方法和重要依据。从目前高校的情况来看,只有新生入学时有身体检查,包括身高、体重、血压、心肺功能、X光等常规检查。而健康体质测试已经普遍引入到体育教学中,同时也有一些相配套的体质健康标准测试的评价系统以及运动处方。但是,由于采集的数据不够全面,运动处方显得比较笼统,针对性不强。要改变这种情况,首先,高校的医院应该发挥积极作用。高校的医院作为内设的医疗机构,主要面向学生,在制定运动处方中有一个重要环节就是检查评定环节,这是制定运动处方的重要依据。学校医院要加大这方面的投入。学校医院要定期对学生进行全面有效的身体检查,建立健康档案,同时建立健康网络平台,学生可以随时了解自己的健康状况,教师也可以通过网络了解自己教的学生的健康状况。

2. 优化高校体育课程设置

学生体质健康水平的提高是对体育课程的内容设置的有效反映。近20年来,学生体质健康水平呈下降趋势可以反映出来,现在以快乐体育培养学生兴趣、提高学生体育技能为主的体育课,对提高学生健康水平帮助不大。目前,高校的公共体育课都为选课制,也就是学生选择上课的项目与任课老师。这样能够使学生选择有兴趣的体育项目作为上课内容,能让学生愉快地接受体育学习,加深对所学项目的理解,体验运动项目的乐趣,形成终身体育意识和体育思想,全面提高体育运动素质和体质健康水平。但是这样过分强调项目的技术、技能与战术的传授,而针对学生提高体能的内容在整个教学过程中占很少的比例。实际上,提高学生体育技能和提高学生的体能这两者并不矛盾,而是相辅相成、相互促进的。学生的兴趣、技能提高以后,会促进学生对体能发展的要求,反之也一样。因此,在大学体育教学中引入运动处方机制,把提高技能和体能相结合,能更有效地达到优化高校体育课程设置、提高学生体质健康水平的目的。

3. 提高学生健康水平,从运动处方入手

根据学校医院对学生身体情况给出的检查评定结果以及学生体质健康测试结果就可以制定一份全面的运动处方。有些人因为心肺功能存在某种问题,所以不适合练习长跑,有些不适合游泳,有些不适合竞技之类的运动,等等,这样一来就可以第一时间排除运动性猝死或一些伤害性事故的发生,同时也可以对保持健康水平以及提高健康水平的不同学生人群提出合适的运动建议。

教师也可以根据测试结果制定科学合理的教学计划进行教学。首先,由于个人的情况千差万别,运动处方的目的有健身、娱乐、减肥、治疗等。其次,在运动处方中,为学生提供最合适的运动项目关系到锻炼的有效性和持久性。选择运动项目,要考虑运动的目的是健身还是治疗,要考虑运动条件,如场地器材、闲暇时间、气候等,还要结合体育兴趣爱好等。运动强度是运动的剧烈程度,是衡量运动量的重要指标之一,可用每分钟的心率次数来表示大小。一般认为,学生心率120次/min以下为小强度,120～150次/min为中强度,150～180次/min或180次/min以上为大强度。适宜的运动强度范围可用靶心率来控制:以本人最高心率(220－年龄)的70%～80%的强度作为标准。如20岁的靶心率是140～170次/min。运动时间指一次锻炼的持续时间。它与运动强度紧密相关,强度大,时间应稍短;强度小,时间应稍长。有氧锻炼一般在30 min左右就可以达到较好的效果。运动频度应结合现在高校课内外一体化的要求,每周一次课、一次早操、一次课外活动,一般每周三次可以达到较好的效果。由于运动处方针对性强的特点,在教学中要尊重学生个体差异,因材施教,因此个别教学无疑是最佳的选择。但这种方法虽然提高了学生个体的学习效率,却会降低班级教学的整体效率,为了保证教学质量,班级容量要控制在30人以下。由于很多人没有意识到体质健康的重要性,建议增加健康教育课程,结合每个学生的身体检查评定结果和体质健康测试结果,建立网上互动平台,让学生和教师能根据情况随时调整运动处方,让运动处方深入人心。

运动处方介入到大学体育教学,能够充分发挥其科学性、针对性、系统性和安全性的特点,是提高大学生体质健康的重要手段。要制定一份科学有效的运动处方,学生的身体检查和评定结果是一个重要依据,包括常规检查和一些功能性检查,这需要学校在这方面加大人力和物力的投入。在运动处方介入时,应该课内外相结合,特别是课外时间,要发挥学生的主观能动性,保证练习的时间和频率,否则不能充分发挥其作用。

三、提高大学生身体素质的运动处方设计

(一)大学生体质健康评价体系及运动处方的设计分析

1. 大学生体质健康评价体系的构成内容

《国家学生体质健康标准》明确规定,"大学生体质健康评价的内容主要包括身体形态、身体素质及生理机能这三方面内容"。对大学生进行身体素质测试时,要有体重、身高、肺活量、立定跳远、握力、800米及台阶试验等项目。评价活动的开展,要根据《大学生体质健康标准》进行。学生体质健康评价指标主要包括:一是身体形态方面,身高与体重是主要指标,身体质量指数是派生指标。二是生理机能方面,主要指标是收缩压、舒张压、肺活量及二次台阶试验,心功能是派生指标。三是身体素质方面,主要指标为立定跳远、体前屈、引体向上、仰卧起坐或俯卧撑及往返跑,并进行心电图、血压等必要的医学检查。

2. 运动处方的设计分析

我国的《体育词典》对"运动处方"的理解是:以人的健康状况或某些疾病为基础,以此确定体育锻炼的项目内容、负荷、强度、频率、时间等。

(1)健康检查。运动处方诊断的一项重要检查是健康检查。通过检查能够较好地掌握学生的身体健康状况,并较准确地获取相关机体状态信息,从而排除大学生体育运动的禁忌证。

(2)个人强弱指标的确定。学校每年都会对在校大学生进行一次健康测试,且严格按照《国家学生体质健康标准》进行。测试内容及项目中包括运动诊断的大部分内容。通过对大学生的测试,不但有利于学生掌握自身的体质健康状况,而且能为确定强弱指标提供可靠的依据。

(3)运动处方类型的确定。学生可通过不同指标的体质测试,并结合个人喜好进行体育锻炼,从而确定适合自身的运动处方。根据不同的体质情况,可用作学生发展的运动处方主要包括发展力量运动处方、发展柔韧性运动处方、发展灵敏协调运动处方、发展速度运动处方及全面发展运动处方等。无论选择何种或几种运动处方,都应以遵循自身体质情况为原则。

(4)运动负荷的选择。在大学生的体育锻炼中,教师合理安排运动负荷,将直接影响体育锻炼目标的实现情况,直接关系到运动处方的制定。在体育锻炼中,运动强度是运动负荷的重要组成要素。其中,最大吸氧量及最大心率是对运动强度进行评价的两个常用指标。考虑到测量与监控工作的开展,最大心率被作为运动处方系统的控制指标。因此,在进行体育锻炼时,必须严格根据个人体质选择合适的运动负荷,才能达到增强体质的效果。

(5)体育锻炼运动项目的确定。对大学生进行问卷调查,了解他们经常参加哪些体育活动,并根据相关标准找出那些有利于强化锻炼效果的体育项目。然后,将选出的运动项目作为运动处方项目,并建立数据库。与此同时,还要注重各种运动项目的有机结合。大学生可结合自身体质及个人爱好选择适合自己的体育项目进行锻炼,可以单项,也可以多项。通过这样的方式,学生选择适合自己的锻炼项目,运动积极性得到提高,有利于取得良好的体育锻炼效果。

(二)大学生健身运动处方系统的设计分析

1. 运动处方系统的构成要素

在设计运动处方系统时,既要考虑是否方便学生健身,又要考虑是否有利于大学生体质的评价与监测,以最大限度地确保软件的操作性。在系统设计中,应始终遵循"实用、安全、快捷、简易"的原则,并使用数据库和模板设计法进行设计。设计的系统应包括以下内容:大学生信息管理模块、大学生运动处方模块、大学生体质测试模块及大学生健身效果评价模块。

2. 各系统各模块的内容及其功能分析

(1)关于大学生体质测试模块的分析。在该模块中,学生持IC卡进行标准中规定的各项体质测试。相关工作人员在系统中输入大学生身体测试的各项数据,并进行相应管理。该模块中涉及多个项目,包括大学生体质数据的录入及管理、查询和搜索、数据浏览、系统维护及管理等。通过该模块,能够较准确地掌握学生的整体身体状况,并对相关数据与信息进行科学管理,为日后制订大学生运动计划提供有利的依据。

(2)关于大学生信息管理模块的分析。在进行健身指导时,必须考虑到健身者的基本情况。在该模块中,主要包含两方面的内容,分别是大学生基本信息和健康信息,这些是建立大学生基本情况档案不可或缺的资料。其中基本信息包括姓名、民族、性别、出生、身高、体重、喜爱的运动项目等;健康信息包括身高、视力、体重、握力、血型、疾病史、心脏健康检查情况、遗传病史、家族病史等。大学生可通过输入全名查询自己的信息,可对相应信息进行修改,还可设置用户权限。

(3)关于大学生健身效果评价模块的分析。在健身指导中,可先了解健身者在一定时间内取得的健身效果,这具有两个作用:一是可实现对运动处方的检验,检验其有效性,以利于日后运动处方的修改和完善;二是学生可在锻炼中得到积极的心理效应,并将其延续到下一轮锻炼中,有利于健身者参与积极性的提高。在该模块中,大学生在各个阶段输入相应的数据,系统自动完成对各项指标的诊断及评价,然后对生成的报告进行管理与保存。

(4)关于大学生运动处方模块的分析。制定运动处方时,必须严格根据学生的个人特点制定,包括身体条件、体质、爱好等,坚持因人而异的原则。该模块的基本程序主要包括:一是对大学生的体质健康测试情况及健康检查进行深入探究,掌握大学生的身体状况,明确弱势指标,确定最佳的运动强度;二是结合大学生的体质状况,合理确定运动项目,并将其作为制定运动处方的依据;三是大学生在选择锻炼项目时,可综合考虑个人爱好、锻炼环境及锻炼功效等因素。

总之,在大学教育中,大学生的体质健康状况直接关系到教学质量,并关系到学生日后的发展情况。当前,国家重视大学生体质健康状况,学校加强了对学生的体育锻炼教育,并通过各种方式对其体质健康状况进行了评价,以便制定出更合理的运动处方,强化体育教学效果。为此,学校利用计算机技术,并综合考虑各种因素,设计了大学生体质健康评价与健身运动处方系统,以便大学生得到良好的自身健康评价及健身指导,并根据自身体质健康状况选择合适的运动项目,不断锻炼、完善自己,实现对自身体质健康的科学管理。该软件具有操作简单、结果准确等优势,不但可用在高校大学体育教学中,在社区、健身俱乐部等地方也有较高的推广价值。

第六章　对促进大学生体质健康保障的探索

随着社会的不断发展、社会环境的不断变化,我国大学生的精神压力在不断增加,学生体质健康方面也存在着许多问题。大量研究测试结果显示,学生体质健康指标呈现不平衡状态。国家体育总局2011年制定的《全民健身计划纲要》第二期工程科技行动计划提出:"科学健身基本理论与方法的研究及其应用的重点是国民运动健身科学指导系统研究与应用,以及现代计算机技术和多媒体技术在全民健身科技服务体系中的应用。"

第一节　体育锻炼的疲劳与恢复措施

运动性疲劳是指在(竞技)运动过程中发生的一种疲劳现象。竞技体育运动中的大强度或近极限强度的训练,因做功太大,易引起疲劳。女运动员月经失常症发生率最高,占女运动员总数的86.0%;其次为筋肉疲劳症,占总人数的75.7%;失眠症者占28.4%;脾胃功能失调者占23.1%;而肾气不足症的发生率最低,仅占总人数的9.47%。女运动员月经失常症和运动性肌肉疲劳症是最为普遍的两种疲劳症候,困扰着大多数运动员,影响其运动能力的提高。如何尽快消除疲劳,不断提高运动机能水平,并防止过度疲劳发生,是我们急需解决的问题。

一、大学生对锻炼疲劳的认识和判断

(一)体育锻炼疲劳的产生

1. 运动性疲劳的概念

疲劳是一个很现实的问题,机体在疲劳之后只能降低运动强度或者停止运动。但是疲劳是在一定强度的运动过程中必然会出现的一种正常的生理现象,也可以说是身体功能暂时下降的表现。因此运动性疲劳的定义为:"机体不能将它的机能保持在某一特定水平,或者不能维持某一预定的运动强度。"关于运动性疲劳的分类,目前尚无统一的分类标准。一般认为,运动性疲劳可分为躯体性

疲劳和心理性疲劳,目前在躯体性疲劳方面研究成果较多。但能被人们接受的有以下几种分类方法:根据疲劳产生的部位不同,将运动性疲劳划分为中枢疲劳、神经—肌肉接点疲劳和外周疲劳;根据疲劳发生时间的长短不同,将运动性疲劳划分为急性疲劳和慢性疲劳;根据疲劳发生性质的不同,将其划分为生理性疲劳和病理性疲劳;根据疲劳发生部位的大小,将其划分为全身性疲劳和局部性疲劳。

2. 运动性疲劳产生的原因

(1)中枢神经失调学说。谢切诺夫很早就提出了疲劳的神经论观点,他通过实验证明,"人们通常把疲劳感觉归之于工作着的肌肉,而我对疲劳消除的解释唯一归之于中枢神经系统。"巴甫洛夫曾用脑电图的方法研究静力活动疲劳时大脑生物电现象发生明显的变化。研究表明,人体连续从事负荷的运动,可使大脑皮质的兴奋与抑制过程之间的平衡性遭到破坏,造成过度兴奋或过度抑制,破坏原有的动力定型,导致皮层下功能发生紊乱,从而引起各器官、系统的功能失调,最终产生疲劳。

(2)"衰竭"学说。这种学说认为,人体在运动时,肌肉的能源物质(ATP、CP、糖、脂肪等)大量消耗,导致机体能源物质短缺,肌肉工作能力下降,不能完成预定的运动强度,出现疲劳。不同运动条件下的疲劳,其能源物质的消耗有所不同。在短时间大强度运动中,肌肉中的ATP、CP等高能磷酸物含量降低与运动疲劳有直接关系;而CP的过分消耗对短时间、大强度运动疲劳的影响更大,疲劳状态时,肌肉中的CP含量仅相当于运动前的20%。在中等强度、长时间的运动中,血糖水平和骨骼肌糖原的减少造成大脑皮层和骨骼肌工作能力下降,是造成运动疲劳的直接原因。在超长时间的运动中,脂肪供能下降是导致运动疲劳的主要因素。

(3)内环境稳定性失调学说。现代生理学认为,机体内环境的相对稳定是组织器官保持其最佳功能状态的基础和前提。一方面,组织器官的活动使组织内环境紊乱;另一方面,组织又拥有较强的调节机制,可以通过神经内分泌系统、呼吸系统、肾脏泌尿系统、血液缓冲系统等,使组织的内环境稳定在一个相对恒定的状态,保持一种动态平衡。在机体长时间剧烈运动的情况下,由于组织器官产生的代谢产物较安静时大大增加,超过机体的代谢调节能力,会导致机体内代谢性酸中毒、血液pH值下降、高渗性脱水等,从而引起疲劳。

(4)突变理论学说。运动性疲劳是多因素作用的综合,一个或同时几个因素的变化会相互作用,导致出现疲劳,故突变理论把运动时细胞内能量物质的消耗、肌肉力量下降、肌肉兴奋性和活动性改变等综合起来,当这些因素变化达到一定程度时,为保护机体免于衰竭,机体便以疲劳的形式表现出保护性反应。

(5)"堵塞"学说。人体在运动时,因能量代谢活动的增强而导致某些代谢产物堆积过多但又不能及时消除,进而导致肌肉工作能力下降的现象。乳酸是目前研究最多的致疲劳物质。乳酸的堆积可通过多种途径造成运动疲劳:乳酸解离生成 H^+,导致肌肉 pH 值下降,抑制糖酵解过程,造成 ATP 供应障碍;乳酸解离生成的 H^+ 可竞争性地置换肌钙蛋白中的 Ca^{2+},使兴奋—收缩脱偶联,导致肌肉机能下降。另外,血乳酸含量的升高,降低了血液 pH 值,造成大脑工作能力下降。运动过程中,ATP 大量分解,强烈激活 AMP 的分解过程,ANP 脱氨使体内氨含量升高。氨含量的升高促使糖酵解过程,使乳酸含量增加,体内 pH 值下降,最终导致肌肉和大脑的工作能力下降。

(二)体育锻炼疲劳的判断

一般的运动性疲劳是一种正常生理现象,如果运动性疲劳没有得到及时恢复而使疲劳累积,导致疲劳过度,或者发生运动性疲劳时没有及时进行调整,继续保持原有运动,使疲劳程度加深导致力竭,都会使运动性疲劳变成一种病理现象,从而对健康造成不良影响。因此,根据疲劳产生原因分析疲劳机理,并采用一定客观判断方法测试疲劳,进而运用一些消除运动性疲劳的方法,使机体快速有效地超量恢复,以便更好地投入训练、工作和学习,提高人体功能,实现更高水平的运动能力储备,保持并促进人体健康。

1. 判断疲劳的简易方法

科学地判断疲劳的出现及其程度对人体保健有很大的实际意义,然而疲劳表现形式多种多样,引起疲劳的原因和出现疲劳的部位不尽相同,所以,判断疲劳的方法主要有自我感觉、简易的客观指标及运动者的经验等。

(1)主观感觉。运动时的主观感觉与工作负荷、心功能、耗氧量、代谢产物堆积等多种因素密切相关,因此,运动时的自我感觉对判断运动性疲劳有一定的客观性。

(2)客观指标。肌体指标的反应主要表现为:一是肌肉力量。运动引起的肌肉疲劳最明显的特征是肌肉力量下降,一般以绝对肌力为依据,运动后肌肉力量明显下降,不能及时恢复,可视为疲劳。测试时根据不同运动形式,有针对性地测试运动肌肉力量。二是肌肉硬度。肌肉疲劳时收缩机能下降,而且放松能力下降,表现为肌肉疲劳时肌肉不能充分放松,肌肉硬度增加。三是肌电图。肌电图是肌肉兴奋时产生的电位变化,可反映肌肉兴奋收缩程度。运动过程中的肌电图变化可确定神经系统和骨骼肌的机能状态,肌电图可反映肌肉是否疲劳。

(3)运动性疲劳程度可参照以下简易判断标准。人体疲劳时,各器官、系统的机能都下降,下降的程度和疲劳的程度有关。因此,许多生理机能测定法都可用来判断疲劳,常用的有以下几种方法:①血压。疲劳时收缩压可升高 2.5~6.5 KPa,

平均动脉压可升高 1.5~4 KPa。②脉搏。疲劳后,安静脉搏增加,脉搏细而快或不稳定,忽高忽低或趋于升高,尤其是晨脉每分钟增加 10 次以上,运动后不易恢复到安静水平,甚至小强度训练出现高心率。③肌力。肌力会因疲劳而减少,每日早晚各测 1 次握力与背力,若两次均有下降趋势,即表示肌肉已疲劳。④肌肉张力。当肌肉疲劳时,随着放松能力的下降,肌肉放松时的张力增加,肌张力振幅减少。⑤呼吸肌耐力测定。连续 5 次肺活量,每次间隔 30 s,运动前、后进行对比。疲劳时,肺活量逐渐下降。⑥定量负荷机能试验。方法很多,常用的有一次机能试验和联合机能试验,其中联合机能试验更为重要。它是由三个一次机能试验组成,包括速度、耐力、负荷,能较全面反映机体机能状况。疲劳时脉搏、血压升降的幅度及恢复时间明显改变。⑦体重。大运动量训练后,体重可能下降,一般两三天内可恢复正常。如果长时间体重不能恢复,即认为很疲劳。

2. 运动性疲劳恢复理论依据

运动性疲劳的恢复过程目前有超量恢复学说和应激学说两种。

(1)超量恢复学说。运动时和运动后供能物质的变化是消耗和恢复过程保持平衡的结果。运动时以消耗为主,恢复过程跟不上消耗过程,表现为能源物质数量下降;运动后,恢复过程为主,消耗过程下降,因此,能源物质逐渐恢复,达到或超过原来水平。该学说主要从运动时能源物质的消耗、结构蛋白的变化和恢复过程的规律说明运动能力提高的机理。因此,超量恢复学说是运动性疲劳恢复的重要依据,可为大运动量训练、训练的节奏性、系统性等打好理论基础。

(2)应激学说。运动训练最主要的目的之一是提高运动能力。因为运动成绩与完成专项比赛有关的各系统机能能力的协调性、合理性、及时获得最大功率的表现力密切相关,应激和运动训练引起的身体变化以及恢复和适应过程的规律有一致性,故为应激学说。应激学说在运动训练中的应用主要是针对不同专项、不同性质的激烈超负荷运动时机体产生的应激反应,并以垂体—肾上腺皮质激素调节为核心,从机体的能源储备和动员能力、代谢和机体调节能力、身体防御能力三个方面研究运动训练对身体生理、心理适应和提高过程的规律,同样为超负荷的大运动量训练、训练期适应和运动能力的提高提供理论指导。因此,应激学说是运动性疲劳恢复的重要依据。

二、大学生消除运动疲劳的手段和措施

(一)运动疲劳产生的部位

1. 中枢疲劳

在运动性疲劳的发展过程中,中枢神经系统起着主导作用。疲劳的产生是中枢神经的一种维护性抑制,以防止机体发生过度的机能衰退。

2. 肌肉接点疲劳

肌肉接点疲劳,也叫运动中枢疲劳。运动中枢是神经和肌肉之间连接并传递神经冲动引起肌肉收缩的关键部位,也是引起疲劳的重要部位。

3. 外周疲劳

外周疲劳包括除神经系统和运动终板之外各器官在疲劳时的变化。肌肉是主要的运动器官,因此,运动时肌肉能源物质代谢、调节、肌肉的温度、局部肌肉血液、肌肉等就成为外周疲劳的研究重点和表现形式。在剧烈运动时,由于运动开始阶段内脏器官的活动跟不上运动器官的需要,造成氧供应不足,大量乳酸之类的物质堆积在血液中,这些化学刺激引起呼吸循环系统活动失调(如呼吸太快、心跳过急、血压上升太高)。这些机能失调若不及时调整,将会导致疲劳积累,引起过度疲劳,对运动成绩会造成最为直接的影响,因此在运动疲劳出现时应予以重视,应尽快设法使其恢复,避免过度疲劳的产生。

(二)过度运动疲劳的预防

(1)掌握不同项目的生理特点,并按照这些特点进行训练,运动量的安排要循序渐进,把全面的身体素质和专项技术训练有机结合起来。

(2)根据运动员的生理差异、不同的心理特点及身体状况,采用区别对待的原则。

(3)保证足够的休息时间,注意劳逸结合,建立良好的生活制度,并使营养能满足训练的需要。

(4)教育队员建立自我监督意识,教练员可采用检查训练日记的方法,及时发现队员在身体反应等方面存在的问题。

(5)定期对队员进行体检和医务监督,全面了解他们的健康状况,以便及时发现过度疲劳的症状,将问题解决在萌芽状态。

(三)消除运动疲劳的方法

1. 运动

因为身体消除疲劳的主要承担者是血液循环,通过血液循环可以补充氧气及其他营养物质,排出废物,所以消除疲劳的积极性方法就是促进重点转换部位的血液循环。如疲劳后的积极活动、按摩、淋浴等都属于积极性消除疲劳的手段,可以达到活动休息的目的。

适当变换运动练习也可以达到活动性休息的目的。因为人在运动时,大脑中不是所有的运动神经细胞都参与工作。另外,为积极性休息安排的练习活动,必须注意强度小、时间短,这样在神经细胞内产生的兴奋才能集中,对疲劳的神经细胞才能起到诱导的作用,使后者抑制加深,促进恢复。由于静止性休息和积

第六章　对促进大学生体质健康保障的探索

极性休息对消除疲劳都有良好的效果,因此应该将两种方法结合起来进行。在保证睡眠的情况下,采用积极性休息效果可能会更好。

2. 负荷部位按摩

按摩是一种简单易行的保健方法,在我国历史悠久,应用广泛。在进行大运动量训练后,运动员进行自我按摩或运动员之间相互按摩,对消除疲劳和恢复体力是非常有益的。它可以增强神经系统的调节机能,从而影响其他器官系统,使呼吸、循环等机能和物质代谢过程得到改善,增强肌肉组织的营养,促进新陈代谢,使乳酸迅速排出体外,达到消除疲劳的目的。按摩还能缓解肌肉负荷后的紧张度,舒筋活血,使局部的血液供应加强,提高神经、肌肉及器官的活性,并可加速疲劳肌肉中的乳酸排出速度,因此可以起到消除疲劳的作用。按摩部位可根据运动项目和疲劳程度的情况而定,一般是按摩运动负荷最大的部位,当运动员极度疲劳时可进行全身按摩。全身按摩一般先按大腿,后按小腿,再依次按摩臀部、腰背、上肢,必要时还可按摩头部。全身按摩时间需 0.5~1 h,肌肉酸痛的部位可将按摩时间适当延长一些。

3. 加强睡眠效果

睡眠是一种周期性现象,它可以消除疲劳、恢复精力和体力。在运动训练中要保证更好地提高训练水平和运动成绩,必须保持充足的睡眠。因为人体在睡眠状态机体各器官的运动下降到最低的水平,物质代谢减弱,能量的消耗仅维持人体代谢的基础水平。这时的合成代谢有所增强,运动时消耗的能源物质逐渐得以恢复。另外,睡眠对大脑皮质细胞来说也可以起到保护作用。大脑皮质细胞比较脆弱,容易因长期兴奋而产生损耗,所以睡眠能防止大脑皮质细胞机能过度消耗,同时还能促进人体器官机能恢复。因此,运动员或经常进行体育运动的人要养成按时睡眠的良好习惯,保证充足的睡眠时间,这样才能加速疲劳的消除,保证正常的训练和比赛活动,为保持充沛的体力、提高运动成绩创造一定的身体条件。

4. 放声大笑

笑能够消除锻炼后的疲劳,这是因为:笑能增加肺的呼吸量,清洁呼吸道;笑能抒发健康的感情,消除神经紧张;笑能使肌肉放松,有助于散发多余的精力;笑能驱散愁闷,减轻各种精神压力。因此,每当你进行体育锻炼后,可以放开喉咙开怀大笑,以此消除疲劳。

5. 运动后的能量补充

(1)长时间运动后应补充适宜的糖类。马拉松运动员比赛途中边跑边喝饮料,不仅能补充水分,而且是补糖消除疲劳的一种方法,因为人体在长时间运动过程中,主要是靠糖原(又称体内淀粉)分解供能,体内的糖消耗过多,供能不足,便会产生疲劳。

（2）力量练习后要保证足够的蛋白质。爱好健美的朋友最大的愿望就是肌肉发达，体魄健壮。肌肉发达是肌肉内蛋白质含量增加的结果，而力量训练有促进肌肉蛋白质合成的作用，并出现所谓的"超量恢复"，即肌蛋白质含量超过运动前水平，使内纤维增粗，肌肉"块"明显。因此，以力量训练为主要手段的体育锻炼爱好者，平时不妨多吃些牛肉、鱼肉、瘦猪肉等蛋白质类食物，既可长"块"，又能解乏。

（3）从事速度耐力锻炼的人应多吃碱性食物。在强度较大的运动中，体内易产生一些"酸性代谢产物"，如乳酸等。酸性物质生成过多，会使肌肉、血液中的酸碱度下降，同时大脑及肌肉的工作能力也会下降，产生疲劳。这就要求锻炼者在进行"速度耐久力"（速度较快、时间较长）运动时，增加碱性食品的摄取量。我们日常食用的食品有酸、碱性之分，鱼、肉、蛋多为酸性食物，蔬菜、水果多为碱性食物。作为1 500～5 000米跑的运动员或相当于该运动强度的锻炼者，运动后应多吃些蔬菜、水果促进疲劳消除。

（4）任何形式的运动均需要补充无机盐。铁、锌、铜等无机盐对消除疲劳的作用已引起人们的普遍重视。许多资料证实，运动员体内缺铁可导致运动性贫血，也可能由于缺铁而使身体机能下降，影响锻炼效果。因此，在体育锻炼后要补充含铁较多的食物，如动物的肝、蛋黄、菠菜等，增加铁的摄入量。但铁的补充也要适量，过多摄入铁又会"顾此失彼"，影响锌的吸收。补充无机盐要合理进食，定量进食，这样才不会造成无机盐代谢紊乱。

（5）补充适量的维生素，也是从事各项运动必不可少的。身体的衰老和疲劳都与体内一种被称为"自由基"的化合物有关。实验证明，在运动时，"自由基"增多，会造成细胞膜损伤，影响细胞的结构和功能，导致衰老和疲劳。维生素E、维生素C、维生素B族维生素等都有抗疲劳与抗衰老的作用，运动后可食用一些维生素含量丰富的食品，如肉、奶油、鱼肝油等，它们含有丰富的维生素E，枣、山楂以及水果、绿色蔬菜中的维生素C含量丰富，谷物、杂粮、干果等含有大量的B族维生素。

另外，为了尽快消除疲劳，适量地用些药物也是非常必要的。如维生素B_6对消除肌肉的疲劳、恢复肌肉的功能就有积极的作用，因为维生素B_6能直接作用于肌肉系统和循环系统，提高肌肉工作效率，延长肌肉活动时间。可见，除了营养之外，适量地运用药物对解除肌肉的疲劳、恢复肌肉的运动能力也有着积极的作用。

补气健脾复方"四君子汤"可增加骨骼肌纤维糖原含量，提高骨骼肌琥珀酸脱氢酶和乳酸脱氢酶活性，有利于运动能力的提高；"补脾1号口服液"能提高受试者运动能力并提高血红蛋白含量,改善免疫功能;"复方党参液"有抗疲劳、耐缺氧、耐寒冷、提高免疫功能等作用;"健身补血冲剂"可升高血红蛋白含量。可见,补脾中药抗疲劳的机制可能与其改善消化功能、改善肌肉能量代谢、提高免疫力以及防治贫血有关。研究表明,"强力士口服液"能使运动后血乳酸恢复加快、有氧与无氧运动能力提高、恢复血睾酮、促性腺激素释放激素、激发试验反应增强等。补肾阳为主的中药改善运动能力的原因可能在于它对下丘脑—垂体—靶腺轴功能的促进作用,使之处于较高水平,由此导致机能代谢也在高水平上进行,而这些变化恰恰是机体在更大强度的运动中表现出高水平的能量输出与迅速的代谢产物清除的基础与保障。

6. 心理恢复

大学生运动员在训练和比赛中往往会遇到困难、挫折,甚至失败,由此引起较大的情绪绪波动,造成心理上的不稳定状态。运动员抵抗疲劳的能力与运动员的个性特征、情绪状态和意志品质有着密切关系。训练中如果运动员的态度积极、情绪良好,可以延缓疲劳现象的发生。尤其运动员的意志品质在中长跑训练中起着重要作用,这就要求运动员必须有积极的态度、顽强的毅力,努力克服由于疲劳而产生的痛苦和厌倦情绪。同时可采用淋浴、自我暗示法、建立正确表象法、娱乐法、气功等转移注意力的方法,冷静地对待这些不利因素,以求尽快恢复正常情绪。

第二节 体育锻炼的营养补充

由于全面推进素质教育和树立健康第一的思想,高校体育锻炼已经成为大学生活中必不可少的一部分。为了更好地促进大学生的身体发育和提高大学生的健康水平,必须用科学的方法指导大学生进行体育锻炼和合理的营养补充,以获得通过运动锻炼促进生长发育、延缓衰老、增进健康的效果。

一、体育锻炼与营养的关系研究

(一)大学生的营养特征

我国大学生的年龄一般在18~25岁,处于青春发育后期与青年初期阶段,是人一生中长身体、长知识的最重要时期。这一阶段,身体的生长发育进一步完善和成熟,身体形态和功能已具有成人的特点。在心理活动方面,意识、分析、判断、记忆能力发展迅速,富于遐想,充满激情,为此,大学生的营养特征比其他年龄段的人更复杂,他们对营养的需求表现为热量充足、质量齐全、择食有度、个体有别。

(二)营养对体育锻炼的影响

在进行体育锻炼时,体内会发生一系列的生理性变化:中枢神经系统活动紧张,内分泌机能提高,酶系统活跃,新陈代谢旺盛,单位时间内的能量消耗数倍、十数倍于安静状态,体内的糖、脂肪被大量分解供能,蛋白质代谢更新加快,大量的维生素、无机盐参与分解代谢而加大了损失过程。这些变化,使机体对各种营养物质的需求量大为增加。

营养与体育关系密切,对锻炼效果有着很大的影响。体育锻炼造成的能量消耗,要在运动结束后通过合理的营养膳食得到补充。如果缺乏合理营养保证,消耗得不到补充,机体处于一种"亏损"状态,久而久之,会使锻炼者生理机能及运动能力下降,出现乏力疲劳甚至疾病状态。在这种情况下,想要提高锻炼效果或运动成绩是很困难的事情。

合理营养与体育锻炼是维持和促进健康的两个重要条件。以科学合理的营养为物质基础,以体育锻炼为手段,用锻炼的消耗过程换取锻炼后的超量恢复过程,使机体积聚更多的能源物质,提高各器官系统的机能。此时获得的健康,较之单纯以营养获取的健康上升了一个新的高度,因为合理营养加体育锻炼获得健康的同时,也获得了良好的身体素质。

(三)不同锻炼项目对合理营养的需求

在群众性体育锻炼项目中,各个项目因代谢特点不同而对合理营养有着不同的需求。

1. 跑步的营养需求特点

短跑是群众体育竞赛活动中经常设立的一个项目。它是以力量素质为基础、无氧代谢供能为特点,工作时间短、强度大,要求有较好的爆发力。在膳食中要有丰富的动物性蛋白质,以增大肌肉体积,提高肌肉质量,蛋白质的摄入量每日每千克体重可达 3 g 左右。另外,要在膳食中增加磷和糖的含量,为脑组织提供营养,改善神经控制和增强神经传递,动员更多的运动单位参加收缩,还要在膳食中增加矿物质的含量,如钙、镁、铁及维生素 B_1,以改善肌肉收缩质量。

长跑以有氧耐力素质为基础,以有氧代谢供能为特点,要求有很高的心肺功能及全身的抗疲劳工作能力。虽强度较小,但时间较长,体力消耗较大。要求膳食中有较全面的营养成分,增加机体能源物质的贮备,在丰富的维生素、矿物质成分中,突出铁、钙、磷、钠、维生素 C、维生素 B_1 和维生素 E 的含量,有利于提高有氧耐力。

2. 操类项目的营养需求特点

群众喜爱的健美操以及在一些群众体育活动中也开展的竞技体操、艺术体操、技巧、动作复杂而多样,要求有较强的力量与速度素质以及良好的灵巧与协调性,对神经系统有较高的要求。其营养需求特点是:高蛋白质、高热量、低脂肪,维生素、矿物质应突出铁、钙、磷的含量及维生素 B_1、维生素 C 的含量。须注意的是,参加该类项目有时须为比赛控制体重,但不能过分控制饮食,避免导致营养不良,特别是不能影响参加锻炼的儿童少年的生长发育。

3. 球类项目的营养需求特点

球类项目对力量、速度、耐力、灵敏、柔韧等素质有较高的要求。食物中要含丰富的蛋白质、糖以及维生素 B_1、维生素 C、维生素 E、维生素 A。球的体积越小,食物中维生素 A 的含量应越高。足球活动时间较长且在室外活动,矿物质、水分丢失较多,应及时补充。

4. 冰雪项目的营养需求特点

由于长时间在冰雪上活动,加之周围环境温度较低,机体产热过程增强以维持体温,因此蛋白质和脂肪消耗较多,膳食中必须给予补充。同时增加糖类以提供能源,以维生素 B 族为主并增加维生素 A 的摄入,保护眼睛,适应冰雪场地的白色环境。

5. 游泳项目的营养需求特点

游泳项目在水中进行,使机体散热较多、较快,冬泳更是如此。游泳锻炼要求一定的力量与耐力素质,要求膳食中含有丰富的蛋白质、糖和适量脂肪。老年人及在水温较低时出于抗寒冷需要,可再增多脂肪摄入。维生素以维生素 B、维生素 C、维生素 E 为主。矿物质能增加碘的含量,以适应低温环境甲状腺素分泌增多的需要。

6. 棋牌类项目的营养需求特点

棋牌类是以脑力活动为主的项目,脑细胞的能源物质完全依赖血糖提供。当血糖降低时,脑耗氧量下降,工作能力下降,随之产生一系列不适症状,所以棋牌类项目对糖类有特殊的需求,也可在下棋、打牌时随时补充。此外,膳食中增加蛋白质和维生素 B_1、维生素 C、维生素 E、维生素 A 的供给,提高卵磷脂、钙、磷、铁的含量。膳食中应减少脂肪摄入,以降低机体耗氧,保证脑组织的氧供应。

(四)体育锻炼后膳食安排时应注意的问题

(1)力量性练习后的膳食安排应注意:在力量性练习时,如举重、健美、俯卧撑等,运动中消耗的主要是蛋白质,而肌纤维的增粗、肌肉力量的增加也需要体内蛋白质的合成。因此,为了尽快消除疲劳、提高力量锻炼的效果,在进行力量练习后,应多补充蛋白质类物质。除要补充猪肉、牛肉、鱼、牛奶等动物性蛋白质外,还要补充豆类等植物性蛋白质,以保证机体丰富的蛋白质供给。

(2)耐力练习后的膳食安排应注意:在耐力性练习过程中(如长跑、游泳、滑冰等),机体主要进行的是糖类物质的有氧代谢,消耗的主要是淀粉类物质,因此,在运动后可适当多补充些米、面等淀粉类物质。国外有些优秀运动员在进行耐力训练和正式比赛前夕,有意识地多补充含糖较多的物质,以增加体内的糖的储备,提高训练效果,在比赛中创造优异的成绩。

(3)剧烈运动后的膳食安排应注意:在进行较剧烈的体育锻炼时,如球类比赛、快速跑、健美操等,机体主要靠糖的无氧代谢提供能量。糖在体内进行无氧代谢时,会产生一种叫乳酸的酸性物质,这种物质在体内的积累会造成机体的疲劳,并使恢复时间较长。因此进行剧烈的运动,应多补充一些碱性食物,如蔬菜、水果等,而动物性蛋白质等肉类物质则偏"酸",在运动后的当天可适当减少。

二、大学生的体育锻炼与营养卫生

体育锻炼与营养卫生是与学生身体健康密切相关的两个重要因素。在体育锻炼时,人体内物质能量消耗明显增大,超量代偿效应显著。注意营养卫生,保证营养物质的充分供给,对提高体育锻炼的效果具有十分重要的意义。不注重营养卫生或不遵守饮食制度等,将会影响营养物质的正常供应和吸收,不仅使体育锻炼达不到预期的效果,还会影响运动的能力,甚至损害人体健康。因此,体育锻炼与营养卫生是密不可分、相辅相成的。

1. 热能物质的比例

膳食中,人体所需要的热能物质的比例对机体的代谢、生长发育、工作能力以及身体健康都具有重要的影响。一般来说,经常参加体育锻炼的人,饮食中糖和蛋白质的比例要高一些,脂肪应相应减少些。蛋白质、脂肪和糖的比重以 $1:0.7:5$ 为宜(从事耐久项目的人可以适当增加脂肪的比例)。为保证每日摄入的热能物质的比例恰当,应克服偏食等不良习惯。

2. 热能平衡的意义

维持热能消耗与摄取的平衡,是保持人体健康、提高锻炼效果的基本要求。因为运动时热能消耗较大,必须供给充足的热能以满足机体的需要。热能不足,会引起身体消瘦,抵抗力减弱,运动能力下降。但摄入过多的热能则会导致人体肥胖,对健康也不利。因此,应根据机体能量消耗的情况来确定热能的摄入量,以维持摄入与消耗的平衡。饮食中摄入热能是否恰当,应根据食物的发热量和人体能量的消耗来计算,也可用人体体重的变化来估计。

3. 合理的饮食制度

良好的饮食制度有利于食物的消化吸收和体内的物质能量代谢,更有利于预防消化系统疾病。因此,饮食时间、饮食质量的分配应基本稳定,并应与体育锻炼有一定的时间间隔,进食后一般应休息 30 min 以上再运动。食物中所含的热能、各种营养素的比例,应根据个人一天的身体活动情况决定。一般认为体育锻炼前的一餐适宜安排易消化,含有较多的糖、维生素和磷的食物,但量不宜过多,运动后的一餐食物量可多一些。

4. 维生素和矿物质

维生素和矿物质是维持人体正常生理功能所必需的物质,它对体育锻炼的效果也有明显的影响。大学生在从事体育锻炼时对维生素和矿物质的需要量较大:一方面是由于进行体育锻炼时,体内代谢加强,消耗较大;另一方面,由于大量排汗,维生素和矿物质应适当增加。一般情况下,维生素和矿物质最好从饮食中摄取,绿叶蔬菜和鲜嫩水果,动物的心、肝、肉中都含有丰富的维生素和矿物质。

5. 注意饮水卫生

水是机体不可缺少的重要营养素,也是人体的重要组成部分。大学生在从事体育锻炼时,机体的排汗量明显增多,尤其是在较热的环境里进行锻炼,会造成机体水分的大量消耗,从而影响机体的正常工作能力。因此,在运动中和运动后都可适当补充一些水。但是,运动中或运动后的补水方法不宜采用一次暴饮的方式。暴饮会增加心脏循环系统和胃的负担,使人体无机盐减少,从而出现心率过快、恶心、肌肉痉挛等症状,影响人体健康。一般每小时的饮水总量应控制在 800 g 以下,以每 15 min 补水 150~200 g 为宜,也可用 0.5% 的盐水作为补充。

6. 食物的清洁卫生

许多病菌、病毒都是通过消化道侵入人体的,因此,必须重视饮食过程中的清洁卫生,做到进食前洗手、餐具经常消毒、冷食瓜果用凉开水洗净或去皮、不吃霉烂变质食品、不饮生水等。还应注意,对食物的选择既要做到易消化,又要注意食物的色、香、味、形,以增进食欲。

三、不同气候条件下锻炼的营养需求特点

1. 冬季锻炼的营养需求特点

冬季气温较低,寒冷的环境使机体代谢加快、散热量增加,所以膳食中应增加蛋白质及脂肪含量,同时增加热能充足的食物和维生素 A、维生素 B_1、维生素 B_2、维生素 C、维生素 E。因为冬季着装较多,户外活动少,接受日光直接照射的时间较少,所以还应在膳食中补充维生素 D 和钙、磷、铁、碘的含量。

2. 夏季锻炼的营养需求特点

夏季气候炎热,锻炼应多在通风地、树荫处进行,此时体内物质代谢变化很大,大量出汗使能耗增加,并使钙、钠、钾及维生素大量消耗和丢失。因此,夏季

锻炼时的膳食有其特殊要求,及时合理地补充水、电解质及维生素比补充蛋白质、糖、脂肪更加重要,这时增加散热过程,防止中暑是必需的。在电解质中,氯化钠的摄入,常温下每人每天为 10~15 g,夏季高温再增加 10 g 左右。需要补充维生素 B_1、维生素 B_2、维生素 C、维生素 B_6、胆碱、泛酸、叶酸等。蛋白质的补充应较平日增多,减少脂肪成分,膳食搭配应清淡可口,以增加食欲,并多吃一些蔬菜与水果,以增加矿物质、维生素的摄入。

四、大学生的营养观念及改善建议

对大学生的问卷调查结果显示,当代大学生对营养知识的了解程度不够,了解一点和不了解的人占到 76.8%(男)和 57.6%(女),这充分说明了目前大学生的健康知识非常缺乏,我国现实生活中营养科学的普及还不到位。

1. 引导大学生树立正确的健康观念

建议在高校体育与健康教育中加强生活方式教育,加强健康的行动能力及行为改变的技巧与方法的教育,以丰富体育与健康教育,使高校体育与健康教育成为一种完整性教育,从而使体育与健康教育更具现实意义。

2. 加强大学生的体育锻炼和饮食科学的教育

大学生仍处在生长发育阶段,同时面临着紧张的学习和生活,锻炼与营养的合理性将对他们的成长和学习带来一定的影响。另外,大学生不再像中学时代那样由父母安排膳食,独立选择食物,逐渐养成了具有个性的膳食习惯。在这一习惯的形成过程中适时地给予指导,将使他们受益终生。建议高校在体育课中,每学期拿出 4 个学时对学生进行体育锻炼和饮食科学教育,有效利用校园文化对大学生进行宣传。

3. 增设健康指导员,推广营养餐

健康指导员可以根据不同学生的生理需要安排合理的锻炼和食谱。由学校健康指导员根据学生生源地、饮食习惯、生理需要,因地制宜地进行每餐和每天的配膳,使膳食中的营养不仅种类齐全、量充足,而且比例适当,这样就可以和体育锻炼很好地结合起来,起到促进健康的作用。目前,高校的食堂仍采取的是用餐人自选方式,由于缺乏营养科学知识,学生很难保证自选的每一餐都科学合理,改变这一状况的最好办法就是推广营养餐。

4. 加大体育基础设施建设,加强对食堂的监管力度

目前,绝大部分高校的体育基础设施跟不上校园人数的增加,各方面条件不能够满足学生的锻炼需求,因此,须加大体育基础设施建设。另外,高校领导对食堂应加强监管,对食堂原有的厨师队伍不断调整,引进高学历和高技术水平的厨师,严格控制无健康证的人员从事食堂工作,要求食堂配备营养师,推广营养餐。

第三节　运动损伤及处理方法

运动损伤是指人在体育运动过程中发生的各种损伤,如挫伤、扭伤、拉伤等。大学生热爱运动,积极参与各项体育活动,但常常因缺乏一定的运动训练知识,出现运动损伤后没有采取应急措施,从而导致一系列的损伤。因此,及时有效地处理运动损伤既能减轻痛苦,也能使损伤快速康复。

一、大学生运动损伤的原因分析

运动损伤的发生,不仅给学生的学习、生活和心理造成了负面影响,而且也会让教师产生心理负担,从而使教学质量大打折扣。因此,预防学生运动损伤的发生成为高校体育教师需要解决的重要课题。运动损伤的原因有很多,其直接原因有思想认识不足、缺乏合理的准备活动、技术上的缺点和错误、运动负荷过大、身体功能和心理状态不良、组织方法不当、动作粗野或违反技术规则、场地设备的缺陷、不良的天气因素等。间接原因有各项技术的特点、局部解剖生理特点等。

1. 思想上未给予足够重视

准备活动不仅要在生理上做好准备,在心理上的准备也很重要。从心理上讲,人的情绪对健康运动尤为重要,积极的情绪能对人的生理活动起到良好的作用,能够充分地发挥出潜在能力,提高体力和脑力劳动效率,对人体在运动中的敏捷、反应速度的提高都有作用。而消极情绪则会使神经活动技能失调,对机体健康十分不利,使人在进行体育活动的过程中神经紧张、反应迟钝,因此,人在进行运动前一定要保持良好的心态和情绪。从生理上讲,不做准备活动或准备活动不够充分、不合理,会使神经系统不够兴奋,产生生理惰性,不能够很好地调节运动前的状态,肌肉韧带拉不开,在做大幅度的运动时身体协调性差,不能充分完成技术动作,很容易造成肌肉韧带的拉伤和关节扭伤。因为想要做的动作难度与实际的身体柔韧情况不符,损伤就在所难免。可见,心理和生理上的准备活动是紧密联系在一起的。

2. 没做好准备工作

剧烈活动的损伤一般是由正式活动前的准备活动量过大或体育运动进行中剧烈运动而造成的。人们如果正式运动前准备活动量过大,运动前就会感到疲劳,正式活动时人体的生理机能不能够处于最佳运动状态,容易出现运动损伤。剧烈运动中运动负荷过大,超过运动者可以承受的生理负荷,人体处于疲劳状态,在速度、力量上达不到原先水平,动作技术不能伸展做出,容易发生运动损伤。剧烈运动不单单指运动中的运动量大,还包括在比赛中对抗程度过大、技术动作的犯规以及动作的粗野,会造成运动者心理变化,从而引发故意犯规或恶意犯规,其造成的运动损伤往往也较重。人在运动中的动作技术是全身各个关节每一块肌肉韧带的拉伸共同完成的,准备活动中每一处关节肌肉都要照顾到,因此准备活动尤为重要。准备活动要有针对性,要针对体育锻炼的内容,有选择地对在运动中容易出现损伤的部位多做准备活动。

3. 教学组织方法不当

在体育与健康教学过程中,部分体育教师因教学组织方法不当,未对学生提出明确要求,如在投掷铅球教学中,教师缺乏严明的纪律要求和统一的指挥口令,随意让学生掷铅球、捡铅球,为学生运动损伤的发生埋下了隐患。

4. 发生伤害时不知如何紧急处理

对运动损伤不会进行紧急处理或对于小损伤不在意,很容易发展成更为严重的损伤,致使损伤恢复更为困难,损伤后的恢复时间更长。调查显示,26.3%的学生受伤时不知道如何处理,致使损伤加重。

5. 受伤后不知道如何进行康复治疗

运动损伤经过紧急处理能够达到尽快恢复的效果,但只靠休息调养、不做康复性治疗是不够的。受伤后不能仅靠一次紧急处理就期望完全康复,不进行康复治疗不仅会影响康复时间,严重的甚至会加重病情。对于一个"创可贴"就可以康复的裂切伤口当然无需过多的治疗措施,而像肌肉拉伤、骨折这一类较严重的损伤必须进行康复治疗。对待伤病的态度是能否尽快康复的重要心理依据。

二、大学生运动损伤的预防

(一)预防运动损伤的意义

大学生参加体育锻炼是为了增强体质,增进身心健康,促进德、智、体全面发展,从而更好地为建设祖国服务。如果在体育锻炼时不重视运动损伤的预防,没有采取积极的预防措施,就可能发生各类伤害事故:轻则影响学习和工作,妨碍运动技术水平的提高,并造成不良的心理影响;重则造成残疾甚至危及生命,为国家和个人带来不应有的损失。因此,积极预防运动损伤对广泛开展体育活动、体育教学和运动训练都有重要的意义。

(二)预防运动损伤的措施

1. 培养自我保护意识

(1)加强大学生自我保护意识

在体育锻炼中经常会发生技术错误,因此在体育运动时要有防范意识,出现伤害时要学会自我保护。自我保护是预防运动损伤的重要手段,是每一个经常参加体育锻炼的人所必须具备的能力,通过自我保护可将伤害程度降到最低。体育运动中身体的接触、碰撞在所难免,当自身受到可能造成伤害的外来因素时都应掌握自我保护的方法,如重心不稳时利用身体调整重心、重心不稳倒地时双手缓冲后的前滚翻(后滚翻),总的要求是在发生伤害时利用自身的移动缓冲外力或避免外力。

(2)明确准备活动的意义

在进行体育运动前,一般都要进行准备活动,但有的人并不注重正式运动前的准备活动,草草了事或不做准备活动,这是发生运动损伤的原因之一。健康的体育锻炼一定要做准备活动且要有目的地进行,这对正式的运动来说意义深远:①通过准备活动,人体自身肌肉温度可以明显升高,此时神经系统工作能力增强,肌肉黏滞性降低,酶的活动性提高,血流量增加,氧扩散加快,这一切的变化会使人体肌肉收缩速度加快,肌肉氧供增加,物质代谢能量释放过程得到加强,从而有利于人体的工作能力,有助于防止运动损伤。②通过准备活动能够使内脏器官的功能预先提高,使内脏器官与运动器官功能相适应,从而更快地进入稳定状态,起到提高运动效率的作用。③通过准备活动能提高神经系统的兴奋性。准备活动进行的各种身体练习,能在大脑皮层的相应中枢留下痕迹,这一痕迹效应使中枢神经细胞的兴奋性预先提高,各中枢间暂时联系更快接通,神经系统对外周器官的协调调节更加完善。④热身活动要有针对性。一般情况下在进行正式运动前要先进行慢跑热身,然后做身体关节、韧带、肌肉的活动练习,像扩胸运动、振臂运动、腹背运动、体转运动、弓步压腿、侧压腿等一些系统准备活动,而后再做一些针对性更强的准备活动。

我们从事体育锻炼是以娱乐健身为目的的,不仅要做生理上的热身运动,心理上的"热身"活动也很重要,因此运动前还要注意调整自己的情绪,保持良好的心态。

2. 注重预防损伤

(1)充分的准备活动

准备活动的内容应根据训练、比赛的内容而定,要有针对性,既要有一般的准备活动,又要有专项准备活动。对运动中负担较大和易伤的部位,要特别注意做好准备活动。一般认为,以身体感到发热、微微出汗为宜。准备活动结束与正式运动之间的间隔时间不宜过长,以 1~4 min 为宜。

(2)合理安排场地

教师要根据学生的年龄、性别、健康状况和运动技术水平,认真研究教材,对哪些动作不易掌握和哪些技术动作容易发生损伤,应做到心中有数,事先采取相应的预防措施,加强全面训练和基本技术教学。在训练过程中,要运用各种形式的身体练习方法,全面提高学生的身体素质,加强基本技术教学,使学生正确掌握跑、跳、投等动作要领,发展学生的活动能力。合理安排运动负荷,尤其要注意运动器官的局部负担量和伤后体育活动的安排,避免单一训练方法,防止引起局部负担量较大。对于活泼爱动的个别学生,他们即使身体出现疲劳,仍表现出对体育活动强烈的愿望和浓厚的兴趣,对此要适当加以调整或抑制,要遵守循序渐进、个别对待等教学训练原则,运动负荷要逐渐增加。在学习新动作时,要注意正确示范,进行从易到难、从简到繁、从分解动作到完整动作的教学。在训练课中,要把较难的、费力大的动作练习放在基本部分的前面或中间,练习强度和重复练习次数等要根据学生具体情况区别对待。

(3)锻炼方法要合理

虽然人们对自身体质健康越来越重视,但是大家对体育锻炼没有正确的认识,或者运动负荷不足达不到提高人体机能的效果,或者运动负荷过大超出人体承受能力,出现一些负面结果。例如,身体酸软无力,体能短时间内恢复不过来而间断体育锻炼。在校大学生正是身体发育成熟时期,体力好,但进行体育锻炼要循序渐进,不能凭自己的兴趣随意增加负荷量,否则容易出现运动损伤,还要避免在运动中动作幅度过大而造成不必要的运动损伤,只有持续的、有计划的体育锻炼,才能达到健身的最终目的。

(4)加强保健指导

对经常参加体育锻炼的学生要定期进行体格检查。对患有各种慢性病的学生,更要加强医学观察和定期或不定期检查,禁止伤病患者或身体不合格的学生参加剧烈运动或比赛,指导学生做好自我保健工作,必要时请医生做医学检查。要认真做好场地、器材和个人防护用具的管理和安全卫生检查。对损坏的设备及时维修,禁止穿不合适的服装和鞋子参加运动。平时要加强体育保健知识的宣传和教育,使学生增强自我保健意识,提高遵守体育卫生要求的自觉性。

三、大学生运动损伤的处理

运动损伤的发生不仅会对学生的工作和学习带来许多不便,甚至还会危及生命安全,对学生的身心产生严重伤害,打击其参与体育运动的积极性和自信心,使家庭和学校承受不必要的经济负担,甚至影响学校的正常教学秩序。如何预防体育运动损伤、对运动损伤进行应急处理,是体育工作者的责任,这对学校体育工作的开展和学生终身体育习惯的形成有着非常重要的意义。

(一)肌肉韧带拉伤

发生肌肉韧带拉伤时,应立即停止运动,对伤处进行冷敷,保持静养,必要时送医院就诊。如伤在腰部,要减少走动,最好请医生来家里诊治。肌肉微细损伤或少量肌纤维撕裂时,通常要立即冷敷(或局部喷洒药物),冷敷后应加压包扎,然后略抬高患处,使受伤部位的肌肉放松,注意休息。24~48 h后方可进行按摩和热敷等。疑有肌纤维大部分断裂时,经加压包扎固定伤肢等急救处理后,迅速将伤员送至医院及早进行手术缝合。

(二)踝关节扭伤

脚踝扭伤在篮球运动中争抢篮板球落地不慎或足球运动中常见,其主要特征为外侧疼痛肿胀,皮下有淤血,行走困难,足内翻时疼痛加剧,严重的韧带撕裂,踝关节脱臼骨折。一旦扭伤,应立即停止行走,无论伤情轻重,在肿胀还不明显时可用冰袋、冷水袋或冷毛巾湿敷,条件不允许的情况下可将伤者搀扶用凉水冲痛点,此类方法都可以减轻疼痛及皮下淤血。前两天,将扭伤关节用绷带紧紧包扎并静息,卧床休息将伤足抬高,这样利于静脉回流,消除肿胀,第三日开始做2~3次热敷或用温水烫脚,每次0.5 h即可,试做脚的轻微伸屈、绕环、外展等动作,促进血液循环,恢复受伤关节正常动作幅度。若扭伤程度较重,须就医治疗,如果关节骨折或关节不稳定可考虑进行手术治疗及术后的康复治疗。

(三)皮肤擦伤

擦伤是皮肤受外力所致皮肤组织被擦破出血或者组织液渗出。一般创口较浅,面积不大,大多数人一般对这种小擦伤不予理睬,靠自身代谢和免疫功能,伤口自会愈合,但有的时候擦伤后不进行及时处理也会发炎感染,因此应该采取适当措施,确保伤口健康愈合。

对外出血的伤员,尤其是大动脉的出血,必须立即止血;对疑有内脏或颅内出血的伤员,应尽快送医院处理。这里主要介绍外出血的几种止血方法。

1. 绷带加压包扎法

用数层无菌敷料覆盖创口,再用绷带加压包扎,以压住出血的血管而达到止血效果,同时抬高伤肢。这种包扎法适用于小动脉、小静脉和毛细血管出血的止血。

2. 指压法

在动脉行走中最容易被压住的部位称为压迫点。指压法的要领是在出血部位的上方,在相应的压迫点上用拇指或其余四指把该动脉管压迫在邻近的骨面上,以阻断血液的来源,从而达到止血的效果。常用的压迫止血法有:①颞浅动脉压迫止血法。一手扶伤员的头并将其固定,用另一手拇指在耳屏前上方一指宽处摸到搏动后,将该动脉压迫在颞骨上。这种方法适用于同侧前额部或颞部出血的止血。②颌外动脉压迫止血法。在下颌角前约 1.5 cm 处摸到搏动后,用拇指将该动脉压迫在下颌骨上。这种方法适用于同侧面部出血的止血。③锁骨下动脉压迫止血法。在锁骨上窝内 1/3 处摸到搏动后,用拇指把该血管压迫在第一肋骨上。这种方法适用于肩部及上臂出血的止血。④肱动脉压迫止血法。将伤臂稍外展、外旋,在肱二头肌内缘中点处摸到搏动后,用拇指或食指、中指、环指三指将该动脉压迫在肱骨上。这种方法适用于前臂及手部出血的止血。

(四)急救包扎

包扎的作用有:固定夹板或敷料,限制伤肢活动,避免加重伤情;保护创口,预防或减少感染;支持伤肢,使之保持舒适的位置,减轻疼痛和压迫止血,防止或减轻肿胀;等等。包扎时,动作要柔和、熟练,包扎的松紧度应适中,过紧会妨碍血液循环,过松则起不到包扎的作用;绷带包扎要从伤部远端开始,包扎结束时,绷带末端要用胶布黏合固定或将绷带末端留下一段,纵形剪开缚结固定,但缚结不要在伤口处。

1. 绷带包扎法

要根据包扎部位的形态特点,采用不同的包扎方法。

(1)环形包扎法。用于包扎肢体粗细均匀的部位,如手腕、小腿下部和额部等,也是其他包扎法的开始或结束时使用的包扎法。包扎时,先张开绷带,把带头斜放在伤肢上并用拇指压住,将卷带绕肢体一圈后,再将带头的一个小角反折,然后继续绕圈包扎,每圈都盖住第一圈,包扎 3~4 圈即可。

(2)螺旋形包扎法。用于包扎肢体粗细相差不大的部位,如上臂、大腿下部等。包扎时先作 2~3 圈环形包扎,然后将绷带向上斜形缠绕,每圈都盖住前一圈的 1/2~1/3。

(3)"8"字形包扎法。多用于包扎肘、膝、踝等关节处。方法有两种:一是先在关节处作几圈环形包扎后,将绷带斜形环绕,一圈在关节上方缠绕,一圈在关节下方缠绕,两圈在关节凹面相交,反复进行,逐渐离开关节,每圈压住前一圈的 1/2~1/3,最后在关节上方或下方作环形包扎结束。二是先在关节下方作几圈环形包扎后,将绷带由下而上,再由上而下地来回作"8"字形缠绕,使相交处逐渐靠拢关节,最后做环形包扎结束。

2. 三角巾包扎法

三角巾应用方便,适用于全身各部位的包扎,这里只介绍手、足和头部包扎法。

(1)手部包扎法。三角巾平铺,手指对向顶角,将手平放在三角巾的中央,底边横放于腕部。先将三角巾顶角向下反折,再将三角巾两底角向手腕背部交叉围绕一圈,在腕背打结。

(2)足部包扎法。与手部包扎法基本相同。

(3)头部包扎法。三角巾底边置于前额,顶角在后,将底边从前额绕至头后,压住顶角并打结。若底边较长,可在枕后交叉后再绕至前额打结。最后把顶角拉紧并向上翻转固定。

3. 前臂悬挂法

前臂悬挂法分大、小悬臂带两种。

(1)大悬臂带。常用于除锁骨和肱骨骨折以外的其他上肢损伤。将三角巾的顶角置于伤肢的肘后,一底角拉向健侧肩上,伤肢屈肘90°角。前臂放在三角巾的中央,再将三角巾的另一底角向上翻折并包住前臂,两底角在颈后打结。最后拉直顶角并向前折回,用胶布粘贴固定。

(2)小悬臂带。常用于肱骨或锁骨骨折。先将三角巾折叠成约4横指宽的宽带,也可用宽绷带或软布带代替。将宽带的中间置于前臂的下1/3处,屈肘90°角,宽带的两端在颈后打结。

(五)腰扭伤

腰扭伤就是我们经常说的"闪腰",在体育运动中也经常会出现这类急性损伤。排球、篮球等运动中经常发生腰损伤。一旦发生腰部扭伤后应立即休息,有人认为腰扭伤后继续活动可以疏通筋脉,这种观念是错误的,再进行活动只会加重伤情。因此,伤后要尽可能地躺到床上休息,尽可能放松腰部肌肉,可在腰下垫一个软垫或软枕头以减轻疼痛。可用热敷加针灸、拔火罐、推拿按摩等方法进行治疗,其中腰部按摩对腰扭伤有较好的治疗效果。按摩治疗时患者侧卧,不用枕头,两上肢放于体侧,先在腰部做轻推、揉、理筋、镇定、叩打等,待肌肉放松后可施行腰部侧板法(伤员侧卧,上方的上肢屈曲,下方的下肢仰直,按摩时按摩者双手分别按在患者的肩部和臀部并反方向运动,类似于我们运动训练结束后两人软垫放松训练的一种。通常我们会感觉到身体内部有"咔嗒"的声音),按摩后再口服跌打丸会有很好的治疗效果。

(六)手指关节损伤

手指关节损伤的症状为疼痛、手指肿胀,多发生在排球、篮球运动中。一旦手指关节受外力损伤,应立即进行冷敷或凉水冲洗再加药物治疗,扭伤较严重的要进行关节固定,将伤指屈曲固定3周,也可将伤指与患侧邻近的健指做环形固定。拇指、小指尺侧和食指桡侧韧带断裂必须用夹板固定,严重的要进行手术治疗。

(七)骨折

骨折一般发生在对抗相对激烈的运动中。骨折最明显的特征为疼痛,是一种较严重的运动损伤。体育运动中上下肢骨折占多数。由于骨折往往需要较长时间才能康复,患者会表现出急躁情绪,对于骨折患者不仅要进行外伤治疗,还要进行心理治疗,心理治疗始终贯穿于病人康复治疗的全过程。治疗前期主要以固定加药物治疗,用木板或石膏将伤肢固定,轻度患者无须用石膏固定,前臂骨折用两块夹板分别放在前臂掌侧和背侧,前臂处中间位屈肘90°角,用3~4条宽带缚扎夹板,再用悬臂带把前臂挂在胸前。小腿骨折用两块有垫夹板放在小腿内侧,外侧两块夹板上至大腿中部下至足部,用4~5条宽带分别在膝上、膝下及踝部缚扎固定。由于骨折病人要多加休息活动量少,容易造成骨折部位肌肉萎缩,一定要保持可以活动的肢体关节运动,以免发生全身性并发症。骨愈合后的后期治疗要进行运动,包括被动运动、主动运动、抗阻运动以及肌肉力量练习,运动程度量力而行。其锻炼原则如下:一是以自主活动为主;二是要尽早开始,并在整个骨折治疗过程中始终贯彻锻炼;三是要循序渐进;四是要避免不利于骨折愈合的锻炼动作;五是功能锻炼应在医生的指导下进行。

总之,大学生参加体育锻炼是为了增强体质,促进身心健康,因此在体育教学和体育锻炼中必须注意做好运动损伤的预防。运动会给人带来快乐,也能带给人伤害,因此在体育锻炼中始终要加强防范意识,并且要保持良好的心态,健身娱乐才是我们进行体育锻炼的最终目的。

四、大学生运动损伤后的心理反应及心理康复

1. 大学生运动损伤后的心理反应

对于大学生运动损伤后的心理反应情况,目前大多数运动心理学研究工作者都采用问卷调查的方式获取资料,通过对损伤过程的多重现象的深度访谈研究,准确地测量出了运动员在损伤康复过程中的即时的情绪状态。大学生运动损伤后的心理反应与运动员有诸多相似之处,但也有区别,主要表现在以下方面。

(1)感知身体疼痛。调查显示,有24%的受伤运动员报告他们受伤后的第一反应就是疼痛,一些运动员还将疼痛描述为奇异的感受而且痛感很强。大学生也有这种反应,这主要是因为疼痛被广泛认为是运动损伤的一部分。

(2)察觉与损伤有关的不正常反应。虽然意识到受伤是伤后认知上的主要反应之一,但大多数受伤者并不了解受伤的状况和程度,特别是那些受伤严重者更是如此,此时寻求医生的帮助是很有必要的。因为缺乏对受伤程度的认知和

了解可能会导致伤者对运动损伤的延缓反应以及耽误治疗时间。

(3)注意力不集中。绝大多数优秀运动员会因受伤产生一种失落感,总想着受伤时的情景或想到其他人受伤时的情景而产生了恐惧心理等,并伴有紧张、惊慌、恼怒、沮丧、焦虑等不良情绪。大学生同样有类似的心理反应,尤其是体育专业学生,这些反应为运动性损伤的治疗和康复带来了消极影响。

(4)其他心理反应。对体育运动无兴趣,学习动机不明确;参与体育运动时缺乏自信心,从而产生抑郁情绪;锻炼时遇到曾引起受伤的动作时心里就发慌,常表现为肌肉不听使唤、动作失调、僵硬,从而意志消退,逃避练习。

2. 运动损伤后的心理康复

运动损伤后的康复须通过身心两个方面的系统治疗才能取得更好的效果。因此,加强运动性损伤的心理康复治疗的研究,对于促进受伤运动员身心的全面康复,具有重要的现实意义。目前公认的比较有效的运动损伤心理康复方法如下。

(1)认知教育。大学生发生运动损伤后,应让受伤者了解有关其伤势的所有情况,从生理学角度为他们释疑解惑,提出有助于他们恢复的各种办法。大学生受伤率最高的部位是踝部和手部,原因可能是准备活动不到位或者缺乏对肢体远端的保护等。通过伤情分析使其对自身伤病有更深的认识,同时也提高了其将来参加体育运动的防范意识。

(2)应激预防。通过应激预防的训练,能够帮助受伤者获得足够的知识和应对技巧,以此来应对预期的应激场景。大学生发生运动损伤后,要引导他面对可能出现的慢性损伤,学会情绪和缓的应对策略,帮助受伤者转移注意力,消除紧张,使精神放松,平抑因疼痛而产生的焦虑和懊恼心理,促使身体放松,降低因躯体紧张所增加的疼痛感。

(3)冥想。冥想能够治疗紧张、焦虑、心理和生理紊乱、心理疲劳、忧郁、低挫折耐受性等。出现运动损伤后,大学生心理处于极度杂乱无序中,通过冥想康复训练,可使身体得到放松,心灵通过锚定注意而固定,恢复其本身的整体性,帮助伤者顺利应付损伤的困难心理,加速治愈过程,促使损伤尽快康复。

(4)肌肉放松。肌肉放松法是通过教会受伤者有意识地去感觉主要肌肉群的紧张和放松,从而达到放松的目的,主要适用于恼怒、忧郁、惊恐等情绪。发生运动损伤后,尤其是肌肉和肌腱受到损伤,一般要求某些肌肉群放松是比较困难的,但只要注意肌肉放松方法的使用,便可以充分放松并进入安静状态,缩短康复疗程。

(5)系统脱敏。主要用来治疗恐惧症。其基本原理是:当引起焦虑和恐惧的刺激存在时,另外造成一个与焦虑不相容的反应,则能引起焦虑的全部或部分抑制,从而削弱焦虑与刺激之间的联系。鼓励学生合理地参加体育锻炼,是促进运动损伤康复的基本手段之一。

(6)音乐放松。音乐不仅在运动训练和比赛中具有重要作用,而且也有助于由心理疲劳所引起的运动损伤的康复治疗。精心挑选的音乐可以降低伤者不必要的兴奋性或使之从忧郁状态转到良好的心境中,有利于受伤者形成宁静的心情,有利于身心放松和生理功能恢复。目前,我国在音乐治疗方面独创了音乐电流疗法、音乐电针疗法等,这些方法集音乐、医学和心理学于一体,使心和身、精神和物质统一于人的生命系统中。

从发展运动心理学的角度来看,参加运动的中小学生、大学生、中年人以及老年人有不同的自我概念、社会影响、情感反应、动机和自我调节手段等,所以,在考虑运动损伤发生、心理反应以及恢复的相关心理影响因素时,应考虑不同个体特征和社会环境的影响,用发展的观点看待运动损伤发生、心理反应以及恢复的相关心理因素。各个阶段个体之间有相似之处,更有区别,所以应针对整个人生跨度的具体阶段,努力描绘和解释该阶段个体的心理和行为的改变,进而有针对性地分析探讨。具有发展观的运动心理学家应着重用不同理论、不同实验设计、不同研究方法来获得运动中与年龄有关的认知、自我概念和行为的不同,从而描绘和解释不同年龄的心理发展过程,特别是有关心理构建,为研究者和参与者提供适于年龄阶段的、有效的运动损伤预防和恢复的心理干预方法。

案例:大学生篮球运动中常见运动损伤及预防方法。篮球是男生最喜爱的运动项目之一。然而,由于篮球运动是一项高强度的激烈的对抗性竞赛项目,加之男生好胜心强,有时盲目模仿高难度技术动作,或在高强度的训练比赛中方法不当,随之而来的就是比赛和训练中各种运动损伤也不断增多,这与学校体育以"健康第一"的指导思想相违背。因此,在教学训练中如何预防并减少损伤,从而使篮球运动更好地为促进学生健康服务,显得尤为重要。

篮球运动损伤是特指在进行篮球运动时发生的损伤,它的发生和运动训练安排与运动项目与技术、运动训练环境、场地设施等多种因素有关。篮球运动的损伤有以下四种:一是皮肤擦伤。由于场地不平整、湿滑或学生们相互牵绊而导致摔倒与地面摩擦,在手掌、膝盖、背部等部位出现擦伤,抑或由于学生指甲过长在争抢球时划到对方的脸、手等部位。如果治疗不及时,伤口易感染化脓。二是掌指关节挫伤。由于学生球性生疏,接球动作不正确,从而使手指触球时受到正面或侧面外力的冲击,被动地使掌指关节或指间节向背侧、掌侧过度屈伸,引起关节囊撕裂、侧副韧带及关节软骨的损伤,致使手指活动受限,严重时可能出现手指畸形。三是踝关节扭伤。踝关节由胫、腓骨的远端和距骨构成,外踝比内踝长,距骨体前宽后窄。当跖屈时,踝关节有较大的活动度,足内翻肌群的力量大于足的外翻肌群。踝关节内侧的三角韧带力量强于外侧的距腓前韧带力量,限制了脚迅速外翻的能力,使内翻的牵制力较弱。当脚踩到他人脚上或不平整的地面上而使身体失衡时,体重落到歪曲的脚掌上,从而造成脚踝外侧韧带撕裂而损伤,这也是在球场上发生运动损伤最多的情况。四是膝关节扭伤。有急性和慢性两种。急性损伤主要是关节韧带扭伤,严重的可导致半月板损伤。在急起、急停、突然改变运动方向或路线时,膝关节屈曲,小腿突然外展外旋,或者足及小腿固定,大腿突然外展,使内侧副韧带本身纤维过度牵扯而发生断裂,严重时合并发生半月板撕裂。膝关节的慢性损伤主要是髌内劳损,是由防守滑步,进攻启动,急停与跑动上篮,膝关节处于半蹲位,关节负荷量大,或训练中滑步练习与跳跃练习过多,使股四头肌包绕髌骨的张腱膜与韧带所承受的牵拉张力,以及髌骨、股骨相应的关节软骨面上所受的应力与"摩擦"加大而造成。大学生更要防止牵引性的软骨损伤。

在教学训练中,教师要时刻贯彻"健康第一"的指导思想,把安全教育放在首位,加强学生防伤观念,具体措施如下。

踝关节损伤的预防。一是重视踝关节周围肌肉力量和关节协调训练,如负重起跳、跳绳等练习,使踝关节周围内肉、韧带得到锻炼,增强踝关节的力量、平衡和协调能力。二是掌握起跳后落地的正确动作,在跳起下落时,有意识地将左右脚外展成 30°～60°角,尽量使双脚全脚掌同时着地。这样可对限制踝关节活动范围起到稳定作用。三是养成良好的习惯,在训练和比赛前,首先做好准备活动,使全身各部位充分活动开,尤其是踝关节。四是加强自我保护意识,如遇到跳起落地时感到不稳的情况,应迅速地减力缓冲,不要强行站立,甚至可以利用滚翻来减力。

掌指关节损伤预防。这类损伤在篮球训练和比赛中较常见,大多数是因为准备活动不充分,手指间韧带和关节未活动开,接球动作不规范,受到球的撞击而受伤,轻则挫伤,重则可能造成骨折,有两点需注意:一是准备活动充分,手掌和掌指各关节韧带都要得到充分牵拉;二是注意规范接球动作,双手或单手接球时自然外展约 30°～45°角,自然张开,拇指应向上,而不是向来球方向。

膝关节损伤的预防。膝关节的损伤不论对运动员,还是业余爱好者来说影响都是较大的。膝关节损伤的具体损伤情况是内侧副韧带、外侧副韧带、十字韧带半月板、髌骨劳损和骨折。膝关节损伤的预防方法如下:一是在练习、训练比赛前,充分做好准备活动,使膝关节运动灵活而协调,使韧带、肌肉充分伸展,加大柔韧性;二是加强对膝关节功能的锻炼,加强股四头肌、小腿三头肌的肌力训练,加强对髌骨周缘腱上装置适度的牵力训练;三是合理安排训练负荷,不能在过度疲劳的情况下继续练习;四是加强自我保护意识,禁止使用粗暴动作。

其他篮球运动损伤分析。除了以上损伤外,大学生篮球运动时所受的其他损伤大都是受到他人的身体冲撞而致,可加强练习,加强上下肢、腰腹背部力量的练习,从而减少损伤,同时也要注意在练习中加强在身体对抗中的自我保护意识。

第七章 不同大学生群体的健身方法分析

第一节 肥胖群体的科学健身方法

随着人们生活水平的不断提高,患肥胖症的人越来越多。肥胖症的产生有多种原因,对引起肥胖症的因素进行研究,对于探寻有效的减肥方法有重要意义。采用科学的运动方法,可以从多方面减少肥胖症的发生。

(一)大力加强营养健康教育

从饮食方面,应减少食用富含碳水化合物、高蛋白和高脂肪的食物,多食用含纤维的食物;减少进食的热量(控制在 1 500 cal 以内),节制饮食。要让这类人群懂得合理的饮食对他们的体形和体质是多么重要;让他们懂得肥胖不但影响日常学习和生活,而且严重影响未来的婚姻、家庭,甚至工作、事业。

(二)采取有效措施,引导学生参加体育锻炼

培养学生良好的锻炼习惯和健康的生活方式,提高肥胖学生对体育运动的兴趣,促使他们积极自愿地参加体育运动,形成热爱体育、崇尚运动、健康向上的良好氛围。可根据学生肥胖程度分为个人、两人或多人形式的减肥小组,指导学生开展有计划、有目的、有规律的体育锻炼,努力改善肥胖学生的身体形态和机能,发展自我身体锻炼的能力,培养终身体育锻炼的习惯。学校和团组织可采用大学生易于接受的方式,如在学校播放宣传体育锻炼相关的动画、在展板上展览宣传画、开专家讲座、举办演讲比赛等,利用多种媒体途径,使学生广泛了解不同类型的运动和身体练习方法(娱乐、健身、保健等),使"每天锻炼一小时,健康工作五十年,幸福生活一辈子"的理念深入人心。《国家中长期教育改革和发展规划纲要(2010—2020 年)》(以下简称《纲要》)中明确指出,加强体育,牢固树立健康第一的思想,确保学生体育课程和课余体育活动时间,提高体育教学质量,加强心理健康教育,促进学生身心健康、体魄强健、意志坚强。该《纲要》的颁布,体现了国家对大学生体质的重视和对大学体育工作的要求。学校要建立健全的体育工作机制,积极探索适应肥胖大学生的体育教学与活动,根据学生在生理上、心理上的需要来制定教学大纲,合理安排教学内容和目标。教师应认真上好每节体育课。学生要积极参加各项体育活动和竞赛。

学校和教师应该鼓励学生走向操场,走进大自然,走到阳光下,确保学生每天锻炼一小时、每周两节体育课。举办多层次学生体育运动会,积极开展竞技性和群众性体育活动,注意发展学生的体育运动兴趣和特长,使每个学生都能掌握两项以上的体育技能。要因地制宜地经常开展以院、系、班为单位的体育活动和竞技比赛,做到人人有体育特长,班班有体育团队,各院、系有体育特色。

(三)指导学生科学、有效地进行体育锻炼

1. 选择正确的运动方式

脂肪是身体中最高效的储存能量,这一能量的利用主要是通过有氧耐力运动。在长时间耐力运动中,所需总热能大,能量代谢以有氧供能为主。人体大量利用脂肪供应能量,使血液中甘油三酯水平下降。经研究表明,有氧耐力运动是改善血质的最佳运动形式,是减肥的最直接、最有效的方法。常见的有氧耐力训练包括长距离快走、慢跑、游泳、远距离骑自行车等。由于肌肉活动的加强,导致身体的消耗增加,恢复过程中也需要消耗胆固醇,从而达到减脂的目的。最新的研究发现,在进行有氧耐力训练的基础上,增加一些力量练习(如推举杠铃、俯卧撑、仰卧起坐等),可以提升降血脂的效果。力量训练是加速静止代谢率的最佳方法。有氧运动的效果主要是在运动中消耗脂肪,对运动后的代谢率影响时间较短;而力量训练能在运动当天甚至第二天仍大幅度提高基础代谢率,这主要是肌肉在运动后的修复工作所致,既可以消耗更多的脂肪,又可以有效地防止脂肪的再合成,使肌纤维增粗,肌肉间的结缔组织增厚,肌肉变得结实有力。因此,最理想的降脂运动方式是以每周 4~5 次的有氧耐力训练加上 1~2 次的力量训练。

2. 合理安排运动时间

国外的研究发现,长期运动使血脂得到改善后,如果停止运动一个月,运动带来的有益改变就会消失。有研究比较过同样运动形式的一次运动与长期运动对血脂影响的差异,结果发现一次运动对血脂几乎没有什么影响,但是长期运动后心肺功能得以改善,心脏收缩力加强,血液循环加速,流过肌肉组织的血量增加,血脂得到了改善。因此,改善血脂的运动不是一次、两次的运动,而是长时间的运动。较为理想的运动时间是每天运动 30~40 min 以上,每周运动 4~5 次,运动持续 3 个月以上,才会有比较明显的降脂、减肥效果。

3. 科学掌握运动强度

单纯性肥胖患者运动干预的目标是增加能量消耗、减控体重,改变身体成分

分布、减少腹部脂肪,改善循环、呼吸、代谢调节等功能。运动处方的 PITT 推荐与健康成年人类似,但更加强调次数(每周至少 5 次),运动总量目标是每周 300 min 中等强度运动或 150 min 高强度运动,建议循序渐进逐渐达标。

减重目标的设计应切合实际,推荐 3~6 个月内减重体重的 5%~10%。需要注意的是,体重管理在于能量摄入与能量消耗的平衡。为了达到降低体重的目的,应同时做到合理膳食,每日减少 500~1 000 cal 的能量摄入,每周至少 150 min 的中等强度运动,以最大程度获得健康体适能的益处。逐渐增加至较大量的运动,如每周运动时间大于 250 min,以促进长期控制体重。

对于能改善血脂的运动强度,研究人员已经达成共识,最适宜的强度是中等强度。在过低的强度下运动(比如散步),血脂的改善效果很不明显。那么,中等强度的运动应该怎么把握呢?在运动中感觉微微气喘,但是能够说出完整语句的运动就是中等强度运动。举例来说,一个小时 5 000~7 000 m 的快走或慢跑就是中等强度运动,更加精确的强度控制可以借助心率实现。把心率控制在 55%~70% 的最大心率(220-年龄),就是中等强度。如学生年龄为 20 岁,适宜的中等强度运动心率就应控制在 120~140 次/min。

不论采用什么方式和手段进行锻炼,都应遵循"因人而异"和"循序渐进"的原则。只有持之以恒,健美的身材才会慢慢出现,身体才会更加健康。在体育锻炼中,只有正确掌握好运动负荷,根据运动项目、身体特点及场地器材的情况,通过对运动时间、距离、重量、练习次数的增减来调控运动负荷,使肌体得到有效锻炼。运动锻炼的最终目的,并不是单纯地为了减肥,而是更加健康。

大学生是祖国的未来,他们的体质健康状况是国民体质健康的根基,他们的体质健康势必影响到整个中华民族的整体体质健康水平,影响到国家未来的建设与发展。我们应重视肥胖的发展趋势及其对大学生的危害。针对现状,制定相关的政策和措施,主动地、积极地、科学有效地指导和干预大学生体质健康工作,广大体育工作者应该为此更好地尽职尽责。只有全社会共同努力,肥胖大学生的体质健康状况才能得到根本改变。

第二节 强身健体群体的科学健身方法

生命在于运动,坚持体育活动,不仅可以增进健康,而且可以预防疾病。对于学习压力较大的大学生来说,适当地进行身体锻炼是有好处的,不仅可以提高运动素质,还可以做到劳逸结合,使智力水平得到充分的发挥。大学生一般都是静坐在教室、实验室、自习室,低头弯腰地学习与工作的,如果长期保持这种姿势,又不参加身体锻炼,往往会引发各种疾病,如供血不足、神经衰弱、胸腔狭窄、肌肉软弱无力、心脏疾病、便秘等。因此,大学生要经常参加体育锻炼,使心脏和胃肠都得到良好的锻炼,精力充沛,同时,身体锻炼还是一种积极的休息。脑细胞各有分工,进行身体锻炼时,管理肌肉活动的精神细胞处于兴奋状态,而思考问题的神经细胞则处于抑制状态,如此能使身体得到很好的积极性休息。

(一)有氧锻炼法

有氧锻炼法是指锻炼者在锻炼过程中没有负氧的情况下进行身体锻炼的方法。这种锻炼方法运动负荷适中,可以有效地提高心血管和呼吸机能,促进新陈代谢,并能减少脂肪的积累。这种方法包括长跑、竞走、游泳、骑自行车、耐力体操及节律操、徒步旅行等。

(二)娱乐消遣法

娱乐消遣法是指为了寻求生理上的放松、欢度余暇而进行的锻炼方法。这种锻炼方法运动强度不大,令人轻松愉快,具有消除疲劳的特殊功能。这些活动可供体质较弱者来选择,终身坚持活动能够促进机体的发展,达到增强体质的目的。这些活动包括散步、旅游、郊游、踏青、登山、日光浴等。

(三)保健养生法

我国古代的很多保健养生法,如气功、导引等,在健身强体上流传至今,深受广大锻炼者的喜爱。这种锻炼方法讲究内外统一、神形兼顾,要求身体的外部活动与内在气血运行一致,从而使身体与卫生保健结合,达到健身祛病、延年益寿的目的。在进行锻炼时,要因人、因时、因地,根据自己的性别、健康状况安排锻炼的时间和进度,充分考虑到季节、地区、自然环境等因素对锻炼效果的影响,运动量、运动强度也要由小到大,并在锻炼过程中逐渐积累经验,掌握适宜的运动量,以期达到自我身体锻炼的最佳效果。不顾人体的生理特点,一味地追求大运动量,不按人体各器官不同的最佳发育期选择有针对性的运动项目进行锻炼,不注意全面发展的锻炼,扰乱体力和脑力劳动的生物规律,运动没有规律,不注意运动环境和运动卫生,心血来潮,不能善始善终地锻炼,等等,都是有碍健康的锻炼方法,应及时纠正和避免。身体锻炼能增进身体发育和增强体质,如果锻炼方法不当,违背了人体发展规律,就会适得其反。因此,大学生要按照一定的原则和实际,科学地锻炼。

1. 早操

人们习惯认为早晨是锻炼身体的大好时光,可有关研究资料表明,早晨锻炼并非良辰。首先,早晨的空气并不新鲜。一年中,绝大多数的早晨(特别是5:00~8:00),陆地上空大气都会出现逆温层,其高度200~1 000米不等,它像一个盖子一样,使城市中较多的烟尘和杂质聚集在其下面。加上早晨空气扰动小,致使烟尘杂质不易扩散到高空和周围去。其次,从生理学角度看,早晨是肝脏中含糖量最低的时期,若在这段时间进行体育锻炼,运动的能源——糖将主要靠脂肪分解供给。脂肪作为能源物质进入血液后,由于机体不能有效地利用其中的游离脂肪酸,导致血液游离脂肪酸浓度显著增高。有关学者对心脏病人调查后发现,清晨不仅是心脏病发作的高峰时间,也是猝死最多的时刻,发病率占61.3%,比下午1:00左右要高3倍。这主要是因为早晨血液黏稠,容易形成血栓,进行较强烈的运动,也容易造成碰、撞、扭伤等。

当然,并不是让所有人放弃早上的锻炼时机。对大学生来说,每天早晨起床后坚持10~15 min的运动负荷比较小的运动,仍是极其有效的,可以消除一夜睡眠后人体组织的"淤滞"现象,使整个机体承受能力得到增强,焕发学习的情绪,提高学习效率。如广播操、健美操、慢跑、太极拳与武术等,都是很好的锻炼项目。

2. 下午课外活动时间的锻炼

根据人体生物钟节律,最佳锻炼时间是下午5:00和接近黄昏的时间。此时,绝大多数人的体力和动作的灵活性、协调性、准确性以及适应能力均处于最佳状态,而且人体内的糖分也增至最高峰,进行各种健身运动时,不会产生能源代谢紊乱和器官机能运转超负荷的现象。

3. 睡前的身体活动

睡前锻炼也收效甚佳,这是因为睡前身体活动的作用能在睡眠全过程中得到维持,尤其是做一些加深呼吸的运动,如活动膈肌或扩胸动作。这些运动能使人体整个系统充氧,处于较好充氧状态的人,不仅睡眠好,而且解除白天疲劳的速度也会大大加快,使身体得到很好的恢复。特别是对失眠的人而言,睡前锻炼对治愈失眠症很有必要。睡前活动给身体带来的热量排放不仅能调节全身的代谢,而且运动后的良性疲劳会通过一夜的睡眠得到恢复。特别是睡前锻炼后洗个澡,将使人非常舒服地进入梦乡,这对有神经衰弱的人来说无疑是最好的入睡良方。锻炼项目有散步、做操、仰卧起坐、引体向上、立定跳远、俯卧撑等。

第三节 患病群体的科学健身方法

一、影响患病群体大学生体育锻炼的因素与对策

大学生体育患病群体是指由于身体上处于弱势而导致其在进行体育运动时相对于正常学生处于一种不利地位的大学生群体,其"弱势"突出表现在身患残疾、患有不宜参加剧烈性运动的疾病以及体质虚弱等。目前,高校保健体育班学生群体呈逐年增高趋势,这一特殊群体在身体和心理层面上差异均较大。

(一)大学生体育患病群体运动参与的影响因素

1. 体育认知

患病群体的体育认知不足,在心理上首先否定了自己,不敢尝试、体验新动作,总是自我封闭,让自己成为课堂中的"自由人"。

2. 运动负荷

因为体育是体育患病群体的弱项,可能教师安排的负荷不适合他们,所以他们在心理上惧怕运动,不能达到预期效果,课余时间更不会给自己安排一定的运动量。有些体育弱势学生不能进行剧烈的运动,不代表就不能运动,但他们总会以此为借口远离运动,没有了运动量,更谈不上运动负荷。有些学生在体育课上总带本书,自由活动时一个人绕操场慢慢地边走边看,不但自己没达到一定的负荷要求,还会影响到其他同学的运动。

3. 运动项目

部分学生在课内、课外不喜欢参与运动的原因,可从课程内容安排和学生本人兴趣两个方面来探究。首先,运动项目的安排不适合一部分学生的参与,例如,课堂内容是"快速跑",心脏有问题的学生就不能练习,教师又没安排适合的运动项目给他们,那么他们只能不参与运动。其次,学生对所学运动项目不感兴趣,没有感受到运动的快乐。体育弱势者一般在体育方面的气质都表现为抑郁质,性格多半是内向型,注意和兴趣集中于内部世界,孤僻但富于想象。因此他们在选择运动项目时,一般都会选择单人且简单易行的项目,而且对器械要求不高。

4. 体能水平

体育弱势学生先天体能水平就低,也有后天不良的生活习惯导致体能水平低下的情况。因为缺少运动,肌肉长期得不到运动,因此体能也就无法得到加强。在速度方面,体育弱势学生要慢于正常学生,无论是反应速度、移动速度,还是动作速度都比不上经常参加运动的人;在力量方面,不参加锻炼就谈不上力量,没有天生的力量,体育弱势学生平时又没有一定的运动量,力量远不如参加运动的学生,而灵敏性、协调性、平衡性等都需要经常运动练习才能得到加强。体育弱势学生的这些能力都没得到训练,体能水平显然很差。

5. 生理机能

生理机能是指人体各器官系统发育是否良好、功能是否健全、运转是否自如等,这是衡量人体是否健康的重要标志。在以往评价体育成绩中往往忽视了"生理机能"这一重要标准。体育是一门科学,必须遵循人体生理的基本规律,从实际出发,因人而异。科学地锻炼身体能提高人体神经系统、循环系统、呼吸系统、消化系统等的功能,提高体质健康水平。

6. 环境因素

大学生参与运动主要受场地、器械、同学、教师和家庭等环境的影响。健康的大学生很容易融入一个集体,能够接受任何环境,而对于体育患病群体,他们对人或物都比较挑剔。场地、器械环境方面,大学生体育患病群体没有一个良好的运动场所和可以利用的资源,场地少、器材少。同学方面,大学生自然会和有共同语言的人在一起玩,有些学生会刻意远离体育患病群体。大学生的心理还不成熟,可能不会考虑他人的感受,看了体育弱势学生做的动作甚至还会嘲笑。教师方面,部分教师的素质存在一些问题,职业道德素养不深,心理上会排斥体育弱势学生,不能从各方面去了解体育弱势学生,对他们关爱不够,让体育弱势学生产生距离感,不敢接触老师,惧怕老师。

(二)大学生体育患病群体运动参与的改善措施

研究和挖掘大学生体育患病群体的体育兴趣是提高他们的健身意识、健康观念的有效途径。提高他们的体育兴趣可以从多方面入手。

1. 学习必需的保健知识

开展体育保健教学,培养学生预防为主、治疗为辅的健康意识。在体育课上要加强对传统保健与养生理念的宣传。要让学生了解到体育锻炼在当今生活、学习、工作中的重要作用,激发他们参加运动的兴趣,体验到体育运动带来的身体和心理的良性变化,从而促进学生自觉、主动、积极地进行体育锻炼,并逐渐培养终身锻炼身体的意识。

2. 寻找适宜的运动项目

由于体育保健班学生身体情况差异较大,不适合进行大强度的运动项目。而传统的保健与养生功法是通过意念引导进行缓慢的运动,可以促进阴阳平衡、调和气血、疏通经络,从而达到强身健体、防病治病的目的。由于该运动项目强度小,主要强调的是对身体内在的锻炼,对于体育患病群体大学生来说非常适用,而且它不受场地和器材限制,在宿舍或室外都可以练习。我国一些优秀的传统健身功法在养生中追求个体的平和与自然的协调,强调人与自然、社会的和谐,在习练过程中,习练者心里会变得平和,对体育运动项目逐渐提高兴趣,对自身的健康更加负责。

3. 运用多种教学手段

体育保健班教学不应只是课堂上的教学,还应包括学生课外学习的内容。如果在教学中只注重课堂教学,就会使学生失去对体育的兴趣。因此,应要求学生在课外体育活动中进行练习,把体育课中所学的知识进一步加深和巩固,从而增进对体育的兴趣。高校开展传统体育保健与养生的教学,要改变只重视竞技体育教学的模式,丰富体育教学内容,将娱乐性、休闲性的内容融入体育教学中,从而提高学生的求知欲,激发学生对体育的兴趣。丰富课堂内容,除传统健身功法中的动功外,还可以增加一些静功,增加肌肉力量和骨密度值,有些静功还可以使其身心得到进一步放松。另外,恰当地安排体育游戏,可给人以愉快、轻松的心理感受。

4. 弱化体能评价指标

为了使考核达标,促使学生参加锻炼,对体育弱势学生应加大课外体育活动考核比例,以促进学生终身体育锻炼的能力。在体育保健班考核体系中,应强调上课时的表现,即体育活动的参与程度、积极程度和认真程度,减少健身活动中的体能评价指标,促使学生产生学习兴趣,以便满足不同生理状态学生的心理需求。

总之,培养学习兴趣是引导学生学习入门的金钥匙,这是促进学生主动发展的内在因素。学生的学习兴趣与教师的教学方法有很大关系,教师应探索一些行之有效的教学方法。

二、以提高运动能力为目的的科学健身方法

1. 寻找原因,提高认识

"弱势"学生往往对体育缺乏兴趣,因此在教学上首先要从思想上入手,改变他们长期以来对体育运动的认识水平。例如,上课前可以让学生通过互联网、图书等查找有关体育运动的一些知识,在思想上有所准备,从而为今后参与体育运动打下良好基础。

2. 养成运动习惯,培养终身体育意识

"弱势"学生都有一个共同特点——没有良好的体育运动习惯,一周运动时间少之又少。针对这一问题,在课堂教学中,首先从课堂常规要求入手,如运动服装问题,主要是为了提高学生对体育课的重视程度。并且,在课堂的练习中,教师应安排一些"弱势"学生力所能及的练习,使他们能积极地参与到练习中去。课后,布置一些练习,督促学生完成好练习,以保证他们每天都有一定的运动时间,逐步使他们养成良好的运动习惯,为终身体育意识的树立提供保证。

3. 参与运动,改善身心

"弱势"学生往往在自信心、意志力、合作能力等方面都有不同程度的欠缺,通过参与体育活动,在与人合作的学习过程中,让他们的身心得到健康的发展。例如:参与篮球练习可提高协调、灵敏、合作的能力;通过体操技巧项目的学习,

可提高身体的空间感觉、协调性和力量素质以及树立互帮互学精神；通过游戏活动，使他们在愉快的活动中学会与人合作。让他们在学习的过程中不断实现课程标准所要求的目标。

4. 提高体育运动的欣赏能力，进一步提高参与体育活动的兴趣

20世纪，电视的出现给全世界爱好体育的人提供了欣赏高水平体育竞赛的机会。例如：70年代，中国乒乓球队勇夺世界冠军，带动全国的乒乓球热；80年代，中国女排"五连冠"掀起了排球热；90年代的NBA篮球赛、世界杯足球赛，不仅丰富了人们的业余生活，同时引发了全国篮球热和足球热。因此，安排"弱势"学生有目的地欣赏一些电视传播的体育竞赛或亲临现场观看一些体育比赛，可提高他们对体育运动的认识水平，同时也可提高他们对体育运动的兴趣，为今后参与体育活动、实现教学目标做准备。

5. 指定学习目标，明确努力方向

基于"弱势"学生身体素质较差的特点，在教学中，要根据他们的身体素质状况，指定教学目标，不能一成不变，要因人而异、循序渐进。例如，学习排球时，先从自传自垫开始练习，根据学生技术水平情况，完成的次数各不相同，在完成规定的次数后，再进行对墙垫球练习，逐步过渡到双人对垫、传球发球练习。以此不断地提高他们学习的自觉性。另外，根据学生身体状况，在不同阶段制定不同的学习目标。有了学习目标，学生学习起来才有一个明确的努力方向。在身体练习的过程中，让学生体会体育运动对身体健康状况带来的好处，从而坚定学习的信心。

6. 为患病群体提供一个展示自我的平台

当前大大小小的体育竞赛，都是为运动能力强的人提供展示自我的机会。我们也应该为"弱势"学生提供参与体育竞赛的机会，如只有肥胖学生参与的拔河比赛、瘦小学生参加的绕杆比赛等，都可为"弱势"学生提供展示的机会，从而提高他们学习的自信心以及参与体育运动的热情。

三、大学生体育患病群体体育教学现状与对策研究

大学生体质弱势大致分成三类：第一类是身体患有残疾而不适宜参加常规体育活动；第二类是身体患有各种慢性疾病及其他疾病；第三类是身体偏肥或偏瘦、基本运动素质偏差及其他情形。

通过调查发现，一些高校对体质患病群体开设的体育课采用随班就读、体育免修或体质健康标准免测形式，教学随机性很大。部分高校这种知难而避、因噎废食的轻率之举，有悖教育方针。体育教育要使每个受教育者都受益，增强学生的体质健康，培养终身体育意识。开展体质弱势学生体育教学改革，使他们切实

享受到体育的权利,对于形成健全人格、促进和谐群体形成、促进和谐校园建设等方面具有重要作用。

1. 大学生体育患病群体体育课程设置及教学现状

从教育部颁布的《全国普通高等学校体育课程教学指导纲要》对部分身体异常和病、残、弱及个别高龄等特殊群体的学生,开设以康复、保健为主的体育课程中不难看出,无论从接受体育教育的对象——体育患病群体,还是课程设置及其结构本身,均体现了现代高校的教育目标。然而,在教学指导纲要实施过程中,各高校情况却不尽相同。相关研究对20所大中专科院校随机抽样调查后发现,只有6所高校针对体育患病群体开设了体育课程,占被调查学校的30%。在这6所开设体育课程的高校中,开设体质患病群体体育班的历史都不长,只有5～6年时间,而且这些高校中至今仍没有统一的体育患病群体体育课程教材,也没有统一的体育教学规定,均由任课教师自定教学计划、教学内容,授课对象主要以伤、残、体弱患病者居多,占授课对象的90%以上。任课教师多数以年长的体育教师兼任,上课时间一般安排在下午课外活动时间。

(1)没有针对性的教学内容与有效的教学方法。高校还没有为体育患病群体制定针对性的课程指导纲要和相应的体质测试标准,导致教师在授课时没有明确的课程目标,体育教学内容五花八门,教学过程随意性很大。教师疏于教学方法的研究,课堂的严谨性和教学的有效性难以保障。体育患病学生是需要关心和帮助的群体,但这样的教学环境会使他们放松对自己的要求,对他们身体和心理的锻炼效果也就微乎其微。这样会使患病群体变得更弱势,教育作用根本无法体现出来。

(2)缺少教学督导。努力实现体育患病学生的体育教育是教育现代化所追求的目标之一,即人人享有教育的权利。但目前存在的一个不容忽视的问题是,虽有《全国普通高等学校体育课程教学指导纲要》"对部分身体异常和病、残、弱及个别高龄等特殊群体的学生,开设以健康、保健为主的体育课程"的规定,但在实际操作中只有30%的高校开设体质弱势学生体育课。而这30%的学校开设的体育课的质量也无从保障,缺少自上而下的监督机制。教学督导组织对正常体育课进行检查和指导,忽视了体育患病学生体育课的存在,这使教师授课时缺少了自我约束,更不会有自我提高教学质量的动力。同时,各高校的体育部领导对这个课程也没给予足够的重视,在教学大纲制定和教学实施阶段完全放手,最后变成了授课教师一个人的独舞。部分高校还未对这部分学生开课,随他们在正常班"随班混凑"或"免修体育",以此来逃避责任,这更能反映缺少监督的弊端。长此以往,教师和学生的积极性受到极大伤害,也就逐渐形成了体育教学过程中没人在意的最大问题。而这个问题的解决不能仅靠个别学校或教师的努力,需要从政策法规上加以完善。

(3)体育教学中还未真正注入伦理关怀的精神。高校体育工作者应既了解心理学、运动医学、体育保健常识,又了解残疾人教育等知识,这样才可以设身处地考虑体育患病学生的需要,帮助他们实现与社会的融合。无论学校还是社会,这一理念至关重要。由于教学对象的特殊性和体育教育要直面身体练习的特点,更应该让其他学生与弱势学生一样,学会尊重他人、关心他人、欣赏他人。而目前的研究中尚未见到从人性关怀的视角建立构建课堂教学的实践操作体系。没有关怀的教育是缺憾的教育,它从根本上忽视了对个体生命的呵护与关照。

(4)传统的教学评价体系缺少灵活性。对于普通大学生的教学评价往往从学生体能、掌握体育知识与技能方面进行。发展体能是学校体育教学的重要目标之一,就体育课堂教学评价而言,身体形态、身体机能和健康水平等评价指标恰恰是体育患病学生的短板,如果直接从这些方面进行评价,无疑会损害学生的自尊。当体育患病学生需要直面自己的身体问题时,常常会出现消极健身或回避体育运动的态度。另外,体育成绩的"标签"式评价使体质弱势学生对自己的健康及学习前景忧心忡忡,因而,隐瞒身体事实勉强跟随普通体育班进行力不从心的体育锻炼的情况时有发生。

2. 改善措施

(1)体育患病群体体育教学要在政策的"严"和教育的"爱"中进行。建立学校督导组,定期开展以保证体育课时、落实学生每天1小时体育活动和实施《学生体质健康标准》为重点的学校体育工作专项督导。加强对体育患病群体体育课的检查,保证体育教学按时按量地完成。体育患病群体的体育教育强调人文关怀,将每一位学生都能得到体育学习的理论层面上升为可操作、可监测的实践层面。通过师生共同努力,让每一位体育弱势学生在体育学习中都能体验到关怀、收获到健康、感受到幸福。不同层次的学生都能得到合适的体育指导,使体育患病群体在接受体育教育时不感觉难堪。教师应从个体差异角度挖掘学生生理和心理需要,从而有针对性地因材施教。"教育权利均等,个体发展多样化"将是高校体育患病群体体育的发展目标。

(2)培养专业的教师为体育患病群体服务。师资短缺是影响当前体育患病群体体育课教学质量的最大瓶颈。体育患病学生体育教育工作有其自身特点。一名合格的体育教师应当具有较丰富的体育锻炼知识与技能,熟悉运动医学、体育保健常识,同时又了解残疾人教育的一般规律与方法。因此,高校应着重培养专业的体育患病学生体育师资。可组织高校体育教师进行专业培训,重点应放在体育患病群体体育教育的理论知识与技能(教学工具、手段与方法)的培训,例如：学习体质弱势学生心理学、教育学等知识。开辟特殊体育新学科、专业建设，有利于培养专门人才；在相关专业中渗透特殊体育学科知识的传授，可以提高人才的综合素质。同时要加强对特殊体育科学的研究，提高学术水平。

(3)体育教学内容的灵活选择与教学方法的合理运用。教学内容是实现教学目标的载体。针对体育患病学生群体，要对现有体育课程内容进行重新整合，并根据实际需要，有针对性地开发适合这些学生的新的教学内容。针对患有某种疾病或残障学生，继续保留体育保健课教学内容，并适当加以丰富和发展。多数高校开展了太极拳项目，对学生身心发展帮助较大。但如果能吸收一些球类运动或时尚运动元素（如乒乓球和健身操等），会更大地提高学生的学习热情。针对体形偏瘦或偏胖的学生，应该以中等运动负荷的各种各样的身体练习方法为主，突出运动性特点，以培养学生运动兴趣，强化体育改善体质的健身途径。

(4)加强场地器材建设，为体育患病群体提供优良活动环境。体育患病群体的体育课堂多数都是临时教学场所，学校没有为这部分学生提供单独的活动场地，很难保证学生能够安全、愉悦地进行体育活动。这些体质弱势、心理缺少自信和安全感的学生，需要比普通大学生更多的理解和关心，需要良好环境为他们的身心挡风遮雨。学校应建立固定的患病群体体育课堂，对教室进行单独的装饰设计，配备多样的健身康复器械。因为这部分学生容易疲劳，所以建议设置单独的休息区域，帮助学生快速恢复体力。另外，应全天开放这些场所，让学生可以自由选择时间来进行体育锻炼。

(5)建立科学的体育患病群体体育教学评价体系。对于体育患病学生来说，由于身体条件的原因，一般较少热衷于参加体育锻炼，多数表现为喜静、少动。如果拿普通大学生考核评价标准来要求这些学生，将极大打击他们的锻炼热情和自信，因此，必须建立科学的评价体系来反映学生课堂表现及学习效果。建立新的评价体系，要针对学生身体和心理特点，以学生掌握体育知识、体育保健知识与技能为教学评价的核心内容。设计能反映学生参加体育锻炼前后态度变化的指标，设计能反映学生参加体育锻炼前后心理品质变化情况的指标，设计能反映学生身体机能改善和提高的评价指标。在评价时注意避免歧视，淡化学生间的比较，重视个体的进步，以鼓励为主，注意培养学生的顽强意志。

面对高校体育患病学生这类特殊群体，要有效地开展体育教学工作，建立严格的监管机制，开发体育患病学生体育教学内容，培养对应的专业教师，完善场地器材，建立灵活适用的教学评价体系，不但能很好地提高教学质量，而且能使学生受益，最终实现"健康第一"的体育指导思想。

第四节 体态矫正群体的科学健身方法

一、大学生正确的体态标准与形体锻炼的意义

(一)大学生正确的体态标准

体态是指身体的姿势,也就是我们平常所说的站姿、坐姿、走姿以及手势等。良好的形体姿势对于生活、学习都有很大的帮助,在与人接触的第一次,一举一动就已进入对方的视线,这也是无形的自我名片。

1. 正确的站姿

正确的站姿应该首先是身体的各个部位都是放松的,不是僵直的,但要注意这里的放松不是松懈,而是积极的放松状态。

(1)头部:自然摆正,眼睛平视前方,不左右偏,也不仰头或低头,不要俯视也不要仰视。

(2)肩部:自然下垂,不要耸肩也不要故意压肩,应该是放松的,可以自由活动。

(3)胸部:自然舒展,不要故意挺胸,也不要过于含胸,只是微微有点含胸即可。

(4)腰部和背部:背部要挺直,决不能驼背。腰部要立起来,不要松松塌塌的,这样会给人很没精神的感觉,而且容易显得老态。

(5)脚:可以稍微分开一点与肩同宽,或者一前一后,呈"丁"字形站立。

2. 正确的坐姿

与站姿不同的是站姿是,将重心落在脚的前部,而坐姿是将重心落在臀部。头部、肩部、胸部、腰背部跟站姿都是一样的要求,但坐姿也有要注意的问题。

(1)手臂:自然平放在桌上,不要光用手臂的力量来支撑身体,支撑我们身体的还是腰背部,否则会造成耸肩,使头颈后缩,给人一种紧张拘束、畏畏缩缩、没自信的感觉。

(2)臀部:应该坐在椅子的前 1/3 处,不要坐满臀,否则容易使背部挺不直,腰立不起来,使不上劲。重心落在臀部上,能给人很稳的感觉。

3. 正确的走姿

优美自信的走姿是平稳轻盈的,一定不能拖拖沓沓,让人觉得无精打采,表现不出良好的精神面貌。

行走中,对头部、肩部、胸部、腰背部的基本要求也是与站姿、坐姿要求是一致的,另外还要注意如下几点。

(1)双臂:以肩关节为轴,上臂带动下臂协调地前后摆动。不要随意地甩手臂,或者在身体前部摆动,这样不雅观,显得很随便。

(2)双腿:膝盖正对前方,以胯带动膝关节再带动小腿向前迈进,向前迈的腿的重心应该落在脚后跟,不要用前脚掌着地。另外,后面的腿的膝关节内侧应该是伸展的,这样可以使后面的脚跟自然带起,显得干净利落。

(3)腰部:我们提倡用腰部走路,也就是说,重心的移动要以腰部为轴,用腰部的力量来带动腿部向前迈进。

4. 恰当的手势

手势也是一种辅助表达的手段,可以用来帮助我们传递信息,增进交流,但是要注意与内容的协调、手势本身的自然舒展以及明确简练。

在手势的运用中,一定要注意与内容紧密结合起来,否则就会显得多余,还会影响有声语言的信息传递效果。有的学生的手势显得很做作、僵硬,这可能是由紧张或者本身身体的习惯性僵直造成的。这样的手势会让人觉得很拘谨,没有交流感,反而暴露出自己不太沉稳自信的心理状态。如果手势表现不自然、不舒展,还会加重自己的紧张心理,所以首先要在放松的状态下用手势来辅助语言的表达,才会起到积极的作用。还有的人手势特别多、特别杂。这由多种原因造成,有可能是一紧张就忘词,然后就不停地用手势来帮助回忆或者是掩饰。还有的平时说话就用手势比较多,成了习惯,所以习惯性地使用过多的手势来配合语言表达。还有的根本不知道该用什么手势来表达,所以想用手势的时候就犹犹豫豫的,不知道该选择什么样的手势来表现,很放不开,畏畏缩缩,不干净利落。

(二)形体锻炼对大学生的意义

1. 形体锻炼对大学生意识上产生深刻的影响

形体锻炼不仅是对身体的一种锻炼,而且能从思想上提高大学生的审美能力和表现美的能力。形体锻炼的每个动作、每一线条都充分展示了富有生命力的人体美。据统计,盐城工学院有70%的女生不满意自己的身材,减肥成了普通高校女生追求时尚的一大主题。学校为了引导女大学生对形体美正确的认识,真正地为大学女生的形体修塑搭建平台而设形体课程。通过选课前和选课后的比较调查发现,女大学生在对形体课的认识水平有了很大的提高,在"培养高雅的气质"(前54.6%,后100%)、"提高协调性"(前16.2%,后100%)、"修塑形体,使形体优美"(前67.8%,后96.5%)这几个方面得到了女大学生的一致肯定。

2. 对体型的影响

体重、身高、胸围、腰围、臀围、坐高等是衡量体型的一系列指标。下面就女生最关注的一个指标展开讨论——体脂百分比。体脂百分比是体型指标的重要因素之一,一般说来正常女性脂肪占体重的18%~20%。体重测量较普遍采用的计算方法有两种。一种是"身高(cm)－100×0.9＝标准体重(kg)";另一种是"身高(cm)－100＝标准体重(kg)"。选课前偏重、偏瘦,正常的百分比依次为31%、11.5%、50%,选课后百分比变为6.3%、5%、79%,说明形体课还是有助于体脂百分比恢复正常的。

形体美是自然美和社会美的有机统一。形体锻炼影响着大学生对美的深刻认识,激发他们对形体美的不断追求。动态的、静态的、外在的、内在的都是形体美的重要部分。形体锻炼不仅修塑了形体,还包括对道德修养、自信心的锤炼,自我表现力的培养以及艺术品位的提高。通过问卷调查,统计了盐城工学院形体课选修班女生对形体的认识和体会、形体基本情况、课程大概设计等,由于课程局限在选修课的范围,形体课的作用还有待扩大发挥。

形体锻炼不是一朝一夕的功夫,在日常生活中我们应随时注意自己的姿态和行为举止,习惯成自然,饮食上做到定时定量和营养均衡,同时保持充足睡眠。加强文化修养,广泛吸收科学文化知识。艺术修养与时代同步发展,广泛涉猎各种美的信息,不断更新思想,让自己不停留在旧时的审美之中。时代在不断地变化,大学生在对美的认识上应该保持一种理性的态度,面对外来文化的冲击和洗礼,我们要取其精华、去其糟粕。不要盲目地追随,对于整容整形要保持高度警惕,每个人都有自己独特之美,遵循自然规律,相信科学,保持身心健康。

二、大学生体态的影响因素分析及改善措施

(一)大学生体态的影响因素分析

1. 大学生肥胖症产生的原因剖析

目前,在校学生中独生子女已占很大的比例,优越的家庭环境为他们提供了良好的营养条件,同时也带来了营养失衡的弊端。现在的父母工作忙,无暇照顾孩子,给钱让孩子自己买饭吃,而孩子们却经常吃快餐食品。据调查,大部分学生一个人在家时大多吃方便面,喝红牛、可乐等饮料;在街上爱吃"肯德基"等快餐;在学校就买一些劣质食品吃。医学专家指出,过量食用高热量快餐是导致现代学生肥胖的主要原因。另外,根据访谈调查学生的余暇生活显示,体育运动已经不再是课后最受孩子们欢迎的集体活动,取而代之的是各种电脑网络游戏,回家后就看电视、玩电脑等,都是静坐的活动,运动量太少。脑力劳动的增加和体力劳动的减少,使学生的生活越来越倾向"静态化"。这样会使人体摄入的过多能量不能被及时消耗,在体内转化为脂肪,储存在皮下脏器周围,使身体发胖。女生中有的采用节食减肥,有的采用药物减肥,减来减去导致内分泌紊乱,减肥效果也不佳,该减的脂肪没减掉,不该减的水分、肌肉却减了,对身体造成了很大的危害。况且越肥胖的人运动越困难,越困难越不想运动,越不想运动就会导致

更肥胖。这次统计中,肥胖人数占6.4%。肥胖成了这些人的心理负担,不但影响到身体健康,更影响到他们的学习。

2. 大学生驼背、斜肩的原因剖析

驼背是一种较为常见的脊柱变形,是胸椎后突所引起的形态改变。除姿势性和特发性以外,它是许多疾病的体征。在中小学生中,姿势脊柱弯曲异常占绝大多数。从调查数据可以看出,从小学到高中,驼背学生的比例逐步上升。此阶段是身体生长发育最重要的阶段。在生长过程中,若受内外不良因素的作用,就可能发生形变。其中较多的人是因为背单肩包引起的。近年来,单肩包似乎已成为人们日常生活中不可缺少的一件物品,特别是在青少年学生中,它的用处极多,仿佛已成为人们追求潮流的体现。调查显示,约有41.2%的人用单肩包,也就相当于10个学生里面有4~5个人背单肩包。单肩书包的重量压在一侧,使脊柱的一侧受压,另一侧被牵拉,造成两侧肌肉紧张力不等,平衡失调,随之而来的是受压侧肩部的血液循环受到一定影响,这样人体不仅会产生不适感和不良体态,长期被这样压制着,还会导致斜肩和脊柱弯曲异常。另外,有一部分学生长期坐、站、走的姿势不正确,如:由于课桌椅过小,高度不合适,照明不良,使读书写字时坐姿不正;听课、写字喜欢趴在桌子上的学生,都极易骨骼变形。

3. 大学生"八"字脚产生的原因剖析

"八"字脚这一现象在高中阶段所占的比例约为23.3%,虽不是病态,却有碍于形体美,影响运动能力。它形成的主要原因是臀中肌、臀小肌等下肢旋外肌群紧张,长收肌、短收肌、肌薄肌、耻骨肌等旋内肌群松弛以及髋关节周围的韧带—耻骨囊带和股骨头韧带松弛都会造成"外八字",肌肉力量相反就形成了"内八字"。另外,不懂得正确的行走方法也是形成"八"字脚的重要原因。正确的走姿会给人一生打下良好的基础。走姿应该以站立姿势为基础,上体正直,两肩要平,两眼向前平视,不望天,不看地,背不驼,腿不弯;整个身体稍向前倾斜5°左右,但不能弯曲,身体平稳,不左右晃动,重心落于脚掌前部;步子要大小适度、自然大方,脚尖正向前方或微外展约15°,两脚前后几乎踏在一条线上;两臂以上臂带动前臂,前后自然摆动。

4. 大学生"O""X"形腿产生的原因剖析

青少年阶段的生理特点是:骨组织内水和有机物成分较多,无机盐较少,因而富有弹性,不易骨折,但易变形。经常超负重或不注意正确姿势的培养都会引起"O"形腿和"X"形腿。造成"O"形腿和"X"形腿的主要原因,除了某些可能妨碍少年儿童生长发育的疾病(如缺钙性的软骨病)和创伤之外,多与幼儿站立过早、行走时间过长、伤病后两腿支撑时间过长、站立行走姿势不端正、双腿肌肉负荷过重以及缺乏体育锻炼等有关。

(二)基本姿态内容的实施

1. 从教育学生的角度出发

根据学生的心理特点——都希望自己成为一个形体美、聪明、坚强的学生,有针对性地运用美育对学生进行训练。从美育的角度来讲,观看舞蹈、艺术体操、军队阅兵等,使学生认识到形体美是上乘之美。良好的姿态是生活、学习的基础,是人类最基本的文明标准,是社会行为文明与精神文明的结合,基本姿态训练将使学生终生受用。

2. 激励学生,树立信心

激励学生通过基本姿态的标准强化、规范手脚的一切动作,刻意训练自己的手脚的力度、柔韧度、灵巧度,以此树立坚强的意志和毅力。

3. 训练的艺术性

克服枯燥无味的训练方法,采取丰富多样的训练方式,与音乐相结合,调节气氛,调动学生的积极性。用《解放军进行曲》《分列式进行曲》等让学生在齐步、正步走中进行走姿的训练,给学生营造一种氛围,目的是增加训练的严肃性,让学生的不良情绪得到发泄。

(三)基本姿态内容实施的成效

(1)规范学生正确的身体形态,有助于纠正畸形,促进身体各部位的生长发育,有效地改善人的体形体态,提高审美能力,使学生从中获得美的享受、美的启迪,净化心灵,陶冶情操,促使学生身心健康和谐发展。

(2)学生在意志品质、个人气质上有了很大的改变,能够规范自己的行为,专心致志,有效地提高了教育教学质量,同时也促进了学校各项活动的开展。每年的艺术节、运动会上的大型团体操表演,形式多样,整齐划一,赢得了各级领导和社会各界的赞誉。大型活动的成功举行,教学质量的提高,行为习惯的养成,也得益于基本姿态的训练。

(3)从学生日常规范入手,利用体育课和每天的大课间前 5 min 集中训练,采用强化训练、检查、评比等措施,使学生有良好的坐、立、行等习惯,做到坐如钟、站如松、行如风,在集体活动中产生团队意识、协作意识,形成一套有效的管理模式,促进学生良好习惯的养成。

三、以体态矫正为目的的科学健身方法

(一)有氧运动与减肥

1. 有氧运动

有氧运动是指长时间进行运动(耐力运动),使得心(血液循环系统)、肺(呼

吸系统)得到充分的有效刺激,提高心、肺功能,减少身体多余的脂肪,增加骨密度,改善不良的心理状态,从而让全身各组织、器官得到良好的氧气和营养供应,维持最佳的功能状况。因此,有氧运动项目是指长时间的(大于 15 min,最好是 30～60 min)的慢跑、游泳、骑自行车、步行、原地跑、有氧健身操等。有氧运动项目根据其动作的节奏可分为周期性有氧运动项目(如步行、慢跑、游泳、骑车等)和非周期性有氧运动项目(如球类、舞蹈、健身操等)。另外,根据运动对关节的作用力,又可将有氧运动区分为三类:第一类为低冲击力项目,如步行、骑车、太极拳等,适宜作为从不锻炼的体质较弱者或者重度肥胖者的开始练习项目;第二类为高冲击力项目,如跑步、跳绳、篮球等,适宜体质较好、经常运动的青壮年朋友长期练习;第三类是中等冲击力项目,如网球、乒乓球等,虽然双脚没有明显的离地动作,但手臂动作复杂、幅度较大,也同样适合经常锻炼的体质较好的人。而静力训练、举重或健身器械、短跑等运动称之为无氧运动。尽管它们能够增强人的肌肉及爆发力,但由于它们不能有效地刺激心、肺功能,其健身效果不如有氧运动。有氧运动的主要目的是连续地让心跳加快来提高心率,让心脏得到锻炼。经常进行有氧健身运动,可以使身体利用氧的能力得到提高,拥有良好的健康状况,心脏更健康,身心素质也会更好。

2. 关于减肥

体脂的积累是由于摄入食量高于人体所需要的能量,过多的能量在人体内转化为脂肪,而且肌体储存脂肪的能力几乎没有限度。因此,只有设法保持摄入量与消耗量的平衡,才能保持人体的正常体重。而运动减肥是通过增加人体肌肉的能量消耗,促进脂肪的分解氧化,降低脂肪酸进入脂肪组织的速度,抑制脂肪的合成而达到减肥的目的。

健身运动的形式多种多样,运动强度均比较低,运动持续的时间比较长,因此,动用的能源物质与运动的特点相适应。研究表明,运动强度在 60%～80% 最大心率时,脂肪氧化分解为主要能源,血浆中游离脂肪酸的浓度每两分钟就更新 50%,说明脂肪代谢非常活跃。因此,只有有氧运动才能达到减肥的效果,而无氧状态下,脂肪是不分解的。减肥的运动量通常根据要减轻的重量和速度决定。许多学者认为每周减轻 0.45～0.9 kg 比较适宜。具体的措施为:每周 3～5 次运动,每次持续 30～60 min,运动强度为刺激体脂消耗的阈值 60%～70%最大心率,使每周运动的热能消耗量至少达到 900 Kcal。

3. 合理饮食＋运动健身

有规律的科学的健身加上合理的饮食,是拥有健康和苗条的身段的最好办法,而且会使人感觉精力充沛,减少疾病的发生。大豆、瘦肉、鱼类可以提供重要的蛋白质;大量的蔬菜、水果可以提供碳水化合物、纤维素和其他重要的营养物质;少量脂肪是身体必需,但不能过量;米饭、面食,我们称为主食,含有大量的能量,而且极易消化,是瘦身过程中应该减少的;"垃圾食品"如糕点、饼干、薯片等膨化食品对身体有百害而无一利,应该坚决抵制。

总之,无论是日常的健身还是有目的的减肥运动,在了解自己的身体状况和制订科学有效的计划的同时,定期运动并持之以恒是最重要的。只要日积月累,让有氧运动成为生活的一部分,就能体会运动带来的健康和快乐。

(二)跳跃运动与增高

1. 球类活动

打篮球时积极争抢篮板球,跳起断球;打排球时尽量跳起,多做扣杀和拦网动作;在足球运动中多练跳起前额击球动作。

2. 悬垂摆动

利用单杠或门框,高度以身体悬垂在杠上,脚趾刚能离开地面为宜。两手握杠,间距稍大于肩宽,两脚并拢,随即身体前后摆动,幅度不要过大,时间不宜过久。练习最好安排在每天早晨,身体尽量松弛下垂,保持 20 s,男青年应做 10~15 次,女青年应做 2~6 次。

3. 跳跃性练习

可做行进间的单足跳、蛙跳、三级跳、多级跳和原地纵跳等。

4. 跳起摸高

跳起时用双手去摸预先设置的物体,可以是路边树枝、篮球筐或天花板。双脚跳跃,做 30 次。休息片刻,左右脚分别单脚跳跃,方法同上。

5. 悬吊倒挂

悬吊后,抬腿时屈膝,将腿贴腹。保持这一姿势让肩臂悬吊数秒钟,然后放下,全身放松,伸直。倒挂的办法是将两只脚固定在一定的高度上,身子倒悬下来,两臂触不到地即可。倒挂持续时间为 1~2 min,每天做数次,对长高会很有利。

6. 弹跳运动

弹跳运动以每天 1~3 次,每次 5~10 min 为宜。引体向上、韵律操、太极拳、踢腿、压腿、芭蕾训练等属于舒展运动,可增加柔韧性,使身体变得更加轻松和灵活。两种运动每周进行 3~5 次,有助于人体长高。

在单杠上悬垂(20 s~1 min),双腿并拢。身体先向左、右转动,再向前、后摆荡,最后做引体向上(女孩做此练习时,双脚可以不离地)。每次做 4~6 min,每个动作重复 6~8 次。还有一种方法是上体保持正直,深蹲,然后向上跳起时抓住单杠,并利用惯性做引体向下(单杠的高度和双手之间的距离应根据个人情况而定),重复数次。

(三)驼背与体育运动

大学生的骨骼有机物成分较多,这样的骨骼韧性较好,具有较大的可塑性,若不注意坐立行走的姿势,容易发生变形。形成驼背的另一个原因是缺乏体育锻炼。

预防驼背应首先注意端正身体的姿势,平时不论站立,还是行走,胸部自然挺直,两肩向后自然舒展,坐时脊柱挺直。看书写字时不过分低头,更不要趴在桌上。人们所说的要"站如松,坐如钟"是有一定道理的。其次,大学生最好睡硬板床,以使脊柱在睡眠时保持平直。最重要的是要加强体育锻炼,认真上好体育课,做好课间操,促进肌肉力量的发展。在全面锻炼的基础上做矫正体操。矫正体操有很多种,有各种形式的徒手操,也有利用各种体育器械的矫正操。矫正驼背主要以增强背肌、挺直躯干和扩张胸廓为主。

骨骼是人体的支架,脊柱是中轴,由30多节椎骨按规律重叠连接而成。正常情况下,脊柱有4个生理弯曲。颈段凸向前,胸段凸向后,腰段再凸向前,骶尾段再凸向后。脊柱向前弯曲度过大,就是驼背。医学知识告诉我们,早早锻炼,避免疲劳,注意营养均衡,可以延缓衰老进程。补充钙质,适当晒太阳,有助于防止骨质疏松。已经发生驼背者,应睡硬板床,不垫过高的枕头。腰背肌锻炼,尤其是后伸运动有助于遏止驼背的发展速度。具体的治疗方案须经医生检查确诊后,根据结果积极治疗。除外伤以外,有几种情况能导致驼背:一是遗传;二是平时习惯不好。多数人的驼背是习惯不好造成的。例如,平时走路低头,坐着的时候不注意姿势,女孩子为掩饰自己突出的胸部而故意收肩低头,等等。要消除驼背,就要注意克服上述不良习惯。平时走路、跑步挺胸抬头,每天早晚,仰卧在床上或者炕上,肩部搭在边缘处,头部悬空,用手向后做摸地的动作(注意安全)。白天休息时也可以这样做。慢慢地就会有所改善。

午睡时间一般控制在半小时左右为好。长睡有利于恢复体力,短睡有利于恢复脑力。午睡时最好不要平躺或者侧躺,如果只是在教室的桌子上小憩一下,可将头稍侧,脸部与双手接触,不要将前额部压在双手或者双臂上,以免造成面部经络受阻。也不要将衣服蒙在头上睡觉,以免潮气扩散不出去。

跑步可以循序渐进,开始以不感觉特别累为尺度。速度也要根据自己的体力调整,年轻人可以适当地快一点儿。时间可以是早晨,也可以是晚上。

驼背也叫圆背,是脊柱变形的一种表现,男女老幼都可能发生。临床上没有治疗驼背的药物,只有通过体育疗法才能矫正过来。矫正的原则是增强背肌的力量,挺伸躯干的长度,扩张胸廓的范围,注意坐立的姿势。

1. 爬行运动

两手和两脚尖着地,像婴儿一样在地上爬行。距离由短到长,速度由慢到快,直线爬也行,转圈爬也行。为防止把手磨破,可戴手套,每日爬 2 次,每次 10～15 min。

2. 打滚运动

将身体躺直,在床上打滚,每日两次,每次 5 min。为避免头晕,速度不可太快。

3. 太极拳

太极拳处处要求以腰为轴带动四肢,使腰部始终保持自然舒适的直竖状态,对驼背有很好的矫正作用。

4. 挺胸转体

自然站立,两手叉腰,抬头挺胸,身体先向左转,后向右转,反复做 30～40 下。做这套动作要尽力挺胸收腹,用力转动。

5. 持棍转体

自然站立,两手持 1 米长小木棍放在背部肩胛处,挺胸转体 20～30 下。

6. 床边振臂

仰卧位躺在床上,使肩部靠近床边,头自然后仰,两臂伸展下振 20～30 下。

7. 仰卧拱桥

仰卧在床上,以头和脚为支撑点,把身体像桥一样拱起来,停 5～10 s 落下,如此反复做 10～20 下。

很多大学生由于长时间上网,也出现了骨骼问题。介绍几种矫正驼背的方法:①坐在靠椅上,双手抓住臀部后的椅面两侧,昂首挺胸,向后张肩,每次坚持 10～15 min,每日 3～4 次;②背朝墙,距墙约 30 cm,两脚开立同肩宽,两臂上举并后伸,同时仰头,手触墙面再还原,反复做 10 次,每日做 2～3 次;③仰卧床上,在驼背凸出部位垫上 6～10 cm 厚的物体,全身放松,两臂自然伸直,手掌朝上,两肩后张,如此保持仰卧 5 min 以上,每日做 2～3 次;④坐或站立,双手持体操棒,横放在肩背部,挺胸抬头,感到肩背部肌肉酸胀即停,每日早晚各做 1 次。

第八章 促进大学生体质健康的锻炼方法和实践

第一节 健步走

一、健步走对大学生身心健康的影响分析

著名心血管专家洪昭光说:"最好的健身方法是步行。""心脏病学之父"怀特认为,健康成年人应把每日步行作为一种有规律性的终生运动方式。由此可以得出结论:最平凡的行为,常常有最不平凡的效果。

1. 预防心血管疾病

美国医学学会指出,每天走 30 min,可维持心肺功能的健康状况。步行锻炼可以提高和调整大脑皮层功能,从而使外周血管紧张度降低,改善情绪,减轻官能性症状,减少荷尔蒙的分泌,进而降低血压。目前,许多大学生不健康的饮食习惯使血液的胆固醇与中性脂肪异常增高,胆固醇渗入血管壁,动脉变硬、变脆、变狭窄,血液流通不畅,容易诱发心肌梗死、脑梗死等。持续20 min 以上的健步走,有助于分解燃烧体内中性脂肪,增加高密度脂蛋白(High-Density Lipoprotein,HDL)的量。胆固醇中的 HDL 会把多余的胆固醇送往肝脏,预防动脉硬化。一周健步走 3 h 以上,可降低 35%～40% 患心脏病的风险。

2. 预防脂肪肝

运动时,肾上腺素、去甲肾上腺素分泌增加,提高脂蛋白酶的活性,促进脂肪分解,减少脂肪在心血管和肝脏中的沉积,从而使脂肪肝得到显著改善。经常进行健步走锻炼可以促进血液循环,血液可以流到肝脏众多微血管的末端,提高肝的代谢功能。

3. 预防其他疾病

对于女学生来说,预防乳腺癌最理想的运动是健步走。有研究资料表明,持续参加相关运动可明显减少绝经前妇女发生乳腺癌的风险。一周 3 次、每次 45 min 以上的健步走运动,有助于维持很好的认知功能,促进脑细胞功能活化。

一边健步走一边配合呼吸,可以获得全身血液活络与脑循环顺畅的双重效果,有助于提高学生的学习效率。养成健步走锻炼习惯还有助于预防老年痴呆。另外,健步走对预防Ⅱ型糖尿病也具有显著效果。糖尿病多半是饮食过量、运动不足等原因造成的,而限制饮食量、减少体内的糖分,再用运动把存在肌肉内当作能源使用的葡萄糖大量消耗掉,就可以降低血糖值。一天轻快健步走 1 h,对Ⅱ型糖尿病有 50% 的预防效果。

4. 改善骨质和腰、肩、头部疼痛

大学生进行健步走锻炼可以减缓骨质流失,预防运动时出现的骨折或腰痛。头部重量约占体重的 1/10,由颈椎与覆盖颈部到背脊的肌肉所支撑,如果驼背或姿势不良,肩胛肌的负担过重,肩膀就容易僵硬酸痛。最有效的治疗方式就是健步走。建议青年学生在健步走时,抬头挺胸,上臂大幅度摆动,大跨步前进,自然就拉直了背肌与肩胛肌。

5. 助眠,舒解忧郁,储蓄健康

多用双脚能改善体内自主神经的操控状态,让交感神经与副交感神经的切换更灵活,有助于消除压力,更容易入眠。健步走还能增进自尊、自信与乐观。简单又方便的健步走,其实是历久弥新的养生运动。青年学生经常进行健步走锻炼,可以有更多的精力投入到学习中,有利于缓解紧张的学习压力。

二、健步走的科学锻炼方法及注意事项

据估计,北美洲每天有 8 000 万人参加步行运动。在美国市民体育协会中,共有 350 个徒步俱乐部,瑞士则有 120 个徒步俱乐部。英国宪法更是明确规定,人人享有徒步行走的权利,倡导留出专用路线用于开展日常徒步运动。

(一)健步走的科学锻炼方法

1. 快步走

快步走的动作要领:没有时间运动的学生,可以在上下学的路上、课间去走路健身。一般健步走每次在 30~60 min 为宜,实在没有大段的时间去锻炼的,也可以每次走 10 min,每天加起来至少 30 min。美国和日本等国建议,为了保持健康,每天最好走 10 000 步;我国卫生部建议,要保持健康,每天至少走 6 000 步。有健身作用的走路,不是那种"饭后百步走"的慢慢溜达,这里说的快走健身指每小时走 5~6 km(大约每分钟走 100~120 步)、一周坚持 5~6 次的健步走。走的时候要感到气喘,但是还能说话,这种强度就比较合适。

2. 摆臂大步走

动作要领:走路的时候尽量把双臂前后摆动起来,前手摆臂伸掌尽量高过头顶,后手摆臂要随势后摆伸直。行走的时候,尽量迈大步。行走的快慢因人而异,最好走到气微喘,心跳在 100 次/min 左右。走路时双臂大幅度的前后摆动,心跳容易加快,可以对心脏产生良好的锻炼效果。另外,走的时候上肢大幅度摆臂,腿再大步快速迈进,这样上下相随,可使全身肌肉骨骼都运动起来,达到舒筋活血的目的。

3. 原地踏步走

学生在家里写完作业,可以适当地活动一下,原地踏步走就是不错的活动。动作要领:在室内或者室外任何地方,原地抬腿踏步走,可以把大腿抬高些踏步走,两臂注意摆动。

4. 越野杖行走

这是一项在欧洲非常盛行的运动,又称为越野走。行走的时候借助两支手杖,使人在行走过程中实现四肢同时参与运动。越野走比散步有效,比慢跑安全,是健步走的升级版。

5. 倒步走

小腿带动大腿,小步往后退,腰背、脖颈要挺直。倒走时要全神贯注,眼睛左顾右盼,掌握身后道路的基本情况。这项活动很适合那些不宜做剧烈运动的人。如果在从事其他运动锻炼后采用倒步走,还有助于调节心情和促使身体疲劳的自然恢复。倒步走时,腰身挺直或略后仰,脊椎和腰背肌肉将承受比平时更大的力,可改善腰部血液循环,使向前行走时得不到充分活动的脊椎和背肌受到锻炼,可以起到预防驼背、治疗腰痛的功效。因此,倒步走无论是对于青少年、整日伏案工作或学习的人,还是对于中老年人、慢性腰痛者,都有好处。

6. 水中行走

水中行走,可能会令很多学生吃惊。其实,水中行走也是一种健身方式。水中行走适用范围广,不论男女老幼,也不管会不会游泳,基本都可以尝试。水中行走,走的姿势可以多种多样:正走、反走、侧身走、大步、碎步、原地踏步、蹬跳……在水中行走时,两臂可以在水中或浮在水面作划水、摆臂、抡臂等动作,这样可使这些肌群都得到有效的锻炼。与陆地行走相比,水中行走要克服更大的阻力,所以对肌肉力量和内脏器官功能的锻炼更为有效。一般人在深度到腰间的水中,以每秒 1 步的频率走 3~5 min,心率即可达到最大心率的 70%~85%,呼吸频率超过安静时 1 倍以上,总体反应不亚于陆地慢跑。在水中行走阻力很大,消耗的能量比陆地行走时也大得多,不但有利于健身,而且可以消耗多余脂肪,有较好的减肥效果。

(二)健步走的注意事项

1. 长走前的准备工作要细致

(1)选一双合脚的软底运动鞋。如果是专门的跑鞋则更好,这样可缓冲脚底的压力,以防不太运动的关节受到伤害。

(2)穿一套舒适的运动装。这样能让自己的心情和身体放松,从繁忙的工作和生活中走出来。

(3)准备一壶清茶水。可适当加些糖、盐,因为清茶能生津止渴,糖、盐可防止流汗过多而导致的体内电解质平衡失调。

(4)选择一条合适的运动路线。这条路线可以是公园小径、学校操场、住所附近,甚至上下班的途经小路。在运动中人体耗氧量会增加,如空气不好或有废气等污染物,反而会使运动效果适得其反。因此,长走路线应该人流量少、通风、空气好,离汽车越远越好。

(5)长走时间要恰当。长走锻炼的时间最好选择在每天太阳升起以后,下午3点也是最佳的锻炼时间。长走运动不能等同于平常的走路、散步或逛街,每周锻炼至少3次,并且每次不能少于30 min。

2.走路太随意达不到健身目的

长走前一定要做一些准备活动,如轻轻压一压肌肉和韧带,做一些下蹲运动等,让自己的心脏和肌肉进入到运动状态。健步走时步幅应略大,挺胸、收腹,目视前方,上半身略向前倾,双臂自然在身体两侧摆动,注意力集中,呼吸自然均匀。长走开始后不能随意停下,直到锻炼结束。长走健身运动要循序渐进,运动强度应由小到大,运动时间应由短到长。运动后别忘做一些放松运动。同样是走路,如果要"走"出健康来,在锻炼时就要保证一定的频率、强度和持续时间。如果不了解自己的运动能力,开始时应尽量选择强度较低的训练,若在训练后次日没有感到心慌、心悸、头痛、无力、心率加快等不适,可逐渐加大强度,否则,要降低强度。

第二节 健身跑

健身跑是体育运动中最常见的锻炼方式,它不仅能锻炼人的身体,还可以调节大脑中枢,增强心肺功能,磨砺意志,放松心情,长期进行锻炼可以延长寿命。健身跑是终身体育锻炼中最易操作和实现的项目。

一、健身跑对大学生身心健康的影响分析

健身跑是一项运动量中小强度,不受年龄、场地、器材限制,并且简便易行的健身方法。健身跑不仅可以有效地增强人体的心肺以及其他器官的功能,还可以调节人的情绪,培养良好的意志品质,促进人们心理素质的发展。

(一)健身跑对大学生心肺功能的影响

健身跑的出发点是以健身为目的、长期进行的一种有氧运动,是最有利于提高心肺功能和身体素质的有氧代谢运动。通过调查,有一年以上的健身跑经历的学生,他们的心血管及呼吸系统明显优于没有经常健身跑的学生。通过健身跑,腿部肌肉力量得到了锻炼,心脏和血管的弹性增强,提高了心脏收缩力和血管的舒张力,心容量增大,搏出量提高,促使呼吸肌有力地收缩,提高了呼吸系统的功能。

1. 心脏

心脏的工作好比一个泵的作用,它是血液流向全身各处的主要动力装置。心脏主要由心肌细胞构成。研究证明,长期坚持健身跑的人可促使人体心血管系统的形态、机能和调节能力产生良好的适应性,从而提高人体有氧工作能力。有氧健身跑对心血管系统的作用主要表现为:一是脉搏输出量增加,二是心率降低,三是心泵储备能力增加,四是心泵功能的储备,五是运动性心脏增大。

(1)脉搏输出量增加。脉搏输出量大小主要取决于从左心室每次收缩所射出的血量,而脉搏输出量的多少主要取决于:①心舒末期静脉血流的回心血量;②心肌收缩力。长期坚持有氧健身跑的人不仅可以提高心肌收缩能力,而且可以增加脉搏输出量。

(2)心率降低。长期坚持有氧健身跑的人可使安静的基础心率降低,这是源于副交感神经的加强。健康人的平均心率为 75 次/min,而长期进行有氧运动可以使心率降低到 60 次/min 以下。

(3)经常坚持有氧健身跑的人每分输出量并没有明显变化,而经常参加健身跑的人安静时的心率比没有经常参加体育运动的人要低,要想达到每分钟输出量平衡,主要是靠安静时的脉搏输出量来增加。从这结果我们可以看出有氧健身跑可以促进提高心肌的收缩能力。

(4)心泵的功能储备。心泵的功能储备是最大输出量与静息的输出量之差。坚持有氧健身跑的人安静时心率比不从事体育运动的心率要低。假如所有人的最大输出量是一样的话,那么经常从事有氧健身跑的人的心泵的功能储备要比不从事体育运动的人心泵的功能储备要大。

(5)运动性心脏增大。运动训练可以使心脏增大,而有氧运动使心脏增大的主要表现为心室容积的增大。

2. 血管

人类的血管可以分为动脉、毛细血管、静脉三类。动脉的血管壁厚,含有丰富的弹力纤维,动脉是心脏射血所经过的第一级血管,动脉血管依次流向到毛细血管,毛细血管主要是血液与组织细胞进行气体和物质交换的部位,血液流向最后一级是静脉,而静脉血液是心脏回心血液的主要部分。长期有氧健身跑有助于降低血压,提高血管壁的弹性、毛细血管组织间的气体交换,提高静脉回心的血量。

(1)降低血压。其原因在于健身运动能够使血管扩张和血管内的血液阻力下降。从研究对象访谈中得出一个结论:有氧健身跑不但降低血压,并且使血压在一个固定数值徘徊。

(2)血管壁弹性。有氧健身跑能促进血管里脂肪代谢,血管会变粗,血液自然更畅通。

(3)毛细血管的气体和物质交换。有氧运动有助于血液携带的氧气、二氧化碳和营养物质通过毛细血管与组织进行气体和物质交换,有助于机体的新陈代谢,不断维持内环境的平衡,助静脉回流量。在运动过程中,骨骼肌的挤压和不参与运动的内脏器官及表皮的毛细血管有助于静脉回流到左心房,静脉回流量有助于心脏做功,可以保证每次搏出量的大小,静脉回流多少也决定机体对氧的摄取,进而决定了机体有氧的工作能力。

3. 血液

血液在心血管系统内周而复始地流动,起着沟通内外环境、联系机体各部分的作用,是人类一切生命活动所必需的载体。因此,我们主要去研究有氧运动与血液中成分密切相关的联系,研究对象主要是红细胞、血脂、血液的碱储备、白细胞、血小板。

(1)红细胞。长期有氧健身跑有利于血容量中的红细胞增多,红细胞增多主要是血红蛋白(Hemoglobin,HB)的增多,血红蛋白是氧气、二氧化碳的运输载体,参与机体的新陈代谢和气体交换。红细胞还具备免疫的功能,其数目众多、自成系统,并与其他免疫活性细胞(如 T、B 以及吞噬细胞)有着密切联系。红细胞的变形能力增加,改善了血液的流变性,促进细胞内成分充分扩散,大大增加氧气效率。从研究对象访谈中可以得出一个结论:红细胞不仅有运输氧气和二氧化碳的作用,而且还具有免疫作用。

(2)血脂。长期有氧健身跑对血脂的影响十分活跃。结果显示,运动训练可使总胆固醇下降 6.3%、低密度脂蛋白胆固醇下降 10.1%、高密度脂蛋白胆固醇升高 5%。从这些指标我们可以看出,运动对有用的因子提高,而对没有用的因子降低,从而可以预防动脉硬化,增加血管壁的弹性。从研究对象到医院进行血液化验结果得知,长期有氧健身跑使高密度脂蛋白提高、低密度脂蛋白降低,从而可以证实有氧运动对血脂起了一定促进作用。

(3)血液的碱储备。碱储备反映身体在运动时的缓冲能力,长期有氧健身跑可使碱储备含量增加。体内有充足的碱储备,可提高运动时的抗酸能力,推迟运动性疲劳的产生,提高机体对酸的忍耐性,从而维持机体内环境的平衡。

(4)白细胞。白细胞增多主要是淋巴细胞增多,有氧健身跑运动可导致机体交感神经的活性降低,并使机体应激敏感下降,从而导致安静时儿茶酚胺和皮质醇等激素分泌减少,表明机体免疫功能增强。另外,长期适度有氧运动可使淋巴细胞表面激素的敏感性下降,从而使免疫能力得到提高。

(5)血小板。血小板对于血管微细损伤的修复和通透性的调节起着重要作用。有氧健身跑运动可促使红细胞释放二磷酸腺苷,这些因素在短时间内可引起血小板的活化,使血小板黏附率与聚集率增加。

以上研究表明,有氧健身跑可以促进心血管系统功能完善,长期坚持有氧健身跑的人不仅可以降低血压,提高血管的弹性,而且还可以使高血压和动脉硬化得到缓解,预防高血压、冠心病等。因此,大学生应该经常参加有氧健身跑运动,缓解生活、学习中的压力,提高身体机能,增加免疫力。当然,在有氧健身跑运动中,不同年龄段、不同身体条件的人要根据自身的需要来选择运动量的大小。

(二)健身跑对大学生身体素质发展的影响

对大学生进行健身跑锻炼后身体的协调性、灵巧性、耐力、身体控制力、腿部力量、腰部力量、上肢力量等身体素质状况的自我评价的调查结果发现,通过健身跑锻炼,大学生对身体素质发展的自我感觉是良好的。在协调性、柔韧性、身体控制、腿部力量、耐力等素质方面,感觉提高和保持原有水平的大学生几乎是100%。在灵巧性和上肢力量两项分别有1.2%和2.9%的学生感觉下降。说明大学生通过健身跑练习,在身体健康水平的保持和提高上自我感觉良好,因此,健身跑对于保持良好的身体状态有一定的促进作用。

另外,通过对大学生的睡眠质量、食欲、学习效率、控制情绪能力、抗疾病能力等几项心理素质自觉状况进行调查发现,心理素质、自我感觉保持或提高的大学生在85%以上,特别是在睡眠质量、食欲、情绪控制力、动作的记忆力以及人际关系协调能力的提高及保持率在95%以上。这说明健身跑锻炼对于大学生提高或保持良好的心理状态能够起到良好的作用,也说明了健身跑对大学生心理素质发展的作用是毋庸置疑的。

二、健身跑的方法及注意事项

健身跑是一种大众化的健身手段,技术要求简单,对服装、器械和场地无特殊要求,正因为如此,健身跑受到越来越多人的青睐,已成为风靡全球的第一健身运动。要想获得良好的锻炼效果,有必要了解健身跑的一些基本知识。

(一)健身跑的方法

健身跑时,两臂摆动维持身体平衡,帮助两脚蹬地和摆动,使跑速加快。摆臂稍高于躯干,自然放松前后摆动,并尽量做到前摆不露肘,后摆不露手。两脚后蹬时应积极用力,踝、膝、髋三个关节充分伸直,腿的前摆可加大跑的步伐。前摆时,大腿向前上方抬升,并带动髋部尽量前送,小腿放松顺惯性向前自然折叠。

掌握一些跑步时的正确呼吸方法,能在跑步的过程中拥有轻松的感觉。最好的呼吸的是口鼻同时呼吸。跑步初始,速度较慢,身体对氧气的需求量不大,可用鼻子呼吸。随着跑步距离越来越长,身体对氧气的需求量就会增加,此时,光用鼻子呼吸已经不能满足供给氧气的需要,容易引起呼吸肌疲劳,需要嘴与鼻子协同配合来供应氧气,缓解呼吸肌的紧张感。冬季,因外界气温较低,与口腔内温度形成较大差异,用嘴呼吸时要有一定技巧:让嘴微张,舌尖顶住上颚,让冷空气从舌尖两旁绕路进入口腔,对冷空气有个加温过程,避免直接吸入气管,引发咳嗽、不适。呼气时,舌尖从上腭松开,让热空气顺利从口腔中吐出。

加速跑时从调整呼吸开始,一般采用两步一呼、两步一吸,加速时,要进行深呼吸,将步频加快,呼吸调整为三步一吸、三步一呼,通过改变频率来提高速度。疲劳时通过呼吸来缓解。跑一段时间后,就会出现呼吸困难、胸闷气短、腿脚无力、跑速下降,产生难以继续跑下去的感觉,这就是通常所说的"极点"现象。出现"极点"时,减慢速度,加深呼吸,帮助氧气与二氧化碳在肺泡充分进行交换,增大交换面积,减轻不适感。通过主动调整呼吸可以帮助人迅速渡过"极点",继续维持运动。经过一段时间,这种现象就会减轻,身体机能就会得到好转,出现"第二次呼吸",这时需要调整运动强度和呼吸频率。

(二)健身跑的注意事项

1. 做好充分的准备活动,掌握合理的技术和呼吸节奏

跑步前的准备活动必不可少,特别是清晨和冬季气温低,人体的血液循环较为缓慢,肌肉关节都处于休眠状态,出发时的猛然运动不但会加重心脏负荷,而且极易造成运动损伤。正确的做法是先快走或慢跑至微微出汗,然后拉伸肌肉和韧带,活动全身关节,再进入正式的长跑练习。跑动中,脚的着地点应离身体重心投影点较近,以脚的外侧先着地,再过渡到全脚掌,着地动作柔和而有弹性,膝部适当弯曲缓冲,两臂自然摆动,幅度不大。呼吸的节奏要和跑速相协调,一般采用两步一吸、两步一呼或三步一吸、三步一呼,呼吸要有适宜的深度。

2. 循序渐进,量力而行

健身跑属于耐力性项目,持续时间一般在 30~40 min,它对人的呼吸系统和循环系统要求较高。因此,练习者在锻炼时必须由慢到快,由短到长,循序渐进。一般来讲,开始时最好是跑 1 min,走 1 min,持续 15 min,第二周、第三周时可以逐渐增加为跑走 20 min,到第四周时增加到 30 min。可根据自己的身体状况调整运动时间,跑动的速度可以通过心率来调整,一般情况下,练习者的心率

应控制在自己最大心率(220次/年龄)的60%~70%即可。

3. 选择良好的环境进行练习,做好防护和放松工作

在污染环境下进行健身跑,人体会吸入灰尘和废气,易引发呼吸系统疾病,对身体造成巨大的危害。遇到大风和大雪天气,应选室内练习,以免发生危险。另外,练习者应选择适宜的衣服和鞋袜,夏季戴太阳镜和墨镜,以避免太阳的直射;冬季要戴帽子、手套,以防冻伤。跑步之前不宜大量进食,进食会引起胃部不适。运动后不宜洗冷水澡,否则容易使身体抵抗力降低,引发疾病。不宜吃冷饮,以免引起胃部痉挛、腹泻、呕吐,诱发胃肠道疾病。练习后要擦干身上的汗水,换好衣服,注意保暖,以免受凉感冒。运动后不要立即停止运动或蹲坐休息,以免阻碍下腹血液回流,影响血液循环,加深机体疲劳。在每次运动结束后,要继续慢跑一段时间,使身体逐渐安静下来,做适宜的放松、整理活动,有助于消除疲劳,快速恢复体力。

健身跑是一项很有乐趣的运动,它不仅能锻炼人的身体,而且能磨炼人的意志,缓解精神压力,陶冶人的情操,正确地掌握它的方法及注意事项对今后的锻炼有着极其重要的意义

第三节 休闲球类运动

球类运动的种类繁多,因其灵活简便的特点而深受大学生的喜爱。球类运动不仅能提高人体力量、弹跳、速度、灵敏、耐力等身体素质,而且还能提高人体中枢神经系统和内脏各器官的功能,增进身体健康,也可以培养大学生勇敢顽强、机智灵敏、吃苦耐劳、遵守纪律、团结友爱的集体主义精神。因此,大力发展球类运动对提高大学生的整体身体素质有着积极的作用。

一、棒球促进大学生体质健康的锻炼方法

近年来,棒球运动在我国高校蓬勃发展,作为世界流行的一项运动,正在被中国的大学生们所喜爱、追捧,这将为中国棒球运动的发展起到很好的传播与推广作用。

1. "趣味训练法"

在棒球教学中,将游戏和棒球训练融为一体的"趣味训练法"效果最佳。用这种方法可以培养学生的兴趣,使他们热爱棒球运动。只有热爱这项运动,才能投身于棒球运动的各项工作中去,成为一个真正意义上热爱棒球的人。

第一,"趣味训练法"是针对课时少、课次少的特点的训练方法,能使学生们的训练在快乐和兴奋中完成,避免刻板枯燥,从而提高训练的效果。

第二，所有的初级训练都在竞争性的游戏中进行，可培养其竞争能力、争强好胜的个性和集体主义观念。

第三，在趣味训练的过程中，最易发现学生们的运动天赋，因为在游戏中他们的天性、智力、才能最易显露。对那些兴奋度不高、反应迟钝者，应加大重复性训练，促使他们获得对技术动作的认知。

第四，大学生的身体条件不一，但处于出力长力阶段，课上可安排一定强度与密度的身体素质训练，因而把一般的素质训练和技术训练融进游戏中完成是有一定的科学道理的。科学的教学训练是每个教练必须遵循的原则。例如，棒球游戏应首先定出简单的规则，将初学队员分成两组，使用橡皮球或网球，采用手抛或拳击球的方法进行比赛，再随水平提高可用抛击方式进行，逐步加大难度。

2．规则超前训练法

棒球运动可以说是规则的竞赛，学生队的棒球比赛尤其如此。规则越熟，战术越精，比赛中运动员越可以自主地抓住战机。如果规则不熟，单靠教练员在场外喊叫指挥不能解决问题，而且会失去很多战机。可通过失败与成功的案例来培养学生们对规则的了解和棒球意识的提高。初学棒球的球员，在学基本技术的同时应重视对棒球规则的学习，教练员应利用形象直观的场地做教具或画图（可自制磁性示教板，用棋子的不同颜色表明球、击球员、跑垒员、防守队员等）讲解规则、战术演变的由来等，将学生们领入棒球王国。首先要求教练员熟练地掌握和运用规则，把规则归纳分类，由易到难，由浅入深，便于学生理解、记忆和掌握。重要的是讲明为什么这样制定规则，学生的印象会更深。每次规则课以前，用十几分钟时间采用口头提问的形式检验学习效果，不断强化规则，而且都要评分和给予恰当的评语，以激起队员学习规则的积极性。其次是在实践中熟悉规则，可把教学比赛变成单项规则的竞赛，如跑垒比赛、触击球战术比赛，以此来强化某一特定规则。

3．综合训练法

综合训练法是集基本技术、战术配合、身体训练为一体的训练方法，以克服训练中教练少、时间短的难题，提高训练效果。棒球的"灵魂"是"平衡能力"，接球、传球、击球、跑垒滑垒均充分体现"平衡"的重要性，在复杂激烈的比赛中更是如此，而心理的"平衡"起着决定性作用。因此，在整个训练过程中都要围绕"平衡"来进行。要达到这种地步，首先要让学生们树立"时间""空间""速度"三个概念，只有这样，才能使他们真正具备"平衡"能力，熟练地运用技术，到达"自由王国"。

4．全方位训练法

初级训练的学生不宜过早地选定位置，而应在全面掌握基本技术的基础上进行全方位(每个位置都学)训练,目的在于提高兴趣。观察每个学生的特点,培养他们的个性,再结合实际需要逐步选定适合他们的位置,这样每个队员可以掌握两个以上位置的技术,10个人就可当成20个以上的队员来训练,也就是说大大地增强了实力,教练员训练队员就可得心应手,选择的余地会更大。在这里要强调的是大学生个性的培养,这在当今社会是十分重要的。通常在组队选才时,除了看身体素质、心理素质外,还要注重他们的天分、气质、性格,在确定位置时还要征求选手自己的意见,这样选才、育才的成功率才会大大提高。

5. 具体训练方法

首先,让每个队员在每个位置上都训练过,使其了解每个位置的不同技术、战术变化的区别和规律,这样每个队员都能熟练地运用规则和战术,比赛中就可发挥出巨大的威力。其次,通过全方位训练,使队员掌握球性和棒球运动规律,树立清晰的"时间""速度""空间"概念和灵敏的感觉,从而迅速地提高棒球技术与意识。如果教练员所训练的学生有一半以上的队员达到这一标准,教练员就会拥有一个强大的阵容。

6. 棒球知识技能竞赛法

除日常的教学训练学习外,利用周末、假期等时机,进行棒球专项知识竞赛(内容包括基本技术、规则、发展史、现状、发展趋势等)和棒球专项技能比赛(内容包括投远、投准、抛击打远比赛、教学比赛等),优胜者奖励有意义的纪念品。

7. 以老带新教学法

棒球训练中队员多、教练少是大问题,以老带新教学法有三个作用。

(1)选品学兼优的球员来带新手,使其按照教练的训练意图完成训练任务,可大大减轻教练工作负担,提高训练效果与教学质量。

(2)以老带新的训练模式培养了高年级球员认真、积极、负责的态度。新手融入集体努力认真的学习过程,形成了良好的学风。

(3)促进高年级球员本身的棒球技术理论的提高与再学习能力的进一步增强。

棒球作为集体项目,团队整体水平主要是看教练员。教练员应在教学实践中不断地充实和提高自身业务水平,要博采众长,别人好的东西,都要学过来,消化吸收变成适合自己的技战术风格,通过学习来不断提高球队训练水平。

二、羽毛球促进大学生体质健康的锻炼方法

随着高校体育教学改革的进一步深入,许多高校都开设了羽毛球选修课,或是以俱乐部教学模式开设了羽毛球课。但是,许多学生在中学没有接触过羽毛球,即使有过接触,也是自己随便玩玩儿,基本上没有什么技术功底。而羽毛球

第八章 促进大学生体质健康的锻炼方法和实践

运动对人的锻陈价值需要在一定的基础之上进行锻炼才可以体现或达到。因此,如何使大学生尽快地从不会打羽毛球到能够掌握一些基本的技术方法就显得尤为重要和迫切了。

(一)场地、器材等客观因素

虽然羽毛球对于场地、器材的要求较低,但就目前的情况来看,大多数高校的羽毛球场地还不能满足学生的需求。首先是场地。大多数的高校都有体育馆,由于体育馆的数量较少,一般体育馆都只作课余开放或学校代表队训练使用,基本上都不能满足体育教学需要。因此,室外场地就成了高校羽毛球教学的必然场地。室外场地地势比较开阔,但易受天气的影响,尤其是受下雨和刮风的影响特别大。羽毛球球体轻,只要有一点儿风就足以使其改变方向,所以室外教学时学生有时要想打到羽毛球都是个问题,特别对于没有技术基础的学生更是如此。在教学过程中可以看到学生选修时积极性都很高,可是一到场上练习时,很多学生就没有了激情,这在很大程度上与室外这种场地影响有关。可是现在的情况是,很多学校就连室外的这种场地也满足不了学生的需求,学生打球有时只能在没有球网的空地或场边进行,这更加影响了学生练习的积极性。练习缺乏激情、练习不积极、没有球网等对于学生掌握技术无疑有很大的影响。其次是羽毛球拍和球。有些学校对选修羽毛球的学生提供球拍和球在课堂中使用,有些则是要求学生自己购买。无论是哪种情况都存在着问题,那就是学生使用的羽毛球拍和球的质量一般都比较差,只有极个别的球拍比较好。使用劣质球拍的学生在学习中所遇到的困难会比使用较好球拍的学生要大得多,这对于没有基础的学生的技术的快速掌握必然是一个很大的障碍。

羽毛球是消耗品,其价格也不菲。对于初学者而言,羽毛球的消耗非常快,因为其技术还没有掌握,有时几拍子就将球打烂了,所以许多学生购买羽毛球时往往是挑便宜的买。这种球一般质量都不好,其球体较轻,球托偏软,羽毛也比较薄,一方面不耐用,另一方面由于质量太轻,击球时阻力大,学生往往会出现打不动球的现象,而且更易受风的影响。有时一点儿风就可以将球的方向改变,并且移动很远的距离,时常有击不中球的情况出现。而对于初学者而言,球的落点比较固定对技术动作的学习是非常有利的,这样学生才容易学成正确的动作。

(二)学生本身的因素

学生是学习的主体,技术掌握的熟练程度与学生本身有相当大的关系。

1. 学生的认识问题

部分学生没有能够认识到羽毛球基础技术的重要性,在学习时不够认真,对教师的示范没有仔细观察,对教师的讲解没有专心地听,在分组练习时,不注重基础动作的练习,也不按照教师的要求去做,往往是随着自己的喜好,想怎么打就怎么打,不讲技术和章法。

2. 缺乏钻研精神和耐性

一项技术要达到初步掌握或基本掌握,一般需对其原来在技术上的认识和技术动作进行改进或纠正,因为绝大部分学生在入学前都没有正规地学习过羽毛球,其技术动作往往不够正确。这部分学生在学习技术动作遇到与其以前的动作不一致时,刚开始可能会按照技术要求去模仿和练习,但由于缺乏钻研精神和耐性,在经过几番努力还是不能达到要求时,就会选择放弃纠正动作,继续按以前的错误动作打球。

(三)师资因素

在教学中,学生是教学的主体,而教师是教学的指导者、服务者。教师专业技术水平的高低直接影响学生技术掌握的快慢和技术掌握质量的好坏。从现状来看,高校羽毛球教师比较缺乏,一些从其他运动科目借调的老师在羽毛球教学方面的经验相对较少,大部分未进行过专业系统的羽毛球项目训练,主要是通过自学或参加短期培训班后从事教学,这在一定程度上影响了教学质量。

(四)技术因素

正手握拍方法、正手发后场高远球技术、正手击后场高远球技术是影响大学生羽毛球快速入门的技术因素。羽毛球运动是以运动员手握球拍还击球的方式进行的,所以握拍法是学生首先要掌握的基本技术。正确的握拍法是掌握合理、准确、全面的基本技术的前提,有助于击球者合理使用技术,对球有很好的控制。相反,如果握拍的方法不当,往往会影响练习者对球的控制能力,限制一些战术和球路;握拍法不当,还会影响技术动作的完成和发挥,降低击球的效果和准确性,减弱击球的威力。发球是羽毛球最基本的技术之一,在比赛中它是进攻的开始,在教学的练习中它又是一场练习的开始。正手发后场高远球技术是发球技术中最基本的技术,掌握了它,正手发球的其他各项技术就会变得容易和轻松,而且在教学中,分组对练时都是从发球开始的。没有一方的发球,另一方就不能回击球,练习也就无法进行。正手击后场高远球是所有正手击球中最基本的技术,其他的正手击球均以其作为基础。因为正确的击球动作最主要的是它的发力方法,它为其他的击球打下基础。

在教学中,学生大多未正确地认识到以上这些基础技术的作用,所以在练习中有意或无意地忽略了。握拍不正确必然导致其正手击球时的挥臂动作受限,发不出力,不易控制出球的角度;发球方法不正确,击不出后场球,在练习时对方将很少有机会回击到这样的球,致其有效练习次数减少,练习的效果可想而知。

这是学生羽毛球快速入门的又一障碍。

针对以上这些问题,建议学校加大对羽毛球场地、器材等的投入,改善教学环境。学生自己购买球拍时,要选择较好的铝合金球拍。羽毛球最好能用尼龙球,这种球虽然价格贵,但经久耐用,其飞行的速度和稳定性与质量好的羽毛球相差无几,而且它受风的影响要略小一些。另外,还要提高对基本技术重要性的认识。在练习中重视基本技术的练习,尤其是正手握拍法、正手发后场高远球技术、正手击后场高远球技术,不要盲目地进行比赛。在练习时对技术还要有一定的钻研精神和耐心,增加练习的次数。加大对教师的培训力度或引进羽毛球专项教师。最后,进行教学方法的创新,改革组织方法,加强对学生的练习指导。

三、乒乓球促进大学生体质健康的锻炼方法

(一)乒乓球对大学生身体健康和心理素质的影响

在我国,乒乓球作为"国球",多年来长盛不衰。它凭借娱乐性强、设备简单、便于开展等特点深受社会各界人士的喜爱。同时,乒乓球运动也越来越多地被作为增强智力、提高工作效率以及保健、医疗和康复的极佳手段。在我国高校体育教学中,乒乓球项目也是不可或缺的。乒乓球运动能够促进青少年的生长发育,同时在健智、健心方面有着积极的促进作用。学生通过长时间的乒乓球练习,能逐渐呈现较高的智力水平、良好的心理素质、优于普通学生的操作能力、更为集中的注意力。当今社会,工作紧张,压力很大,在这种环境中生活的人们身心都没有得到好的休息,长时间的紧张工作对人们身体会有一定的负面影响,乒乓球可以缓解压力,放松心情,不论学生还是成年人,参加乒乓球运动都会有利于身心健康的发展,从而更好地促进工作和学习。

1. 乒乓球对大学生身体健康的影响

美国的一位科学家说过:"打乒乓球是提高手、眼配合的最好途径。该运动可使人获益匪浅,它需要敏捷、复杂的行动与当机立断的反应;它还有许多微妙之处:技术、整体配合、节奏感、计谋,对头脑及体能均有很高的要求。在期待和压力并存时,竞赛将充分反映出参赛者非凡的自我完善及自律精神,打乒乓球是开动脑筋的好办法。"

(1)参加乒乓球运动能使眼球不断运动、促进眼球内部的血液循环,增强眼神经机能,从而消除眼睛疲劳或减轻眼部疲劳,使眼睛得到充分休息。眼睛时刻跟着白色的乒乓球不断运动,能缓解眼部肌肉的僵硬和不适感受,颈椎、腰椎也随着球拍的舞动得到锻炼,因此乒乓球运动对青少年的健康成长起着促进作用。

(2)乒乓球是脑力与体力结合的运动。乒乓球小,运动速度快,攻防转换迅速,有很多的技战术打法,既要考虑技术的发挥,又要考虑战术的运用。乒乓球

运动中要求大脑快速紧张地思考,这样可以促进大脑的血液循环,供给大脑充分的能量。要想在乒乓球比赛中取得主动地位,不仅要基本技术好,还要不断地观察分析,观察对方的站位,分析对手的球路特长和漏洞,因此说乒乓球运动是聪明人的运动,大多数人的体会是乒乓球可能是脑、体结合最好的运动了,具有很好的健脑功能。

(3)这项运动可以提高协调性。乒乓球运动中既要有一定的爆发力,又要有动作的高度精确,要做到眼到、手到和步伐到。在运动中提高了身体的协调和平衡能力,极有效地发展了反应、灵敏、协调和操作思维能力。其次,由于该项运动极为明显的竞技性特点和娱乐功能,又使其成为一项培养勇敢顽强、机智果断等品质和保持青春活力、调节神经的有效运动。

2. 乒乓球运动对大学生心理健康的影响

(1)乒乓球运动锻炼大学生的心理素质。大学生心理健康问题的严重性越来越受到人们的重视,大学生作为一个特殊的样休,应受到全社会更多的关注。乒乓球被誉为我国的国球,在社会上普及程度很高,但在高校的普及情况却并不理想。本部分内容通过评定大学生的心理健康状况,探讨乒乓球运动对大学生心理健康的调控作用,进而探讨乒乓球运动和心理健康的关系,为提高大学生心理健康水平提供科学的评价和依据,同时推动高校乒乓球运动的普及。大学生学习压力加大,每天处在学习疲劳中,参加乒乓球运动是调节心理的一个很好的途径。人们每天从事一两个小时的乒乓球运动,在活动中忘掉学习中的烦恼、焦躁等不良情绪,这种愉快心境的输入和建设与不良情绪的宣泄和释放,是保持心理健康的重要手段。一个人如果能经常地通过乒乓球运动来放松自己,他将会保持一种良好的心境,从而达到真正意义上的心理健康。

(2)乒乓球运动促进大学生注意力集中。注意力是指人的心理活动对外界一定事物的指向和集中。注意力分散是学生的一个普遍问题,一般来说,学生的注意力是不太稳定的,往往对什么事都感兴趣,注意力容易随兴趣转移。同时,学生的注意力范围较小,注意力受情绪影响较大,注意力分配能力较差。针对学生的这些特点,需要帮助学生克服这些困难。研究证明,打乒乓球可以使视线长期跟随一个物体转移,是提高持续性注意力的最好办法。很多学生小的时候没有养成持续注意的习惯,学习时总容易分心,经过一段时间的乒乓球训练,可以有效地改善注意力分散的问题。

(二)大学生如何打好乒乓球

众所周知,专业乒乓球运动员都是从小学一年级甚至更早就开始练起了。他们付出了大量的时间,并且有专业指导,因此动作规范、标准。但对于大学生来说,在校学习四年(高职、高专只有三年),而体育课只有两年,甚至某些高职院校的体育课只有一年,且一周只有一次体育课(2 学时),加上教学实践环节,体育课一学期下来有时还达不到 40 学时,而且即使上乒乓球课,也是人多、球桌少,教师也不可能做到一一辅导,所以学生掌握乃至提高乒乓球的技术都是比较困难的。

目前,很多大学在乒乓球教学中还沿用老师教、学生在下面模仿的教学模式,经常是老师累得满头大汗却没效果,以致最后学生都不清楚自己的动作到底是对还是错。主要的原因是忽略了大学生理解能力强,却偏偏从大学生的弱项,即模仿能力方面出发去教学。针对大学生理解能力强的特点,同时在模仿能力方面又不如小孩的特点,可以采用理解乒乓球原理与乒乓球练习结合的方式进行。著名的乒乓球教练吴敬平在《乒乓世界》中谈道:"乒乓球基本上是一项圆周运动,正手和反手拉球都是以运动员的身体重心为轴心、以身体到身体重心的连线为半径进行圆周运动。"这番话是物理学在乒乓球技术中的具体体现,同时体现出重心移动在乒乓球技术中的重要地位。

以吴教练的这句话为例,只有以重心为轴,身体转动的运动才会稳定。很多大学生打球忽视了重心的作用,只是模仿老师的动作,单纯的模仿是掌握不到其中的真谛的,要从原理出发。重心就像鞭子一样,重心一动就会把能量以波的形式传到胳膊上,最后再传到乒乓球拍上,从而打出乒乓球。这一过程用鞭子来形容就是"鞭打"动作,但乒乓球的鞭打动作更为定型,体现圆周运动。定型才能控制好乒乓球的线路。

重心除了帮助发力之外,更重要的是帮助还原。很多大学生只有一板球,作圆周运动时没有帮助还原是一个很重要的原因。大部分大学生打乒乓球时脚步跟不上或者不会移动,具体的体现就是一个不到位的球靠胳膊去够球。这里的圆周运动,是一个往复的运动。写书法有"有遇右先左、遇下先上"的原则,打太极拳是借力打力、四两拨千斤,都是利用重心的移动,想往前打拳之前要先往后引,在射箭运动中要想往前射箭先要往后拉弓。打乒乓球也是一样的道理,也要采用这样的思想。那如何才能先后再向前呢?要靠重心引球,再靠重心去发力,懂得运用重心去打乒乓球,步法才可能练出来。

总之,对于任何一项运动,只有明白它的原理才能对它有更深的感悟与理解。乒乓球也是这样。针对大学生理解能力强的特点,掌握乒乓球的核心思想不仅可以迅速提高乒乓球技术,而且当有错误动作时可以从原理出发去纠正错误,最终使乒乓球成为大学生喜爱的体育运动,达到更好地为学习服务的目的。

(三)乒乓球运动应注意的事项

第一,乒乓球运动简单易学,但要达到一定水平很有难度,要有一定的毅力和耐力。练习乒乓球时要由易到难、由简单到复杂,循序渐进,不能急于求成。

第二,乒乓球拍子很重要,胶皮有正胶、反胶,握法有直拍握法、横拍握法,充分了解这些知识,将有利于乒乓球技能的提高和掌握。

第三,舒适的运动鞋、合身的运动服都是参与乒乓球运动所必需的。

第四,一旦有了一定水平,一定会非常喜欢乒乓球这一项运动,从而将终身受益。

四、网球促进大学生体质健康的锻炼方法

(一)网球运动概述

1. 网球运动对大学生身心健康的影响

现代社会的迅速发展和社会竞争的不断激烈,使社会对大学生的要求越来越高,大学生不仅要具备扎实的专业知识,同时还要具备良好的身体素质和心理素质。本部分内容通过对参加网球运动的大学生进行走访与分析,论证了大学生参加网球运动的适宜性和可行性,以及网球运动的身心价值和社会价值。同时通过对高校网球教育的发展、高校学生的个性特征的分析,探讨了网球教育对高校学生身心健康发展的影响以及网球运动对于促进个体社会化和提高人际交往的能力的作用。

2. 网球运动的特点及魅力

网球运动符合学生对健与美的需求,能够促进学生的身心健康,有助于提升学生的全面素质和生活质量。网球运动是一项无论性别差异,无论年龄大小,都能在同一场地上按同样的规则来进行的运动项目。网球运动相对于其他的球类运动,有着独特的魅力。由于有隔网,它没有篮球、足球运动中因身体的直接接触、碰撞而造成犯规或损伤的可能性,也不同于排球运动直接以身体击球,网球运动允许运动员在本方场区做各种姿势挥拍击球、截击空中飞球。网球的击球动作舒展、优美、大方,给人以美的享受。网球运动具有深厚的文化内涵且历史久远,有"贵族运动"之称,在不同的历史时期蕴涵着不同的时代特征。它融合了诚信、文明礼节、谦虚自信、尊重、团结协作和美感为一体,有着丰厚的文化沉积,能对人的成长起到积极的作用。它集和谐性、趣味性、技巧性于一体,是适合不同年龄男女学习的有氧运动。

3. 网球运动的礼仪和发展状况

由于网球运动有悠久的历史和"高贵"的"出身",所以在其发展过程中逐渐形成了一系列的观看比赛和打球中约定俗成的礼仪。网球运动中的很多礼仪使观众和运动员能更愉快地享受网球运动的乐趣。近年来,我国网球事业有了不错的发展,场地数量、参与人数、竞技水平都有了很大程度的提高,同时举办比赛

的档次也在逐年提升。但是从网球运动的普及程度、网球运动的整体水平来看，我国与其他国家仍有着很大的差距。而大学生是影响社会潮流的主力军，通过在高校大力开展网球运动，提高学生的兴趣和技术水平，一定程度上可以提升社会对网球运动的关注程度，从而提高我国网球运动的普及程度和整体水平，促使我国网球运动事业快速发展。

4. 网球运动与身心健康

网球运动可根据参加者的身体条件、技术水平、年龄大小等不同因素来选择运动量的大小，这项运动对大学生是适宜、可行的。参加网球运动后，食欲、睡眠会有明显的变化，如精神饱满，体重减轻，心血管系统各功能表现出良好的状态，体质较同龄人有明显的优势，对疾病的抵御能力增强，等等。以上这些说明了网球运动是大学生锻炼身体、强健体魄的理想体育项目。随着我国经济的整体发展，人们物质生活水平的迅速提高，人们在追求身体健康的同时，也关注着心理健康，大学生也不例外。现今的大学生具有开阔的视野、活跃的思维，追求个性化的生活方式，充满着色彩浪漫的情感，但同时也面临着新的心理问题和冲突，网球运动能增强自信，克服自卑心理。

5. 网球运动与个体社会化、人际交往能力

体育运动的特点除了竞争之外，重要的还在于团体内部的合作和友谊，网球运动已超越了运动本身而衍生为一种人与人之间加强交流、增进感情的重要手段。随着现代社会的发展，人们居住环境和生活方式的改变，人与人之间在工作以外的时间交流越来越少，人们在业余生活中越来越渴望寻求一种能与陌生人进行交流的方式，尽管计算机网络的发展为人们提供了广阔的空间，但这只是一个虚拟的环境，然而网球运动却为人们提供了一种健康、真实的交流方式。

总之，大学生适宜网球运动锻炼，网球运动是进行体育锻炼的一种良好手段和方法。无论练习还是比赛，对大学生都是适宜的、可行的、有益的，并有能持续多年的特点。网球运动符合学生对健与美的需求，能够促进学生的身心健康，有助于提升学生的全面素质和生活质量。开展网球运动符合教学改革的潮流，是大势所趋，有利于培养学生的综合素质和能力。大学生走在时代的前沿，是新事物的先知者，在大学开展和普及网球运动不仅能促进他们的身体和心理健康的发展，更能促进我国网球事业的发展。建议大学生业余时间积极参加网球运动，多关注国际级网球比赛。经典的网球比赛既赏心悦目，又能提高技战术水平，大学生可以通过观看比赛来学习优秀选手的握拍、击球、步法、技战术的运用以及比赛时的心理反应。观看比赛的时候，同学之间也可以通过讨论来发表自己的见解以达到交流的目的。

(二)影响大学生参与网球运动的因素与对策

1. 大学生参与网球运动的影响因素

(1)师资水平。由于许多高校对网球运动的开展认识和重视不够,使教师进修和提高的途径较少。从对现有高校网球教师的专业业务情况调查来看,高校网球专职教师的专业业务能力和层次还有待进一步提高和深化。教师是带领教学训练的主导者,教师综合素质直接影响到对学生的培养情况。

(2)经济因素和消费观念。网球运动是一项高消费的运动项目,其球拍、球、运动服、鞋的造价都非常高。另外,租用网球场地的费用也是比较高的。因此,能够从事此项运动的人大多集中在具备一定经济基础的高收入人群中。高校学生没有收入,如果按照以上成本预算,学生很难参与网球运动,但是由于学生对于网球运动的热爱,多数学生在调查中表示会参与网球运动,但是在器材、装备方面会选择一些价格比较低廉、质量中等的商品。

(3)学校网球设施。由于网球教学设施的缺乏,各高校没有足够的网球场地进行教学,所以只能把开课人数和班次进行压缩,最终造成有限的场地应对教学,课余时间找不到地方去练习,学习的技术得不到巩固的后果,这直接成为制约各高校网球发展的瓶颈。同时,网球场地质量的好坏也直接影响着学生对网球运动参与程度的高低,良好的场地环境会吸引众多学生,而恶劣的场地环境会起到阻碍的作用。

(4)学校普及程度。尽管网球是高校学生喜爱的项目,但是受到场地、器材的制约,高校网球的整体水平还有待提高。很多学生在升入大学前从未见过正规的网球场地。调查显示,有很大一部分学生选择网球课是因为对于网球的好奇,初衷只是想尝试一下这个体育项目。虽然他们选修了网球,但由于技术的复杂性,再加上不知道平时如何练习,更对能否取得满意的成绩心中没底,常常半途而废,这也给网球教学带来很大的难度。虽然有些高校也开设了不同层次的初级班、提高班,但实际操作中同一层次的班级内部差距仍然很大,教学难以开展。

(5)考核评价方法。网球选修课的考核评价一般均从出勤率、学习态度、基本技术和网球基础理论知识等方面进行综合评定,显然考核指标的权重不一。但对于网球基本技术要求不够具体,虽然有以技术为主要内容的对击球能力的考核,但往往也只根据连续击球的数量来衡量,至于在比赛中是否能合理地应用所学技术、掌握比赛的基本规则等方面则很少涉及,不能充分反映学生应用技术的能力。

2. 高校大学生参与网球运动的对策研究

(1)加大对网球运动的宣传推广力度。学校应加大网球运动基本知识的宣传范围和力度,加强大学生对于网球运动的认识,使更多的学生了解网球运动,广泛宣传网球运动,传播网球运动的基本知识和价值功能。学校有关部门可以采用广播、网球相关领域专家讲座、高校内部和高校之间进行的网球运动竞赛、趣味网球课外活动等形式进行全面影响,既可以让学生更多地亲身接触和了解网球运动,激发学生从事网球运动的兴趣,同时也可以影响更多的学生去尝试网球运动,体会网球运动的独特魅力,提高大学生对网球运动的进一步认识,使广大学生真正意识到参与网球运动不仅能锻炼身体、增强体质、拓宽兴趣爱好,了解并掌握最新的体育运动,建立更多的人际关系,培养良好的行为规范,而且对以后接触社会也能起到极大的帮助作用。

(2)加强领导的重视程度,营造校园网球文化。网球运动独有的特点和高雅的属性正好与高校校园文化气息相吻合,不仅可以丰富大学生的课余生活,还可以提升大学生的生活质量。主管部门应加强宏观调控,应利用新校区建设和旧校区改造的机会,有计划、有步骤地对高校网球场地设施进行规划。校园网球文化是高校体育文化重要的组成部分,一个学校体育活动开展得如何,不仅反映一个学校的整体精神面貌和校园文化的氛围,更重要的是体现着一个学校的办学能力。

(3)加强各种层次的竞赛交流。高校之间可以定期举行网球交流联谊活动或者网球竞技竞赛,在互相交流学习的同时,扩大网球竞技竞赛在高校的影响。如果仅靠单一的校园宣传并不会起到非常明显的效果,那么应加强对竞技竞赛成绩的重视程度,如给予校内比赛取得较好名次的学生一定奖励,给予高校之间竞技竞赛取得好名次的学生一定的奖励,给予奖励的同时也可以给予其他的优惠政策,等等。奖励内容的多样化不仅可以激发参赛学生的积极性,使比赛更加紧张、激烈、刺激,同时赛事本身也可以吸引更多人的关注,从而增强赛事在学校内的影响力,吸引更多的学生关注和参与。赛事影响的扩大,势必会引起各个部门以及各个企业的关注,也会吸引更多赞助商和赞助企业的参加和支持,无形当中促进了高校网球运动的健康发展,提高了高校网球运动整体竞技竞赛水平。

(4)加强高校网球运动设施建设。高校应加强对场地的定期维护,实施科学的管理,提高场地的使用率,在保证网球基本教学、训练顺利进行的前提下,应该充分利用课外活动时间、节假日时间对学生开放,可以灵活多样地选择开放的方式,也可以通过适当收费的服务方式向广大师生开放,用收取的费用维护场馆的设施。有条件的高校还可以利用企业赞助或合作等形式,多渠道、多形式筹集资金,改善网球教学相关场地设施和周边训练环境。结合本地气候特点,增建更多室内网球场地,力争在室外场地加盖风雨顶棚,最大限度地避免因地方气候等因素对网球运动开展产生的影响,使学生可以最大限度地进行网球运动。有些学校条件还不够完善,资金也比较短缺,可先考虑建立网球练习墙。网球练习墙可以建在网球场边等校内有平坦空地的场地旁,以不影响原先场地的体育项目活动为前提。

(三)大学生网球运动的练习方法

据统计,没有任何网球技术基础的学生在练习对打网球时,捡球的时间比打球的时间长,久而久之,就会失去对网球运动的兴趣。而通过对墙练习,可以提高网球技术,培养学生自学自练的能力,进而达到良好的网球教学效果,提高教学质量。欣赏教育是通过体育美学形象触动人的感情,使人在心灵深处受到感染和变化,感情得以升华。在网球教学中实施欣赏教育策略,可以培养学生健康的审美观,唤醒学生的审美意识。因此,在网球教学中,教师有意识地用情感感化学生,用美的言谈举止关心、了解、爱护学生,可以激发学生的学习热情,调动学生学习的积极性和主动性。同时,教师还要丰富教学方法和手段,在教学中大胆创新,开展丰富多彩的、富有情趣的课堂教学活动,如与学生共同挖掘练习球感的技巧方法,编排一些有趣的球和拍的活动游戏,等等,使学生在锻炼身体的同时陶冶情操,发展节奏感、协调性,在快乐轻松的气氛中接受美的教育,提高审美水平,提高对网球运动的兴趣。

1. 正反手击球

把墙划分为几个随着技术动作不断提高而减少或变换的区域,这样既满足了发展学生的速度、灵敏、协调、判断能力的要求,又使学生熟悉了球性。如此一来,学生就可掌握正反手击球的技术动作。

2. 截击球技术

这项技术的特点是距离短、球速快、反应时间短,要求学生由易到难逐步提高。握拍时可先用短握拍形式进行,初练时击墙的高度略高、距离放远,同时,与反弹球结合进行,让练习者有足够的时间完成动作。同时,结合正反手练习,也可与同伴一起进行练习,增强击球的兴趣。

3. 发球

发球是网球技术中的一项重要技术。网球发球中的抛球和击球前的球拍在背后的下垂动作是直接影响发球质量的重要因素。墙作为参照物可以让学生抛出稳定的球,在墙上标上一定高度的记号,让学生自我观察上抛球的高度及位置,并做必要的纠正。另外,有些学生为了急于打到球而忽视挥拍击球拍子的背后下垂和肘关节高抬的动作,造成勉强击球,使得发球无力。墙可以帮助学生纠正这些动作,让学生持拍一侧的手臂靠墙,使肘关节高抬,上臂内侧贴墙,球拍自然就会下垂在背后,限制错误动作的发生,帮助学生正确掌握动作的稳定性,提高发球质量。

通过以上几个部分的对墙练习,学生不仅能体验到击球、发球的乐趣,而且能进一步掌握网球运动技术,培养对这项运动的兴趣,增强对打时的控制力和自信心。

要充分激发和提高学生的兴趣,教师必须先了解影响学习兴趣的具体因素,然后根据具体因素,采取具有针对性的、灵活多样的方法,对学生进行教学,进而培养学生对这项运动的兴趣,最终提高网球教学水平。

第四节 健 美 操

对于大学生而言,健美操运动是一种提高身体素质和生理机能的有效方法,它不仅可以优美体态、提高耐力等,还可以培养吃苦耐劳和坚忍不拔的精神。

一、健美操运动对大学生身心健康的影响

(一)健美操运动对大学生身体健康的促进作用

1. 塑造形体美

形体训练能够对学生的形体美进行科学的塑造,促进学生身心双方面的完善。在大学教学课程中添加形体训练内容,能够使大学生获得更为良好的发展。本部分主要是对女大学生形体美塑造中形体训练的主要作用及科学有效的形体训练方法进行分析研究,以此促进大学生的身心发展。健美操练习的动作要求和身体姿态要求与我们日常生活中的状态要求基本一致,因此,通过长期的健美操练习可改善不良的身体状态,形成优美的体态,从而在日常生活中表现出一种良好的气质与修养,给人以朝气蓬勃、健康向上的精神面貌。

2. 提高生理机能

健美操不管动作难易,基本上有有氧操、垫上运动、放松整理等几个部分。经常做健美操可使心肌收缩能力增强、心肺输出量增加,提高供血能力,提高大脑的思维能力和加快全身新陈代谢,提高呼吸系统的机能水平,使学生在学习过程中思维敏捷、快速。通过髋部运动,可增加肠胃蠕动,提高消化系统的功能,还能有效地减少臀部和腰部脂肪的堆积,全面提高人体的健康水平。相关研究表明,健美操对学生有许多特殊益处,如可使学生激素的分泌规律化,对生长发育产生显著影响。有调查显示,经常做健美操运动的年轻人,在智力、反应速度等方面都优于他人。健美操提高身体素质体现在动作频率快、跳跃运动较多、运动负荷较大,因而消耗身体能量多,有利于消除体内多余的脂肪,可有效地训练身体的正确姿态。由于健美操运动是在节奏鲜明的音乐伴奏下进行的,会使人朝气蓬勃、忘却疲劳,在不知不觉中提高体质健康水平。

另外,健美操是具有艺术性的运动项目,长期练习,可以增强韵律感和节奏感,提高音乐素养,从而提高运动者认识美、鉴赏美、表现美和创造美的能力。尤其是艺术院校的学生本身就有很好的音乐和舞蹈基础,还可以提高他们对体育课的兴趣。学生在进行健美操练习时,应该注意下列几点:①锻炼要持之以恒,这也是对自身优良品质的培养。②循序渐进地增加运动量。开始练习时可选择一些简易动作,以后逐步使动作由易到难。同时,运动量大小要适中,逐步加大运动量。要按照"适应—提高—再适应—再提高"的规律上升,如此才能不断提高人体机能水平。③注意动作规范和姿态规范。规范是指做动作时应达到的技术要领,姿态是身体的外表要求,两者有不同之处,但又密切相关。练习者应从开始就要求头正,上下肢要开、要直、幅度要大,屈转分明,等等,否则,久而久之就会形成不良的姿态及错误的动作定型。

(二)健美操运动对大学生心理健康的促进作用

我国的全民健身已成为热门研究领域,健美操运动与心理健康的关系也日益受到广泛关注,我国在这方面的研究才刚刚起步。积极参加体育活动不仅能强身健体,同时还可以调节和促进心理健康。体育活动的双重功效正被越来越多的现代体育科学研究所证实。事实证明,大部分积极参加健美操活动的学生的心理健康水平明显地高于普通大学生的水平,这能直接说明健美操活动对心理健康的促进作用十分明显。

1. 大学生心理健康的评价标准

高校体育教学界结合大学生的实际情况,对大学生的心理健康标准形成如下共识:一是智力正常,二是情绪稳定,三是了解自己,四是良好的人际关系,五是心理行为符合年龄阶段。以上五个方面虽然不能将大学生心理健康标准全部概括,但它们无疑是心理健康的核心因素。

2. 健美操运动对大学生心理素质的影响

(1)健美操运动可以锻炼大学生的意志品质。

第一,健美操运动促进自信心的形成。自信心是自我价值的表达,是对自己能力的确信,同时,也是对自己能力的评价标准。在健美操锻炼中,人体形态美是体现学生表现力的基本条件。良好的身体姿态是形成一个人气质风度的重要因素。通过长期健美操锻炼,学生的身体形态得到了改善,也相应掌握了一些训练知识、技能和生理知识。当取得这些成绩后,个体就会以自我反馈的方式传递其成就信息于大脑,从而产生自我欣赏的认识和情感体验,增强自信心。

第二,健美操运动能锻炼顽强的意志。健美操运动有一定的强度,学生在心理和生理上都承受很大负荷,这就需要他们既克服各种内部障碍,又要克服各种外部障碍,逐渐形成坚忍不拔、持之以恒的意志品质。

第三,健美操运动能提高心理适应能力和心理稳定能力。在健美操锻炼过程中,学生在众人面前进行练习,其形式多种多样,通过分组、个别练习、比赛和测验,让学生在特殊的氛围中感受一定的心理压力。有研究表明,不同的运动项目对心理品质的培养也不完全相同,像体操、健美操等个人表演、比赛的项目,可以培养顽强、勇敢的品质和自我控制能力,也可以提高对环境的适应能力。

(2)健美操运动能提高大学生的各项能力。

第一,健美操运动培养学生的创造力。美国一项研究表明,在完成需要有创新能力才能完成的任务时,受过良好培养与训练的学生成功率大于没有受过良好培养与训练的学生。健美操融音乐、舞蹈、体育健身为一体,系统训练对开发人的创造性思维很有帮助。

第二,健美操运动能提高人的注意力。健美操节奏明快,动作灵活多变,小关节动作多,不对称的动作多,节奏多,变化多、多变化的练习可以培养人的注意力转换。经过健美操训练的学生,上课时注意力容易从课外事物转移到课堂,也较集中、稳定。

第三,健美操运动能增加人际交往和合作的能力,在紧张的学习生活之余,换一个轻松的环境,对消除疲劳和恢复体力是十分有益的。同时,健美操的练习形式是许多人一起练习,存在着人与人交流的问题,健身活动是与心理健康有着密切关系的,它们之间相互影响,相互制约。因此,在健身活动中,应抓住心理健康与健身活动相互作用的规律,利用健康的心理来保证健康活动的效果,从而利用健身活动来调节人的心理状态,促进心理健康。使人们都认识到健身活动与心理健康的关系,有利于人们自觉参加全民健身活动,并以此来调节心情,促进体质健康发展,从而积极投入到全民健身计划中去。

二、如何更好地发挥健美操运动的作用

(一)积极参与健美操运动,提高体质健康水平

健美操是一项融体操、舞蹈、音乐于一体,以健身、健美为目的的体育运动项目。根据运动的目的和性质,健美操主要可分为健身性健美操、竞技性健美

操和表演性健美操三大类。经常从事健美操锻炼,能使心肌增厚,心腔容量增大,血管壁弹性增强,进而提高心脏的功能;能提高呼吸深度,增加每次呼吸时的气体交换量,从而保证在激烈运动时满足气体交换的需要,提高机能水平;能提高消化系统的机能,有助于营养物质的吸收和利用,从而提高对疾病的抵抗能力。健美操运动除了具有增强体质的作用外,还具有塑造健美体形的功能,使体态变得丰满、线条优美、秀丽动人。健美操作为一项很有特色的运动,在我国全民健身活动中占有非常重要的地位,是近年来非常流行的一项体育运动。

(二)加强耐力、力量锻炼,改善和提高生理机能

健美操是根据人体基本生理机能,将人体的基本身体素质(如柔韧性、协调性、力量和耐力等)与舞蹈在强劲有力的音乐伴奏下完成动作的运动。健美操具有一种向上的、充满青春活力的动感和美感,并且运动形式符合健康和美学原则。它能够在较短的时间内获得健美标准的体格。由于健美操多是在跳跃下完成动作的,所以运动强度较大,是一种有氧训练。健身操是以促进身体健康为主的一种运动,是将身体的基本动作(如走、跑、跳)以及身体各部分的简单摆动组合成"操化"的一种练习。

(三)进行心理调节,改善心理健康状况

在健美操课堂中,在音乐的伴奏下进行身体锻炼,使练习者产生愉快的情绪,从而调动人的精神力量和体力,培养和帮助人们进入一种最佳的心理状态,并产生向往和追求美的心理趋势。大学生在体育课中练习更加方便,从而为生活开辟了另一个天地。

通过对健美操有利于大学生健康的分析,让大多数大学生能够很清楚地了解和认识自己的身体和心理需要。健康的机体对每个人来说都尤为重要,因此大学生应有针对性地选择适合自己特点的练习内容与方法。此部分内容还能让大学生认识到健美操有增进健康和形体美、缓解精神压力、娱乐身心、医疗保健等功能。

(四)提高健美操课程在高校体育课程中的地位

健美操是一项对场地、器材没有严格要求的运动项目,并且适合各类人群。目前,我国很多高校都在体育课程中开设了健美操课程,但是也存在对健美操课的重要性认识不够的问题。有的学校期末考试有健美操,有的学校则没有。健美操这种新颖多变的体育运动形式,对于激发学生锻炼的积极性、促进学生的健康成长有着非常重要的作用。因此,应当提高健美操课在高校体育课程中的作用,增加健美操课的比重,提高体育教师的健美操水平,营造学习健美操、重视身体锻炼的氛围。

(五)多举办跟健美操相关的活动

为了促进健美操运动的发展,国务院和体育总局在1992—1999年间陆续颁布了一系列条例,如《全国健美操活动管理办法》《健美操运动员技术等级标准》《大众健美操锻炼标准》和《健美操等级指导员制度》。1992年,中国大学生体协健美操艺术体操分会也在北京成立,这是我国高校健美操运动发展的新阶段,同时也说明了多举办相关的活动是有利于推动这一体育运动的发展的。要更好地发挥健美操课程在高校体育课程中的作用,各高校应当在了解学生需求的基础上,尽量多举办一些跟健美操相关的活动,如健美操设计、健美操比赛等。体育协会要支持健美操的发展,也应当支持高校的健美操活动,协助举办一些以健美操为载体的高校联谊会等。

三、大学生如何科学地进行健美操锻炼

(一)健美操锻炼前的准备活动

进行健美操锻炼之前,首先要进行热身活动,其目的是使健身者在生理和心理上都做好充分的准备,使机体从平静的抑制状态逐渐过渡到兴奋状态,为即将进行的较为剧烈的身体活动做好各种准备,从而提高机体的工作效率,预防运动创伤。热身时间的长短、活动量的大小应根据天气情况而定。通常情况下,热身运动的时间一般为 10～15 min。

(二)健美操锻炼中的负荷问题

大学生进行健美操锻炼的最终目的是取得最佳的锻炼效果。从生理学角度看,只有适宜的负荷刺激才能达到增强体质的目的。因此,科学地确定适合于自己身体情况的锻炼负荷,是获得健美操锻炼效果的前提。下面介绍几种确定运动负荷的常用方法。

(1)脉搏测量法。

脉搏测量法可以分为两种:一种是利用锻炼结束后的心率评定运动负荷。每次健美操锻炼结束后 5～10 min 内,立即测量脉搏,并将测得心率与安静心率进行比较。若测得心率高出安静心率 6 次/min 以上,说明身体反应不佳,如果没有疾病或其他原因,则说明运动量过大,应及时进行调整;如果高出 2～5 次/min,说明运动量适度;如果基本恢复到安静心率状态,则说明运动量偏小,应适当增加运动量,否则就达不到提高身体素质的目的。另外一种是利用最大心率确定

运动负荷。研究和实践表明,对于一个健康水平一般的大学生来说,当运动强度达到最大心率的65%～85%时,锻炼效果最佳。

第一步,计算出最大心率,其方式有两种:①如果是一个没有训练基础的人,用锻炼时的心率确定运动负荷,即"220次/min－年龄＝最大心率";②如果是一个有训练基础的人,则"205次/min－年龄的一半＝最大心率"。

第二步:计算出健身的心率范围。美国健身研究协会推荐的健身指标区为"最大心率×(65%－80%)";美国运动医学院推荐的健身指标区是"最大心率×(65%～90%)"。

心率在上述指标范围内均属有氧运动,称健身指标区。百分比的指数越高,对身体的影响就越大、锻炼的效果就越明显。如果百分比指数超过上述范围,则属无氧训练,对一般健身无益;如果过低,对健身又无任何作用,只能是一般的活动而已。因此,只有确定适合自己的健身指标区,锻炼才会更有效。

(2)利用锻炼时的感觉确定运动负荷。

相关人员研制了主观体力感觉等级表,这种方法是用主观心理用力感觉等级表(简称RPE)作为运动时心理负荷的标志。该表自我感觉分为6～20级,并以RPE值乘以10为接近当时负荷者的心率水平。

通常情况下,学生在参加健身健美操运动前,应进行身体的全面检查,并要重点检查心血管。系统的机能不允许发烧或患有感冒的人参加运动,以免加重病情。而对于患有心脏病、糖尿病等疾病的人,在锻炼时要慎重,最好征求医生和老师的意见,酌情确定自己锻炼的起点。

(三)健美操锻炼中的保健问题

1. 健美操锻炼的着装问题

学生应根据季节的变化和练习环境的温度,穿合适的服装。最好穿着专门的健美操服,如果选择其他服装,应该尽量选择纯棉质地、弹性好、柔软且具有透气性和吸湿性的面料。鞋子最好选用弹性好、柔软性强、大小合适和透气性的运动鞋。切忌不可穿着高跟鞋、厚底鞋或体操鞋等进行健美操锻炼。袜子应穿纯棉质运动袜,不要穿尼龙丝袜。运动服装和鞋袜应该经常洗涤、晾晒,保持清洁、干爽。

2. 健美操锻炼中的饮食与饮水问题

第一,健美操锻炼与饮食。参加健美操锻炼,必须注意运动前后的饮食卫生。一般地,进食后需间隔1.5～2.5 h才可进行健美操锻炼。原则上,运动前的一餐食量不宜过多,并且应吃一些易于消化的食物。同样道理,锻炼结束后也不宜立刻进食。

第二,健美操锻炼与饮水。饮水应注意以下几个问题:①饮水的质量。应尽量不喝各种饮料,要喝白开水或淡盐水等,及时补充体内由于大量出汗而丢失的钠。②忌服过冷的水。如果饮用过冷的水,会强烈刺激胃肠道,造成胃肠功能紊乱,导致消化不良。③饮水的量。运动中出汗多,需饮用的水量自然大,但不能一次喝足,要分次饮用。一次饮水量一般不应超过 200 mL,两次饮水至少间隔 15 min。

3. 健美操锻炼中的损伤与预防

健美操是一项在快节奏的音乐下,大幅度、高强度地完成各种单个或复合动作的运动。预防健美操损伤要注意以下几点。

第一,加强自我监督和对运动创伤知识的了解。

第二,加强身体素质训练,特别是对易伤部位的训练,合理安排运动负荷,遵循循序渐进的原则。

第三,及时改正不正确的运动技术。

第四,做好热身运动,使关节肌肉充分活动开。

第五,身体功能状态不佳时,应适当降低或调整运动量和练习强度。

4. 女大学生进行健美操锻炼的卫生问题

第一,发型和装饰。女大学生进行健美操锻炼时应把头发梳理好,最好扎成马尾辫,尽量不要把头发散开,以免遮挡视线,妨碍运动。另外,锻炼时尽量不要化妆,保持面部的清洁及通透性,便于排汗。最后,进行健美操锻炼时不要佩戴手表、手镯、项链和戒指等硬物,以免损伤皮肤或丢失。

第二,经期锻炼的卫生问题。一般来说,身体健康、月经正常的女生,经期不必完全停止锻炼,而应继续进行适当的活动。由于月经期间身体相应的能力都有可能下降,因此,月经期的运动负荷安排要相应地减少,运动时间也不宜太长,通常不宜参加比赛。在项目选择上,要避免一些过分激烈的运动。对于月经不正常的女生,经期则应暂停参加锻炼。

(四)健美操锻炼后的放松运动

放松运动是健美操的内容之一,绝不是可有可无的。运动后的整理和放松能使人从运动到停止运动之间有一个缓冲、整理的过程。人体在激烈运动时,能量消耗是很大的,需要摄取大量的氧,如果突然停止运动而不做整理活动,不仅会影响氧的补充,而且会影响静脉血的回流和心脏输送量,造成一时性的脑贫血、血压降低等不良现象。因此,运动后的整理和放松是十分必要的。

大学生处于身心全面发展的关键阶段,只有全面地掌握健美操的基本常识和特殊要求,才能更快、更好地掌握健美操运动技术,达到真正的锻炼目的。

第五节 瑜 伽

一、瑜伽运动对高校体育教学的意义

瑜伽运动是一项老少皆宜的健身运动,并以其自身的魅力被越来越多的大学生所喜爱。随着校园文化建设的不断完善和深入,瑜伽作为深受大学生喜爱和欢迎的一种新型体育运动项目,以健身、健心、减压为目的,成为大学校园体育文化的重要组成部分,在促进大学生全面发展、形成终身体育意识方面具有重要作用。

1. 瑜伽可以减轻大学生的心理压力

据相关研究可知,瑜伽最为明显的作用就是可以降低学习者内心的焦虑情绪和压力,并且通过锻炼可以提高心理上的抗挫折能力。瑜伽具有稳定自主神经,减低压力,消除精神紧张,达到心理安定、情绪增进的功效。瑜伽通过缓慢均匀的深呼吸,促使练习者安定心情。而且,瑜伽类似于渐进式肌肉放松训练,这种训练的目的是放松个体的神经、肌肉,是一种降低压力的处理方式,它的操作过程如同自我暗示训练的方法,通过放松身体来达到心理状态的放松。引导学生进行瑜伽运动,可以通过冥想训练引导学生学会舒缓情绪、协调心理状态。

2. 瑜伽有助于大学生的形体塑造

瑜伽的每一个动作都强调腹式呼吸,可使横膈肌得到锻炼,其力量的增强使得吸入肺内的氧气增多,加大肺通气量,从而提高练习者的心肺功能。瑜伽练习还可以增强人体免疫力,对感冒病症的免疫及御寒能力的强化也有显著的效果。对于高校的学生而言,这是一种非常有效且低成本的健身方法。由于该群体对于优美形体存在着非常执着的向往,以至于有相当数量的学生采用不健康的手段来获得苗条的体型。瑜伽可以说是一种拨乱反正的运动形式,在保证练习者身体健康的基础上,实现了对完美体型的追求。

3. 瑜伽运动可以丰富高校体育教学内容

高校是人才培养和聚集的地方,大学生思想活跃,对新事物的鉴别、接受能力很强。瑜伽是一项时尚的运动方式,讲究"身心合一",不受限于年龄、性别与体质健康状态。瑜伽作为高校体育内容,与大学生的特点有很强的适应性。瑜伽伴随着优美的音乐进行,非常容易调动学生参与运动的积极性。另外,瑜伽还避免了高校教学内容单一的弊端,为高校体育教育增加了新的教学内容,为体育教学注入了新的活力,因此,瑜伽活动是高校体育适应当代大学生需求和加快体育教学改革的需要。

4. 瑜伽有助于终身体育观念的培养

为了使体育教育与终身体育有机地结合,高校体育强调在发展各种能力的基础上注重兴趣培养和养成自觉锻炼的习惯,让学生在高校学习期间掌握一种或几种科学锻炼身体的方法,从而为其终身体育服务。瑜伽由于不受年龄、性别、健康状况和运动基础的限制,每个人都可以参与,运动强度自我调节,从而达到不同锻炼的需要。而且不受场地、设备的局限,容易做到终身不辍,进而终身受益。瑜伽运动的动作融入了体操和舞蹈艺术,简单易学,再配以舒缓高雅的音乐,人们在平稳心灵的同时,身体也得到了充分锻炼。高校学生练习瑜伽,有利于培养学生终身参与体育运动的良好习惯。

二、完善和加强瑜伽教学体系

1. 优化师资力量,改善教学环境

瑜伽教师应当主动参加专业的瑜伽课程培训,通过较正规的学习,掌握完整的瑜伽技术,提升自己的能力,培养良好的职业道德和职业素养。重视与学生之间的沟通交流,了解其想法及学习过程中遇到的问题。在自身知识水平提高之后,要注意选择正确的瑜伽教学方法,比如语言教学法、授解结合法、直观教学法、纠错法等,以此来提高整个教学活动的质量。瑜伽教学对学习环境的要求相对宽松,但瑜伽教师仍需要通过教学机制改善教学环境,提高教学效果。例如:教师应当多搜集一些悠扬、舒缓、与瑜伽活动十分契合的音乐资料,并经常更换,防止学生因为"厌听"而"厌学";炎热夏日,教师还可以带领学生去校园一角或是大自然中,使其在与自然亲和的状态下进行瑜伽练习。教师通过这些方法,能改善瑜伽教学环境,促使学生更加积极地投入到瑜伽学习中来。

2. 调动学生的积极性,端正学习态度

学生是教学活动的主体,关系着整个教学活动的顺利开展。瑜伽运动项目对于学生的身心发展都有积极的益处,教师应当从这一点切入,使学生真正"看到""感受到"练习瑜伽的好处,提高他们对于瑜伽学习的热情。教师可以根据学生要求,引导他们在一定时间内认真参加瑜伽训练,并以实际的效果使他们更加热爱瑜伽这项运动。同时,学生要调整自己的心态,端正自己的态度,积极配合教师进行教学活动,认真学习,以锻炼身心为最终目的。学生要学会享受学习的过程,不能急功近利,要多了解瑜伽的相关知识,课上认真学习,课后多加复习、练习,将修身与修心相结合,达到锻炼的效果,使自己在瑜伽学习过程中收获更多。

三、高校大学生参与瑜伽运动的分析及研究

1. 高校大学生参与瑜伽运动的动机

据调查可知,高校大学生参与瑜伽运动受外界干扰比较少。根据这一总体特征可以看出,大学生群体对瑜伽有着较高的认知与良好的学习状态,并对瑜伽练习寄予了较高的期望,想要通过此练习手段获得身心的锻炼和满足。比较求知、体验刺激和完成得分情况,求知最高,完成得分次之,体验刺激最后。在外部调节方面,统一化得分最高,说明其参与瑜伽运动很大程度上是出于自身的需要;内投得分接近中间分,体现出当前大学生对自我身体形态和社会交往的足够重视。外在调节得分在外部动机得分中最低的原因基本上可以解释为当前大学生有着较为成熟的思想意识,受周围环境影响比较小。

2. 不同层次学生参与瑜伽运动的动机比较

据调查得知,研究生对于瑜伽的主动参与程度高于本科生,说明其参与意识较本科生主动,但是其外部调节得分高于本科生,说明其参与动机受外部影响高于本科生,造成这一现象的主要原因是研究生参与瑜伽运动会有更多的外部动机。研究生动机弱化得分明显高于本科生,说明研究生对于自我的这种参与认可程度并不高。本研究初始的假设是研究生有着更为成熟的想法和明确的选择需求,因此会在动机弱化方面得分低于本科生。产生这种现象的原因是多方面的,最主要的原因可能是研究生有着更多的社会经历,很多都是经过本科毕业时的就业问题及现在面临的研究生毕业压力问题的,在这些方面的社会经历和忧患意识都会影响其对未来自己行为的认可程度。

3. 不同院系大学生参与动机特征与整体得分状况的比较研究

体育院系大学生的动机弱化趋势很明显,说明其对自己是否可以很好地坚持和完成瑜伽运动抱有很明显的怀疑态度。究其原因,不是他们完成得不好,只是作为体育专业人士对自身的要求比较高,还有就是对未来职业不确定性的焦虑。其他学院大学生得分情况低于整体得分状况,说明其对参与瑜伽运动很自信、积极,也很看好未来自己在这方面的发展。据调查得知,体育学院的学生对参与瑜伽运动有着很强的主动性和目的性,其他学院学生虽然也乐在参与,但内部驱动力稍欠缺。体育院系的大学生外部动机得分明显高于平均水平,说明体育院系的大学生参与瑜伽运动受外部环境影响比较大,这或许和其将来从事的职业有关,最为明显的就是考虑到将来职业和体育关系密切,为将来工作打基础。另外,瑜伽对参与者的柔韧、灵活度、受耐力等有绝对的促进效果,很多体育院系的大学生正是借此机会提高自身的身体素质,而其他院系大学生较整体水平没有特别明显的不同。

第八章　促进大学生体质健康的锻炼方法和实践

4. 不同学历大学生参与动机特征与整体得分状况的比较研究

研究生参与瑜伽运动较本科生受外部环境影响比较大,不是完全地出于自身对瑜伽运动的乐趣和自我的满足感,这或许跟研究生高度的学习和工作压力有关,他们将其作为一种缓解疲劳、释放压力的手段。本科生得分较整体女大学生得分明显较少,说明本科生参与瑜伽练习受外部环境影响较小。据调查得知,研究生较本科生有着较强的内部驱动力,说明他们内心深处更渴望接触、参与、了解、学习瑜伽运动,目的性很强,本科生则相对来说没有很强的内部驱动力,得分也略低于总体得分。

5. 参与瑜伽运动人群的学历特征分析

据调查得知,参与瑜伽运动的大学生中,有近60%的是研究生,这可能和研究生学业压力和单调枯燥的生活有关系,因为瑜伽运动对人们的生理、心理、精神、情感等各方面都能起到良好的作用,它能平衡人体的神经系统和内分泌系统,从而影响人体的其他系统,达到整体的平衡。本科生少的原因可能是本科生有着丰富多样的课程和活动,加之本科生年龄小,比较好动,所以很少会把注意力集中在以冥想和静力性拉伸为主的瑜伽运动。体育院系人数占绝对优势,其他学院次之。

综上所述,高校中的研究生群体参与瑜伽活动内部动机很高,综合考虑动机等得分可以推断出该群体参与瑜伽运动有着很明确的学习导向,但也易受外部条件的影响,结合其他的研究结果可以推断出主要是由于瑜伽本身的锻炼价值所在,建议高校给研究生开设瑜伽课程,满足其学习和锻炼需求。高校本科生参与瑜伽的内部动机和外部动机得分都不高,说明其对瑜伽运动的需求不是很强烈,也不易受外部环境的影响,所以在本科生中开展瑜伽课程意义不是很大。作为与瑜伽运动有直接关系的体育学院学生,内部动机、外部动机得分均高于整体得分,说明在体育院校内部开设瑜伽课程是绝对必要的。但是动机弱化得分也明显高于整体水平,说明体育院校学生参与课外瑜伽运动的心态是很复杂的:一方面是受各方面因素影响,积极主动地参与瑜伽运动;另一方面又对自己现在和未来能否完成和坚持瑜伽运动持否定态度。出现这种心理现象的原因是多方面的,不能简单而论,应该引起个人的注意。

四、大学瑜伽教学中融入形体训练的探讨

(一)瑜伽与形体训练之比较

形体练习是很多运动的基础,也可作为瑜伽练习的基础。瑜伽教学中融入形体训练可更好地表现瑜伽动作的准确和优美,有助于更好地完成高难度的瑜伽体式。瑜伽的训练内容有呼吸法、体位法、冥想法。在高校,瑜伽教学内容主

要是体位法。瑜伽之美主要通过身体姿态表现出来,良好的姿态美、时空感和控制能力在瑜伽教学中起着举足轻重的作用。而形体训练是以培养良好的身体姿态练习为主要特征的一项运动。它通过各种身体练习以改善形体的状态,提高人体良好形态的控制能力和表现能力,它是以增进健康、增强体质、塑造体形、培养气质为目的的身体练习。它通过多种多样的练习方法和手段,促进人体形态更加完美,培养练习者的审美情趣,增强其认识美、发现美、表现美的能力,从而产生对美的意识,逐渐提高练习者高雅的气质和表现自我的能力,对提高美的鉴赏能力具有独特的作用。形体训练集健身、健美、健心为一体,其本质是"内化"道德情操、"外化"行为气质,这也是瑜伽教学的重要意义所在。

(二)大学生在瑜伽学习中存在的问题

大部分大学生的身体姿态、柔性、灵活性、空中体位感觉、平衡控制能力等都比较差,练习起来不流畅、不大方,离"标准"动作有很大的距离。例如最基本的吉祥坐,要求右脚脚心朝上放在左脚大腿下方,左脚脚心朝上放在右脚大腿根上,髋打开,脊柱垂直。柔韧性好的学生两腿相叠,两膝关节都可以贴在垫子上并保持脊柱垂直,而腿部柔韧性差的学生只能做到踝关节相交,膝关节与垫子的夹角有的是45°以上,并且上体前倾。再如前屈式,要求前屈时脊柱伸直,尽量用腹部贴大腿、头部贴小腿,双手抱脚或双手掌贴地,许多学生背是弯的,连手指都触不了地,别说手掌了。虽然瑜伽体式没有固定的要求,但类似这样的问题,让他们觉得自己的动作跟"标准"动作相差太远,感觉很挫败,从而降低了部分学生的自信心,影响了他们的学习积极性,使瑜伽体式教学难以达到满意的效果。这些问题采用形体训练做辅助练习,加强柔韧性基本功练习,能得到较好的解决。

(三)在高校瑜伽教学中融入形体训练的重要作用

1. 瑜伽教学融入形体训练能提高大学生学习的自信心和积极性

高校大学生的体质健康状况参差不齐,大部分学生是第一次接触瑜伽运动,初次接触瑜伽往往很难准确地表达各个动作及身体的美感,学习效果不明显,动作笨拙,不协调。而他们又不允许自己表现不出色,不愿意别人看到自己不足的一面,因此部分学生就会不自信,从而产生消极的学习情绪。而首先进行较基础的形体训练,让学生先有一定的基础,他们学习瑜伽就会得心应手,也能提高他们的学习自信心和积极性。

2. 瑜伽教学融入形体训练能提高大学生瑜伽学习质量

形体训练是很多体育运动项目的基础,它也可作为瑜伽教学的基础。形体训练中对于肌肉的远端控制力要求很高,而这一点恰恰是许多瑜伽体式动作要领中所要求的。瑜伽要求动作具有一定的稳定性与时空感,因此,形体训练练习的效果能直接影响瑜伽练习质量。在形体训练中采用一些简单的练习方式,如把杆练习、平衡练习等,掌握基本动作要领进行训练,能提高身体的协调性和动作的控制能力,增强肌肉的弹性和灵活性,形成正确优美的身体姿势。形体训练是外表形状及其在各种活动中表现出来的,它使人在缓慢、优雅、动听的音乐旋律下轻松、自如地完成动作,能使骨骼、肌肉充分伸展,塑造优美的体形,它有利于缓减心理压力。而瑜伽是对身体健康、形体美的塑造和追求,在优美的音乐旋律伴奏下,通过多种体式动作的练习来表现美、塑造美,使瑜伽训练者活力增强,外观更年轻,心情更平静,增强疾病抵抗力。形体训练中对轻音乐节拍的掌握可加强对瑜伽练习中音乐节拍的理解与鉴赏。瑜伽练习时配上音乐,可使练习者进入意境而精神专注,达到调节情绪、消除疲劳、陶冶情操的目的。由上所述,形体训练和瑜伽练习是相辅相成的,形体训练有助于提高瑜伽学习质量。

(四)瑜伽教学中形体训练的内容及实施方法

1. 瑜伽教学中形体基础训练的内容

形体训练内容以舞蹈基训为主,其中把杆训练是每个学期都安排的内容。形体训练内容的安排应从易到难。首先是身体素质基础的形体训练,如从把杆、"地面"训练到离开扶把的姿态训练、舞姿组合训练等,然后进行专项的身体素质形体训练,如平衡、转体等。

(1)把杆训练。把杆训练内容主要包括扶把的各种站立、擦地、蹲、踢腿、屈伸、划圈、压腿、击打、身体的弯曲与波浪、移重心、平衡与控制、转体、跳跃等练习。把杆训练是瑜伽形体训练的基础,是每个学期都必须进行的形体训练内容之一。借助把杆进行慢动作和分解动作练习,不仅能培养规范化的身体姿态,而且能有效地发展腿部、躯干部位的柔韧性、力量和平衡能力,能够发展细腻的肌肉感觉,有利于掌握技术细节,建立正确的动作概念。

(2)"地面"训练。"地面"训练是指坐、躺、卧于地面的各种练习,如坐地勾绷脚背、坐地吸腿练习、侧卧旁吸腿、仰卧吸腿练习等,主要是对全身肌肉进行等张力训练。"地面"训练可安排在瑜伽形体训练的初期,经过系统的"地面"训练,可使肌肉线条修长,避免肌肉向横向发展或成块状形态,使学生获得专项所必需的基础技能。

(3)舞姿组合训练。舞姿组合训练的内容主要是采用芭蕾舞的基本舞姿,如单腿屈膝前(后)举站立——阿提丢、单腿后举站立——阿拉贝斯、单腿侧上举站立——艾卡地等,通过手臂位置的变化,配合上体弯曲和扭转表现不同的神态。姿态是人体各部分、各环节构图的完整概念,只有上肢、下肢、躯干、头部这四大部分协调配合,才能产生完美的艺术造型。可见,舞姿组合训练是瑜伽形体训练的关键内容,是提高学生学习瑜伽专项身体素质的有力手段。舞姿组合训练可安排在瑜伽形体训练的中期,目的是在学生掌握了一定的基础形体训练后,使学生把之前所学的内容进行融合,使学生更好地掌握瑜伽动作技术。

(4)身体动作组合训练。身体动作组合包括跳、平衡、转体、波浪与柔韧四类动作,是构成瑜伽形体难度动作的主要因素。身体动作组合训练是主要安排在后期的形体训练,是为学习掌握瑜伽高难度动作做准备的。通过各类身体动作组的训练,掌握基本动作的正确方法,使学生懂得在全身各部分协调配合中完成高难度动作,在紧张与松弛相交替的韵律中表现出身体各部位的正确姿态,动作的最大幅度,支撑的稳定性,移动的轻巧性,以及动力、幅度和动作速度之间的密切关系。

2. 瑜伽教学中实施形体训练的方法

形体训练动作形式多,锻炼部位广泛,可根据学生的实际情况选择不同的运动时间来进行。通过基本动作练习和强度不同的成套动作练习,对身体各关节、韧带,各主要肌群和内脏器官施加合理的运动负荷,对心血管功能、柔韧性、协调性、力量及耐力素质、体脂等身体成分有十分显著的作用。

(1)先集中进行形体训练,然后学习瑜伽。在整个教学学习期间,用总学时的1/4进行形体训练。假如计划用60学时学习瑜伽,那么可以用大约10～15学时的时间首先进行形体训练,主要进行手位练习、把杆练习、徒手组合练习,锻炼大学生的柔韧性、空间体位感觉、正确优美的身体姿态等。这种集中练习的方法具有较好的连续性,大学生容易掌握,效果也比较好。有些教师或学生可能担心耽误了瑜伽的学习,其实不然,在学习瑜伽之前进行形体训练可给瑜伽学习打下基础。有了一定的身体基础,便于教学进度的加快,学生的模仿能力就会提高,教学效果也会改善。

(2)把形体训练贯穿到瑜伽教学过程中。课程的准备部分、课程的结束部分都可安排形体训练,80 min 的课可以安排 15～20 min 的形体训练,在课程的准备部分安排形体训练内容,不仅可以让学生活动身体各关节,更可以让学生尽快进入学习状态,为课程的主要内容做准备。在课程的结束部分安排形体训练内容,主要是起到放松肌肉和巩固课堂内容的目的。可见,形体训练在瑜伽教学中可起到重要的作用,每节课都可安排一些内容。

总之,形体训练能够很好地提高瑜伽所需要的协调、柔韧、身体姿态的控制以及对动作美的感受和表现力,培养学生自信、端庄、高雅等美的气质,增强他们的艺术修养。形体训练既有利于瑜伽的学习掌握,也可提高瑜伽的欣赏水平。因此,在瑜伽教学过程中,把形体训练与瑜伽的教学结合起来,把形体训练贯穿于瑜伽教学的始终,能有效地提高瑜伽教学质量。当今很多瑜伽馆,为了提高瑜伽教学效果,也广泛采用瑜伽球、瑜伽绳、瑜伽带、瑜伽砖等辅助工具进行练习,在高校采用形体训练内容做辅助练习无疑是一个很好的借鉴。

第六节　太　极　拳

太极拳是中华民族的优秀文化遗产,是一种不可多得的修身养性的体育形式。本部分内容以太极拳的价值结合大学生身心发展特点,探索太极拳对高校大学生身心健康的影响。从而推动太极拳在高校的开展,体现学校体育和健康教育更好的结合。

一、太极拳对高校大学生身心健康的影响

(一)太极拳锻炼对大学生体质健康的影响

1. 太极拳锻炼可以提高肺气功能

太极拳的呼吸是一种要求"深""长""细""缓"的腹式呼吸。现代医学认为深长而缓慢的呼吸,不仅无效腔对肺泡通气量的影响较小,而且呼吸肌工作的能耗有利于人体吸入大量的新鲜空气。大学生经常参加太极拳锻炼,可以延缓因活动不足而加重的肺泡老化过程,同时能增加呼吸肌肉的力量,增加胸廓的扩张度,改善呼吸形式,增进和改善肺脏的"吸氧吐碳"能力,增加肺活量。

2. 太极拳锻炼可以改善神经系统的功能

太极拳锻炼可以提高神经系统的敏锐度,练习中要求有较好的协调和平衡能力,这对中枢神经系统有良好的训练作用。适当地进行太极拳锻炼可以消除疲劳,活跃思维,修复和改善高级神经中枢功能,使大脑处于新的工作状态,有助于提高记忆力,提高学习效率。大学生的学习和生活都非常紧张,神经常处于兴奋之中,容易出现疲劳现象,使体质健康水平下降。太极拳动作节奏舒缓而柔和,在意念的引导下通过神经系统的调节功能,协调全身的各个系统,能够有效地消除脑力劳动所引起的疲劳。

3. 太极拳锻炼可以增加腿部的力量,提高人体的平衡能力

太极拳运动是主要以下肢运动为主的体育项目,练习太极拳时下肢运动较多,在转换动作时要单腿支撑,还有的动作要屈膝下蹲或伸膝独立,这样长时间来克服自身重量,可以增加下肢力量,同时又可以使下肢的柔韧性和灵活性提高。另外,练习太极拳主要以腰为主,手脚的许多动作都是以躯干带动的,腰脊螺旋缠绕,其动作缓慢、柔和。圆弧运动可增加腰部肌肉的力量、脊柱的活动范围以及灵活性。大学生正处于重要时期,经常进行太极拳的锻炼还可以促进骨骼的健康,同时太极拳的螺旋式的弧形动作使得关节及其周围的肌肉、肌腱、韧

带都受到良好的锻炼,从而使关节的稳固性、柔韧性、灵活性得到大大的增强。

4. 太极拳锻炼可以改善消化系统功能

在进行太极拳练习时,由于采用的是腹式呼吸,呼吸加强加深,这样就增加了膈肌和腹肌的运动幅度,对肠、胃等器官起着一种按摩的作用,能够改善消化道的血液循环,提高肠胃的蠕动能力,促进消化液分泌,增强消化吸收功能。同时,肠胃功能的增强,可以预防溃疡、肠胃炎、消化不良等肠胃疾病的发生。

(二)太极拳锻炼对大学生心理健康的影响

1. 太极拳锻炼对意志的影响

随着人们生活水平的提高,现代大学生从小就有着优越的生活条件,缺少艰苦环境的锻炼,怕苦、怕累,意志薄弱,自觉性、坚韧性、自制力差,缺乏吃苦耐劳的精神,对挫折的承受力弱,因此很容易引起心理问题以及心理障碍。通过坚持不懈的锻炼,可以使大学生在学习和工作中克服困难,不屈服于艰难的环境,勇于拼搏,自强不息,有利于增强他们在现代社会生活中的竞争力。

2. 太极拳锻炼对人际交往和社会适应能力的影响

集体练习太极拳可以协调人际关系,成群结队的太极拳练习可以大大增进人与人的交流,从而使太极拳练习者很好地克服孤僻心理,协调人际关系,扩大社会交往,提高社会适应能力。大学生进入了校园,也就独立地进入了准社会群体的交际圈。进行太极拳锻炼可以促进个性的发展,使人变得开朗、乐观,自信心增强,逐渐学会控制自己的需要和动机,使人的个性更趋于成熟。太极拳练习者在运动中互相交流思想、兴趣、情感,互相了解,互相帮助,不仅能在运动中忘记烦恼和痛苦,消除孤独感,同时能在交流中增长知识和才干,在不断的交往过程中逐步提高自己适应环境的能力。

3. 太极拳锻炼对精神和情绪的影响

有相当一部分大学生精神长期处于紧张状态,导致"紧张状态病",表现为缺乏忍耐力,容易发怒、迷茫、忧虑、心浮气躁、心胸狭隘等,这种状态持续下去,最终会导致疲劳过度、头痛、神经衰弱,甚至出现心理异常、精神失常等严重后果。然而,预防和治疗这类疾病的理想选择就是经常练习太极拳,太极拳不仅讲究行动柔和缓慢、连贯均匀、圆活自然,更加追求情绪稳定、心态平和,并且强调注意力集中、精神内守、排除杂念,这十分有利于消除人的烦恼和缓解内心的冲突,最终获得心理平衡。

另外,大学生进行太极拳锻炼对抑郁、焦虑等心理疾病有明显的调节作用,太极拳锻炼不仅可以提高学生的身体素质,同时也可以改善学生的心理素质。在高校中开展太极拳锻炼能在培养学生自身修养的同时提高身体素质。

二、大学生如何科学地进行太极拳锻炼

(一)太极拳的锻炼方法

太极拳作为我国的宝贵文化遗产,因易学、易练的特点,深受练习者的喜爱。

通常太极拳的练法是由静到动。先练静功,以无极式桩功和川字步桩功为主,使身体下部有劲不致飘浮,如同建造房屋之基础。凡欲练太极拳之真功夫者,非先练桩功不可,而后练动功,练习架子、推手,一势一式地练,一式练熟后再练一式,以免日久生疏。直至各式皆练习纯熟后,互相连贯合为一套太极拳。很多人练拳不按此过程,一上来就盘架子,即动功,三四个月学一套,然后自己练,或接着学另一套。殊不知,这样练下去把太极拳练成了太极操。虽然健身防病有一定效果,但长期处于晃拳阶段,难以深入提高,练不出真功夫。鉴于现今的情况与过去不同,没有时间实施以往的练法,因此应采用学架子—练架子—拆架子—摆架子这个正规训练过程。此过程必须在明理(明拳理、诚意传授)的老师指导下进行,而且要经常反复学、练、拆、摆,直至纯熟。先拆摆外形,再顾及内形,这就是由外入里。先拆摆定式,再拆摆动式,这是由易到难的反复学练拆摆的过程,把十三势(掤、捋、挤、按、採、挒、肘、靠、顾、盼、进、退、定)的各种劲路贯穿到整个套路的练习过程中,才能越练越长劲。

练习太极拳,首先应弄清何为太极、何为拳。简而言之,虚实阴阳属太极,四肢身体动作属于拳。当内形(虚实阴阳)和外形(身体四肢动作)相结合时,就成为太极和拳的结合。在练习时,外形带动内形的叫太极操,内形推动外形方可称为太极拳。如何做到由内形推动外形呢?那就要谈及学、练、拆、摆的方法。

1. 学

首先当然要投明理之师。教师懂拳理、肯教、真教、肯用劲,这就避免了以错传错,误人光阴。古人云:"教拳不讲等于种田不耙。"要讲清每一招数,避免以错传错,使学生不走或少走弯路。学生则要虚心勤学苦练,有一种我要学要练的自觉思想,肯动脑筋钻研,事事认真,决不马虎,把学到的理论知识通过实践的感性认识提升到理性认识。

2. 练

学后马上认真复习,照教师讲的去练。当然,现在多数人要工作、学习,很难像过去那样整天练,但可以早晚练两三遍,工作学习之暇抓紧练一些单式。其实,工间、排队、洗菜、看电视、散步等闲暇时间都可有意识地练一些单式,这是很重要的练习法之一。只要真正意识到练拳的重要性,时间就有了。练到一定程度就会进入无形的意念练拳,达到拳不离手的境界。做任何一件事都有从不会到会、从生到熟、从初级到高级、从表面粗浅认识到深处实质追求的过程,这是人

类的进取性。当然,进取要付出大量辛勤劳动。

3. 拆

太极拳是优秀拳种之一,它含有中国文武两大传统文化。不仅武术技击要求极高,而且练起来如行云流水,潇洒自如,亦是文中有武、武中有文。文武即阴阳,阴阳为太极,故太极亦是文武之拳。因此,它是一门高深艺术,不可能一下或短期就入门,练到一定程度就会感到难以深入,这时就要教师拆架子,目的是不断掌握太极拳中的技击要求,把已掌握的东西变得更自如。每拆一次架子就会感到有新收获,如拆云手一势,文拆6个不同方位的"8"字,武拆技击方法很多,有一开一合、二开二合或更细更多开合。

4. 摆

摆架子是帮助自己正确地掌握练拳的要领,使自己在练的过程中不至于将关键内涵忘掉。只有在学练拆摆上下功夫的人,才有可能继承、发扬、发展太极拳。通过拆架子、摆架子之后才能够把太极拳的要领贯穿在练习过程中。练拳,首先要提起全部精神,所谓虚领顶劲,还要把方向和路线统一起来,上下相随。要求方向直、路线曲,不统一就散,因此通过摆架子使拳架子正确是首要问题。要分清虚实,但虚实不能截然分开,练拳的不同阶段虚实比例不同,由开始的大虚大实到成功后的不虚不实,方为太极,到此时拳才会运用自如,得心应手。太极拳以虚盖实,要求尾闾中正,含胸拔背。故两腿靠尾闾调整,上肢靠大椎来调整。含胸拔背指挥气沉丹田,沉肩垂肘指挥含胸拔背。腰、胯、膝、踝、肩、肘、腕节节贯穿,故行气如九曲珠。松肩要靠气贴背,其根在脚,发于腿,主宰于腰,形于手指,一环套一环。这个过程只能通过拆摆、喂劲才能掌握。

练太极拳的原则如下:一是以柔克刚。这是必须遵守的原则,太极拳是柔拳的一种,故要向柔发展,至柔即为至刚。二是以静制动。"后人发,先人至",就是这个道理。三是以小敌大。只有做到以柔克刚、以静制动之后,才能"四两拨千斤"。

三、激发大学生练太极拳的积极性

太极拳不仅是一项优秀的健身活动,还是一种具有浓郁民族特色的文化形态。不少高校把太极拳作为体育教学内容,甚至作为一门独立的体育课程,对学生进行普及教育。但是,通过对学生学习太极拳现状的调查了解及分析发现,太极拳在高校推广的成果并不理想。如何培养大学生学习太极拳的兴趣,从而提高教学效果是教学中的难点。

1. 渗透技击意识

太极拳作为武术项目的一个重要分支,不仅有健身养生的功效,而且有技击的作用。从根本上来说,太极拳的招招势势都是从技击御敌中来的。然而,在太极拳的教学活动中,"教"的一方往往采用"讲解示范—领做—纠正—学生练习"的方法,而"学"的一方基本上是模仿教师的动作,力求在动作的外形上与教师一致。这种教学方法往往使学生不能正确掌握动作的要领,不了解动作的技击含义、养生原理。同时,这种教学方法往往会造成学生对太极拳不感兴趣,只为考试而学,一考完就扔的现象。

只练拳架而不练推手,很难深刻地领会太极拳技法的各种要求,只能练成"太极操"。学生在练习拳架时,如果教师只是讲解技法要求,学生就很难在完成动作时贯彻要求,而当他们了解和实践了拳架套路中技术的技击运用时,通过两人的推手练习,在攻防的转换中反复体会腿部、腰部、肩肘、掌运力的方式和规律,对太极拳劲力的掌握就可起到事半功倍的效果。因此,拳架结合攻防练习的教学方法能使学生深刻体会和实践拳理。在教学时,教师应该先教会学生拳架,接着用推手奠定学以致用的基础,并验证拳架,然后在拳架和推手的多次循环反复之中,逐渐加深学生对太极拳的体会和理解,使理论和实践紧密联系在一起,从而提高学生学习太极拳的积极性。

2. 丰富教学方法

要使学生真正在有限的课时内掌握基本的知识和动作要领,并能熟练地完成套路,使太极拳教学逐步做到由教师教,到学生学,直至自觉地去练太极拳,教学中采用灵活多样的教学方法提高学生的习练积极性是不可缺少的,这也是提高教学效果的良好途径。

(1) 电化教学法。大学生思维活跃,易接受新鲜事物,但往往缺乏耐心,很难达到心静体松的练习要求,缺少对太极拳理论的理解与掌握,仅模仿套路动作,这样习练太极拳就显得枯燥乏味,毫无兴趣可言。因此,教师可在课前一周利用电化教学组织教学班级观看太极拳教学片。这样做有以下几种好处:首先,能使学生欣赏到正确、优美的名家示范,从而产生强烈的求知欲。其次,运用电化教学,教师可采用慢放、定格等形式,让学生清晰地看到动作的关键和行走路线。最后,可方便形象地进行动作的讲解、分解、对比、归纳。通过观看教学片,学生对太极拳运动会有一个完整的认识,产生求知、求学的欲望,从而达到对太极拳由感性认识上升到理性认识,并自觉探索其运动规律的目的。

(2) 直观教学法。直观教学法是体育教学原则之一。首先,太极拳动作本身体现出两种美,对学生有一定的吸引力。教师做一些正确、优美的动作示范,能使学生看后产生一种羡慕和探求的心理,学习积极性便油然而生。其次,组织学生看一些太极拳表演和比赛录像,能开阔学生的眼界,培养他们对太极拳的喜爱情绪。最后,由于学生存在明显的个体差异,在学习动作时,对那些基础差、掌握动作慢和出现错误动作多的学生,教师要耐心引导,用正误对比的方法,使学生分清什么样的动作是正确的、什么样的动作是错误的。同时,对进步快的学生要及时给予表扬和鼓励,进一步提高他们的学习积极性。

(3)趣味教学法。在练习太极拳时,部分学生对所练习的动作不感兴趣,认为自己已经掌握,不再愿意提高质量,这时最容易注意力分散,敷衍了事。教师可通过不同的教法和练习手段增加练习的趣味性,提高学生的学习积极性,达到提高教学质量的目的。例如,在教学过程中,采用集体、分组、个人等多种教学形式进行竞赛,由教师评判竞赛结果。这是激发和提高学生习练太极拳积极性的一种有效途径。

3. 运用互助式学习模式

传统教学是按照一定模式进行的常规教学,从讲解示范到学生跟随教师模仿练习,在动作过程基本掌握后,在教师的指导下由学生自练,教师集体纠正错误动作,学生反复练习和个别纠错,直到能够比较准确地完成动作为止。从单个动作练习到成组动作练习,再到整个套路练习,一般均采用此方法,然后由教师进行评价。

互助式学习就是在教学过程中,将教学班级按照一定人数分为若干小组(一般每组6~8人),并注意培养骨干为小组长,由其组织练习的方法。教学中也是先讲解示范再模仿练习,之后,学生练习按组进行,在学生不提出问题的情况下,教师不进行任何练习方法干预,由组长组织学生练习。学生充分发挥主观能动性,根据各自的特点,选择适合自己的练习方法,在小组内开展互帮互学,达到共同提高的目的。同时,小组长每节课都要对本组的练习情况进行总结和评价,并及时反馈给教师,以便指导。在课程的结束阶段,教师对每组的学习情况进行汇总,对组织较好的小组给予表扬,并请组长介绍经验。将互助式学习模式引进课堂,可以充分调动学生的学习积极性,发挥学生的主观能动性,有助于提高学生分析问题、解决问题的能力。另外,将互助式学习模式引进课堂还能使教师及时获得反馈信息,及时进行教学调整,有利于课堂的多边互动,从而提高学生的学习效率和交往技能。

第七节 游 泳

一、游泳运动对大学生身心健康的影响

游泳运动不仅是一项竞技运动项目,同时也是一项大众体育项目。该项目对性别和年龄的要求较低,是男女老幼都喜欢的体育项目之一。它可使身体各个器官或系统得到锻炼,同时还可锻炼人的意志。

(一)游泳运动对大学生体质健康的影响

1. 培养健身习惯,提高体质健康

身体是革命的本钱。养成良好的健身习惯,坚持锻炼、提高体质健康水平是非常重要的。游泳是属于全身剧烈运动的项目,在一个动作周期中会有大部分时间是在没有氧气的情况下完成的,这会使人的身体机能发生变化,可以提高人体新陈代谢的速度和能量供应水平,扩大身体能量的储存。大学生要有健康的体育观念,要达到这个目的,就要从个人喜欢的体育运动出发,培养良好的健身习惯,注重个性发展。学校要让大学生真正理解到游泳运动的真谛,如此他们才能树立起终身体育意识和良好的健身习惯。

2. 改善身体机能

经常进行游泳锻炼,可以使呼吸系统、消化系统、心血管系统和身体器官的机能得到改善和提高,促进基本身体素质的提高,增强人体抵抗疾病的能力。完成强度较大的脑力工作之后进行适当的游泳锻炼,可有效消除疲劳,恢复健康机体。

3. 减肥和健美形体

游泳是保持身材最有效的运动之一,运动时消耗的热量多。实验证明,人在 14 ℃的水中停留 1 min 所消耗的热量高达 100 cal,相当于在同温度空气中 1 h 所散发的热量。另外,水的阻力可增加人的运动强度,但这种强度又有别于陆地上的器械训练,是很柔和的,训练的强度又很容易控制在有氧域之内,不会长出很生硬的肌肉块,可以使全身的线条流畅、优美。

(二)游泳运动对大学生心理素质的影响

1. 促进良好道德品质的形成

大学生在系统教学方法的引导下,逐渐克服怕水的心理。这种征服个体潜在消极心理的过程,也就是学生掌握自我解脱和救护能力的过程。从内心的认知行为落实到具体的实践行为中,大学生不仅能体验到应对外在压力的心理适应过程,而且通过行为的实施不断实现着身心的协调,从而由内及外地形成了具体道德倾向,如在具体学习过程中,形成了他们遇到险情临危不乱的良好品质。

2. 培养大学生的游泳意识

体育教师通过游泳知识与方法的传授,将学生带入更专业的游泳运动中去。通过游泳实践教学,让学生从内心深处感受到游泳运动是一种很有意义的运动,从而引导学生形成正确的游泳意识。在游泳教学中,教师要灵活引导学生把强烈的热情带入到运动的实践中去,加强学生的游泳意识。

3. 提高适应环境的能力

大学时期是学生学习体育知识,掌握体育运动技能,实现自我完善、社会化的重要阶段。游泳能够提高大学生对身体语言的理解和驾驭能力。身体语言是沟通的有效方式之一,是社交过程中必须具备的能力。游泳运动有着独特的动作定式,而且蕴含了其他项目所不具备的审美内涵。

4. 缓解学习和生活压力

游泳具有健身、娱乐双重功能,可以带给人们愉悦,对于缓解不安、紧张的心理有一定的效果,进而实现情绪控制,促进心理健康状况向好的方向发展。

高校游泳的教学目标应该放在全面健身的基础上来实施,将提高学生的身体素质和心理素质作为目标,从而为社会创造更优秀的人才资源。要让学生在游泳练习中体会到游泳运动的效果和乐趣,让学生离不开运动。经常游泳可以改善锻炼者的心血管系统。另外,冷水的刺激能使皮肤血管收缩,以防热量扩散到体外。同时,身体又加紧产生热量,使皮肤血管扩张,改善对皮肤血管的供血,长期锻炼能使皮肤的血液循环得到加强。另外,水波不断对人体表皮进行摩擦,可使皮肤得到更好的放松和休息。人体在水中浸泡散热快,耗能大。为尽快补充身体散发的热量,以供冷热平衡的需要,神经系统便快速做出反应,使人体新陈代谢加快,增强人体对外界的适应能力,抵御寒冷。经常参加冬泳的人,由于体温调节功能改善,就不容易伤风感冒,还能增强人体内分泌功能,使脑垂体功能增加,从而提高对疾病的抵抗力和免疫力。

二、初学游泳的大学生克服恐惧的方法

游泳是古代人类为了求生存,在同大自然的斗争中产生的运动,是一项人体凭借自我支撑力和推进力在水中行进的运动。现代研究表明,游泳不仅能增强体质,还有利于促进大学生智力的提高,有助于大学生意志品质及协调能力的形成与发展,同时,学会游泳、学会自护自救,掌握一项最基本的生存技能,将使大学生终身受益。

每个游泳初学者都会有对水的恐惧心理,恐惧的程度因人而异。如何帮助初学游泳的大学生克服怕水心理是教学中首要解决的问题。

(一)恐惧心理产生的原因

1. 环境的改变

游泳时要仰卧或俯卧在水中做动作,完全改变了平时陆上那种习惯的直立姿势,其运动轴、运动面及运动方向也发生了变化。人在水中活动时,由于水的浮力,使得游泳者失去了陆地上的固定支撑,水的波动会使游泳者感到晃晃悠悠,很难维持身体平衡。人在水中活动时会受到水的压力,容易呼吸困难。另外,游泳时的呼吸与陆地不同,要求吸气时用口在水面上吸气,用鼻和嘴在水下呼气,并在吸气和呼气之间有一段憋气时间,还要求呼吸必须在一定动作配合下

有节奏地进行。由于水对人体的压力和阻力,人们既要克服水对人体的阻力和压力,又要充分利用水的阻力,用四肢划水,使水对手和脚产生反作用力,造成尽可能大的推进力。以上因素给学生的身体、心理带来各种不适应,以致学生在学习游泳过程中容易出现溺水、喝水、呛水、呼吸困难及肌肉紧张等现象,从而产生恐惧心理。

2. 水质和水温

满池的水和过低的水温会造成初学游泳的大学生的不适心理,同时,过低的水温和气温会造成人体体表温度的下降,使人在水中活动时出现肌肉僵硬、痉挛、头疼、力不从心等现象,使初学游泳的大学生产生恐惧心理。

3. 心理素质差

有些学生由于意志较差,缺乏勇敢顽强的精神,虽然掌握了相应的技术,具备了一定成功的能力,但对日常生活中较少接触的游泳动作,仍然不敢练习,出现犹像不决、功作失调等现象,结果不能完成动作,产生恐惧心理。

(二)恐惧心理的具体表现形式

1. 话多

在水中总是找机会和教师说话,借机会靠在岸边或伏着水线,表面上嘴里说个不停,实际上心里很害怕。

2. 动作急

特别是在蛙泳时,节奏特别快,生怕沉下去。两手不是在划水,而是在水面摸水。

3. 不翻脚

踝关节僵硬,绷着脚面,甚至用手掰不动。两脚不是向后做蹬夹水的动作,而是像蝶泳一样拍击水面。

4. 不下水

离岸边远远的,无论怎么劝说都无效。

5. 扶人

特别是在蛙泳的练习中,往往是松开手中的浮板去扶邻近的学员,或者扶岸边和水线,不相信自己,总想找点依托。

6. 缩肩收胯

由于害怕,致使身体各部位均处于紧张状态,肩、肘、髋、膝关节动作不舒展、不放松。

7. 立着游

抬着头,挺着胸,怕头部沾水,导致臀部下降,以至于身体不能漂浮在水中,只能像海马那样立着游。

8. 水中不吐气

因为怕呛水，嘴闭得紧紧的，即使头部进入水中也不张嘴吐气，而是始终憋着气。待头部出水后又吐又吸，造成身体缺氧无力。

(三)克服恐惧心理的有效方法

体育引导者应该让学生喜欢水，建立兴趣与自信。初学游泳时，动作尚未成型，不能提出过多的技术要求，先让他们在水中动起来。首先，明确学习动机。克服游泳心理障碍的关键，就是要有好的学习动机，因为好的学习动机是学生积极学习游泳的心理动力。学习动机是指直接推动学生学习的内驱力，是学生学习积极性的核心。而动机的产生总是和需要紧密联系着的。因此，教师要让学生充分了解游泳在生理、生物力学、心理方面的价值，说明游泳在学校体育、生产劳动、日常生活中的重要地位，充分调动学生潜在的学习需要。其次，加强安全保护。学生心理上有安全感是非常重要的。在游泳教学中，学生如果有溺水的体验，会给学生造成不同程度的怕水心理及心理障碍，对游泳的教学极为不利。因此，在教学中应尽量避免在学生毫无准备的情况下，突然出现一些强烈的刺激，使学生出现不应有的溺水现象。再次，熟悉水性练习。熟悉水性是游泳教学中重要的一个环节，是游泳初学者的必经阶段。通过进行水中行走、呼吸、憋气、漂浮、滑行与站立等练习，让初学者体会与了解水的特性，逐步适应水的环境，消除怕水心理，培养对水的兴趣，并掌握游泳中的一些最基本的动作，从而建立良好的"水感"及心理状态。初学者通过对水感的体会，会逐渐达到在水中比较自由的境地，在心理上从恐惧感转变为安全感，从惧水向爱水转变，进而提高学生学习游泳技术动作的能力和兴趣。最后，有趣的游戏活动。在游泳练习中对学生提出一定的任务，安排一些有趣的游戏活动，让学生在完成任务的过程中体会求知需要。如学习憋气，通过做水下数数、睁眼看同伴做动作、钻杆、钻救生圈等方法，可进一步巩固呼吸方法，提高水下憋气的能力，消除怕水心理，培养对水的兴趣。又如，在熟悉水性时，用扶池边行走、水中睁眼数数、憋气比赛、蹬边滑行比赛、打水仗等游戏练习，使学生从认识水性到熟悉、掌握、利用水的特性。

在游泳教学中，学生的心理障碍也会对游泳产生一定的影响。要重视应用教学心理法，消除学生对水的恐惧感，教学中必须做到循序渐进，不要急于求成，如此才能收到较好的效果，在教法上也应该和游戏活动相互交叉进行，应寓教于乐。教学中针对学生上游泳课的心理状态，采用一些行之有效的教学方法，可以改变学生不良的心理状态，激发学生游泳的自觉性和积极性，从而提高教学效果。

三、大学生游泳健身方法的探究

随着社会的发展,游泳越来越受到广大人群的喜爱,已经作为一种健身运动逐渐得到普及。作为高校来说,更好地发展游泳运动,普及游泳知识更应该走在前列。我国的很多高校都开设了游泳课程,普修课、选修课等都是为了更好地发展游泳运动,但在游泳课的实施中还存在各种各样的问题,其中游泳的教学方法就是重中之重,逐步完善游泳教学方法是各高校体育教学的重要任务。

(一)传统的游泳教学方法

传统的游泳教学方法沿用了体育常用的教学方法,比如讲解法、示范法、分解法和完整法以及错误动作法、重复练习法、交换法、竞赛法、程序教学法、模式教学法等。随着社会的发展与进步,有的学者不断提出新的教学观念和教学方法,提出应当重视"快乐游泳"的教学方法,在传统教学观念上应该有所改变,不能再以竞技游泳教学为中心,需将各种游泳教学方法有机结合起来,如此更有利于高校游泳的教学。

(二)高校游泳教学方法的应用特征

随着高校游泳教学的不断认识和不断改革,游泳教学观念逐渐由简单泳姿的掌握到快乐游泳转变,让游泳更加社会化、大众化,易让高校学生接受,让学生在快乐的环境里掌握游泳这项生存技能。因此,高校游泳教学正在不断地吸纳新的元素,逐渐地进行自身的完善。

1. 程序教学法和模式教学法

程序教学法是运用程序教学原理和特点,根据教材内容进行设计和编制,按步骤循序渐进的一种教学形式。它有实施程序、检测程序和游泳技术教学程序教材,在教学中会有学生的反馈。程序教学法可以缩短学习时间,提高学习效率。模式教学法是根据游泳教学的一般规律,制定出某一游泳姿势的计划步骤,确定每次课的主体练习及其规格要求和考核标准,安排一个教学模式进行教学。

2. 分解法和完整法

在游泳教学中,分解法和完整法的单独运用都存在局限和不足,而这两种方法的组合则可以扬长避短,在教学中充分发挥各自的优势和弥补各自的不足。因此,在游泳教学实践中总结出了"完整—分解—完整"的组合教学方法。

3. 讲解法和示范法

讲解法也是语言法,是指教师正确地运用语言启发学生的思维,加深对教学内容和动作要点的理解,促进学生对动作技术、技能的掌握的基本方法。动作示范法是游泳教学中最常用的方法,同时也是最直接和效果较好的一种直观方式。它是教师(或所指定的学生)以具体的动作为范例,使学生了解所学动作要领和方法。示范和讲解有机结合,在游泳教学过程中,示范特别重要,直观地观察动作有利于学生了解动作的实质,从而迅速、准确地模仿动作。

4. 分层次教学法和分组互助教学法

大学阶段的学生,学习游泳的兴趣以及起始水平等各方面存在差异。因此,要根据每个学生的起始水平和主观努力的不同,以及学生在水中的实际技能掌握的程度,有针对性地对学生进行分层次教学。从实践看,根据学生的个体差异实施分层次教学是效果很好的一种游泳教学方法。自由结合分组互助教学法,将学生分成几个小组,进行岸上模仿练习和水中练习,由教师统一指挥,按组进行练习,定量完成教学内容。

5. 练习法和错误动作纠正法

游泳教学中通常采用的练习法包括重复练习法、变换练习法、游戏法和比赛法。水中游戏要考虑学生的游泳基础、教学内容等的实际情况。在游泳教学中,可根据大学生的心理特点,采用竞赛性的教学方法,激发学生的学习兴趣和积极性。在游泳教学中,学生动作常会出现缺点和错误,要纠正和改正,否则学生易形成动力定型,影响动作技能的掌握。纠正错误要抓主要矛盾,对学生的错误认真分析,区别对待,对共性错误集体纠正。

6. 辅助器材和多媒体计算机的运用

教学辅助器材包括救生圈、浮漂、浮板、脚蹼、护目镜、呼吸管、鼻夹、竹竿、哨子等。在教学过程中,不同教学阶段采用不同的辅助工具。针对初学者,一些教学辅助器材是学生必不可少的学习工具。多媒体计算机也应属于辅助器材。教师可以结合动画示范和讲解,学生可以针对自身动作的错误,自行分析和纠正。

7. 深水、浅水教学法

合理利用游泳池深浅水域进行教学。安排具有救生员资质、认真负责的教师作为游泳课教学时段的游泳教学安全负责人,在上课时合理划分游泳池教学区域和教学时段,统一对上游泳课的教师进行教学时下水出水指挥,监管制止教学时出现的违纪现象和危险行为。

(三)高校游泳教学中存在的问题与建议

1. 提高教学的自主性

现代教学提倡要提高学生的自主性,让学生能够通过自己的研究和思考独立解决问题,这就需要教师在进行教学方法的创新研究时要给予学生足够的机会进行独立研究,建立活跃的课堂气氛。比如在传授蛙泳技术时,教师可以让学生分组练习,并且相互指出彼此存在的问题。在这一过程中,学生可以互相监督,掌握蛙泳的技巧,这种方式要比传统的教师口述效果更好。

2. 各种教学方法的衔接

现有游泳教学方法的文献对各个游泳教学方法都进行了详尽的阐述,但缺乏有机的结合。建议教师所采用的教学方法应根据不同的时间、不同的教学对象、不同的教学任务有所侧重,将各种教学方法有机结合,从而更有效地用于游泳教学中。

3. 发挥学生的主体作用

通过搜集资料发现,有关游泳教学方法的文献对教学对象的学法指导较少。建议教学的过程以"教师为主导,学生为主体",充分体现学生的中心地位,让其在学习中不断掌握学习方法。毕竟在校学习课时是有限的,学生可以利用自己的课余时间学习游泳。在进行教学时,教师应该处理好与学生之间的关系,让学生成为课堂的主体,发挥学生主动探究和创新的能力,这样才能不断地提高学生的学习兴趣。教师要改变传统教学方式中以教师为主的教学方法,使学生成为课堂的主人。比如,教师在引导学生练习时,可以让学生自己制定练习方法,然后选择适当的方案进行练习,这样学生能更积极地投入到训练课程中。

参 考 文 献

[1] 孙丽娜.大学生体育与健康研究[M].北京:煤炭工业出版社,2018.
[2] 张一民,秦春波,冯春生.中国学生体质健康测试中心规范指南[M].武汉:武汉大学出版社,2020.
[3] 聂东风.国际体育与健康[M].郑州:郑州大学出版社,2019.
[4] 杭兰平,王成,虞荣安.大学体育实践[M].西安:西北工业大学出版社,2014.
[5] 刘海元.学生体质健康水平下降原因及解决对策[J].体育学刊,2008(1):67-71.
[6] 孙天瑜.当代大学生体质下降的原因初探和解决措施[J].科教导刊,2011(3):180.
[7] 王陇德.健康管理师:基础知识[M].北京:人民卫生出版社,2013.
[8] 王宏.浅谈大学生人际交往能力的培养[J].内江科技,2013,34(6):54.
[9] 马福奎.试论社团对大学生人际交往能力的影响[J].沧州师范学院学报,2013,29(2):98-100.
[10] 李博文.运动和营养干预对肥胖少年体质及部分代谢指标的影响[D].北京体育大学,2008.
[11] 张伦厚.普通高校大学生体育生活方式的调查与分析[J].山东体育科技,2003(3):42-44.
[12] 罗蝶华.社区健康教育与健康促进管理模式探讨[J].中国中医药咨询,2011(1):38-39.
[13] 李珊,张正东,刘兆炜.健康教育与健康促进管理机制改革的试点探索[J].预防医学情报杂志,2011,7(2):124-127.
[14] 赵红.做好健康教育工作提高社区居民的健康水平[J].中外医疗,2012,31(35):134-135.
[15] 庄艳华,魏经纬,杜宾.现代大学生球类运动科学实践与拓展研究[M].北京:中国水利水电出版社,2013.
[16] 张月芳.运动人体科学基础教程[M].广州:华南理工大学出版社,2008.

[17]　马吉光.游泳竞赛规则演变与游泳运动发展之关系[J].上海体育学院学报.2012,36(3):87-90.

[18]　王恩斌.影响我国男子游泳发展的因素研究[J].哈尔滨体育学院学报,2007(4):106-108.

[19]　戎淼锋,赵验生.浅析游泳运动与减肥[J].湖北广播电视大学学报,2012,32(6):158-159.